TEMPÉRAMENT ET CARACTÈRE

SELON

LES INDIVIDUS, LES SEXES ET LES/RACES

ŒUVRES D'ALFRED FOUILLÉE

I. — HISTOIRE DE LA PHILOSOPHIE

La Philosophie de Platon. 2e édition. 4 vol. in-18 (Hachette). Chaque
volume.. 3 fr. 50
Couronné par l'Académie des sciences morales et par l'Académie française.
La Philosophie de Socrate. 2 vol. in-8° (F. Alcan)....................... 15 fr. »
Ouvrage couronné par l'Académie des sciences morales et politiques.
Histoire générale de la Philosophie. 12e édition. 1 vol. in-8° (Delagrave),
avec des chapitres nouveaux sur la philosophie contemporaine..... 6 fr. »
Extraits des Grands Philosophes, faisant suite à l'*Histoire de la
philosophie. Ibid.*.. 5 fr. »

II. — PHILOSOPHIE GÉNÉRALE

La Liberté et le Déterminisme. 6e édition. 1 vol. in-8° (F. Alcan).... 10 fr. »
L'Évolutionnisme des Idées-Forces. 6e édition. 1 vol. in-8° (F. Alcan). 10 fr. »
L'Avenir de la Métaphysique fondée sur l'expérience. 2e édition. 1 vol.
in-8° (F. Alcan).. 7 fr. 50
Le Mouvement idealiste et la Réaction contre la science positive.
3e édition. 1 vol. in-8° (F. Alcan).. 7 fr. 50
Le Mouvement positiviste et la Conception sociologique du monde.
3e édition. 1 vol. in-8° (F. Alcan).. 7 fr. 50
La Pensée et les nouvelles écoles anti-intellectualistes. 4e édition.
1 vol. in-8° (F. Alcan)... 10 fr. »
Esquisse d'une interprétation du monde, d'après les manuscrits de
l'auteur, revus et mis en ordre par Émile Boirac. 1 vol. in-8° (F. Alcan). 10 fr. »

III. — PSYCHOLOGIE INDIVIDUELLE ET COLLECTIVE

La Psychologie des Idées-Forces. 6e édition. 2 vol. in-8° (F. Alcan).. 20 fr. »
Tempérament et Caractère. 6e édition (F. Alcan).................... 7 fr. 50
La Psychologie du peuple français. 5e édition (F. Alcan)........... 10 fr. »
Esquisse psychologique des peuples européens. In-8°. 5e éd. (F. Alcan). 10 fr. »

IV. — MORALE

Critique des systèmes de morale contemporains. 6e édition (F. Alcan). 10 fr. »
La Morale des Idées-Forces. 4e édition. 1 vol. in-8° (F. Alcan)....... 10 fr. »
Éléments sociologiques de la morale. 1 vol. in-8°. 2e éd. (F. Alcan). 7 fr. 50
Le Moralisme de Kant et l'Amoralisme contemporain. 2e éd. (F. Alcan). 7 fr. 50
Nietzsche et l'Immoralisme. 4e édition. 1 vol. in-8° (F. Alcan)...... 7 fr. 50
La Morale, l'Art et la Religion d'après Guyau. 9e édit., très augmentée.
1 vol. in-8° (Alcan), avec biographie, portrait et autographes de Guyau. 5 fr. »
Pages choisies des grands écrivains : J.-M. Guyau. 1 vol. in-18 (Colin).
6e édition... 3 fr. »
L'Idée moderne du droit. 4e édition. 1 vol. in-18 (Hachette)........ 3 fr. 50
La France au point de vue moral. 5e édition. 1 vol. in-8° (F. Alcan). . 10 fr. »

V. — SOCIOLOGIE

La Science sociale contemporaine. 3e édition. 1 vol. in-18 (Hachette). 3 fr. 50
La Propriété sociale. 4e édition. 1 vol. in-18 (F. Alcan)............. 3 fr. »
Le Socialisme et la Sociologie réformiste. 2e éd. 1 vol. in-8° (F. Alcan). 10 fr. »
La Démocratie politique et sociale en France. 2e éd. In-8° (F. Alcan). 5 fr. »
Humanitaires et libertaires au point de vue sociologique et moral.
Études critiques. 1 vol. in-18 (F. Alcan)................................ 3 fr. »

VI. — SCIENCE DE L'ÉDUCATION

L'Enseignement au point de vue national. 3e édit. In-18 (Hachette). 3 fr. 50
Les Études classiques et la Démocratie. In-18 (A. Colin)........... 3 fr. »
La Réforme de l'enseignement par la philosophie. 1 vol. in-18 (A. Colin). 3 fr. »
La Conception morale et civique de l'enseignement. In-18 (Éditions
de la *Revue Bleue*).. 2 fr. 50

La Philosophie et la Sociologie d'Alfred Fouillée, par Augustin Guyau,
avec biographie, portrait et extraits inédits. 1 vol. in-8° (F. Alcan). 5 fr. »

TEMPÉRAMENT

ET

CARACTÈRE

SELON

LES INDIVIDUS, LES SEXES ET LES RACES

PAR

ALFRED FOUILLÉE

SIXIÈME ÉDITION

PARIS

LIBRAIRIE FÉLIX ALCAN

108, BOULEVARD SAINT-GERMAIN, 108

PRÉFACE

———

Les écrivains à qui l'on a donné le nom de moralistes et qui ont peint des caractères n'ont guère fait porter leurs observations, si fines et parfois si profondes, que sur l'homme en société. On a remarqué avec raison le fond « social » de la littérature, principalement en France : elle roule presque tout entière sur les rapports des hommes au sein du groupe dont ils font partie. La plupart des charmants tableaux de La Bruyère, par exemple, sont-ils autre chose que des portraits sociaux, tracés de main de maître, et peut-on dire qu'ils expriment de véritables « caractères » ? — « Giton a le teint frais, l'œil fixe et assuré, il parle avec confiance... il est riche. » — « Phédon a les yeux creux... il semble craindre de fouler la terre, il

a

marche les yeux baissés, etc.; il est pauvre. » C'est
donc la hardiesse et la timidité résultant de la condition sociale que le grand peintre nous représente.
« J'entends Théodecte de l'antichambre; il grossit
sa voix. Arrias a tout lu, a tout vu, il veut le persuader ainsi... Troïle est utile à ceux qui ont trop
de bien, il leur ôte l'embarras du superflu, il sauve
la peine d'amasser de l'argent, etc. » Nous sommes
à la ville, à la cour, parmi les importants, les impu-
dents, les flatteurs, les parasites, les bavards, les
hypocrites, les beaux esprits ou les sots; ce sont
moins de vrais caractères que des masques : c'est
le paraître plus que l'être. Surtout, où est l'être
organique? Descartes presque seul, avec son dis-
ciple Malebranche, y chercha l'origine profonde des
passions et des mœurs.

Plus récemment, Kant, Schopenhauer, Lotze,
Wundt et Bahnsen ont fourni de précieux éléments
à la science nouvelle du caractère. En Angleterre,
le dernier ouvrage que Stuart Mill voulait écrire
était un traité sur ce sujet; ce fut son ami Bain
qui l'écrivit, avec un succès médiocre. Chez nous,
M. Ribot, M. Paulhan, le docteur Azam, le docteur
G. Le Bon, M. Bernard Perez, M. Payot ont publié
d'importantes études. On s'est occupé aussi de la

psychologie des sexes et de celle des races. Enfin, la biologie a fait de tels progrès qu'elle peut aujourd'hui, croyons-nous, nous éclairer sur la vraie nature du tempérament, si intimement lié au caractère. De tous ces travaux il nous semble que déjà on peut dégager des conclusions générales de haut intérêt; ce sont ces conclusions que nous voulons tirer, après avoir apporté nous-même, s'il est possible, des éléments nouveaux à la question. Sans prétendre écrire un traité des tempéraments et des caractères, nous essaierons de présenter dans ce livre une théorie générale, fondée à la fois sur la biologie et la psychologie.

I

Une des raisons qui ont fait longtemps négliger la théorie des caractères, c'est que depuis Locke ou même Hobbes, en Angleterre, depuis Condillac et Helvétius, en France, la psychologie empirique s'était fondée sur la prétendue similarité initiale de tous les esprits individuels. On faisait venir du dehors, par la voie de l'expérience et de l'éducation, toutes les causes qui établissent une différence finale entre un individu et un autre. Stuart Mill pen-

sait encore qu'on pourrait expliquer les traits de
chaque type particulier par les particularités des
circonstances ; « le résidu seul, *si on prouve qu'il y
en a un*, serait mis au compte des prédispositions
congénitales ». On reconnaît là un reste de ces
théories du xviiie siècle selon lesquelles les hommes,
presque semblables à l'état de nature, ne sont différenciés que par le milieu physique ou social. Stuart
Mill et ses devanciers se faisaient une idée inexacte
de la psychologie. Cette science nous explique bien
comment l'esprit fonctionne, une fois que ses facultés sont données ; elle peut de même montrer comment le caractère, une fois donné, se modifie ; mais
l'origine de nos facultés et, par là même, de notre
caractère, est à des profondeurs que la lumière
de la réflexion n'atteint pas. Il y a dans l'individualité un fonds organique dont les lois psychologiques n'expliquent pas plus la genèse que les
lois générales de la physiologie n'expliquent, à
elles seules, les traits particuliers à Pierre ou à
Paul. Il faudrait pénétrer dans les mystères de la
combinaison des germes et dans les secrets du
développement de l'embryon, pour se rendre
compte des originalités de constitution physique et
morale. Réduire à ses éléments un tableau de

Raphaël, ce n'est pas expliquer le tableau même. Pareillement, la psychologie abstraite et générale, qui résout les personnes humaines en leurs éléments communs, n'explique pas ce que chaque personne a d'individuel. Il y a toujours dans les composés autre chose que la simple somme des composants. La psychologie générale, comme l'a remarqué M. Ribot, n'étudie que les *lois* abstraites ; la psychologie des caractères étudie les *types* produits par la combinaison particulière des lois générales, et servant à classer les *individus*. Elle est à moitié chemin entre ces termes extrêmes : l'universel et l'individuel.

Le caractère, marque propre de l'individu, est sa manière relativement une et constante de sentir, de penser, de vouloir. Un même motif ou mobile, par exemple la vue d'un danger, l'idée de l'honneur ou du déshonneur, provoquera une réaction différente de la part des différents individus, comme un rayon de lumière tombant sur un corps opaque sera par lui renvoyé et, sur un corps transparent, sera reçu à l'intérieur. La pensée du pouvoir, qui fait courir le monde à un Bonaparte, laisse inerte un Laplace. Pour bien connaître le caractère d'un individu, il faudrait savoir comment sa volonté intelligente, en vertu de son orientation naturelle et acquise, répondra à toutes les impulsions possibles. Le caractère est donc la direction générale prise par la volonté, qui la fait réagir d'une manière propre à l'égard de chaque classe d'impressions, de motifs et de mobiles.

Il existe chez tous les hommes un caractère inné, où l'on peut distinguer deux parties. Il y a d'abord un fonds de tendances qui exprime la manière d'être générale de l'organisme, son mode de fonctionnement, le ton, la valeur et la direction de sa vitalité : c'est là ce que nous avons appelé le tempérament. En second lieu, il y a dans le caractère inné des traits qui expriment la valeur relative de certains organes particuliers : ce sont les besoins spéciaux et les aptitudes spéciales. Notre caractère inné, c'est notre organisme vu par le dedans; notre organisme, c'est notre caractère inné vu par le dehors. La constitution fixe de notre cerveau et de nos organes fait qu'ils sont tout prêts à tels modes de mouvement; ainsi la flèche tend à partir de l'arc bandé, en vertu de la structure de l'arc et de sa relation à la corde qui le bande. Nous sommes d'avance adaptés à telles réactions, non à telles autres; sous notre attitude psychique il y a une

attitude physique. Les fondements de notre individualité morale se dérobent ainsi dans les profondeurs de notre organisme.

Qu'est-ce à son tour que l'organisme, sinon un
ensemble d'organismes plus petits, qui sont eux-
mêmes des « vivants » et, par conséquent une
société ? Ce qui fait notre «, individualité » c'est
précisément la collectivité des éléments dont l'association nous constitue. Ce que nous appelons
notre nature personnelle est déjà, avant toute relation humaine, une nature sociale, résultant des
rapports de nos composants organiques. Chez un
peuple, on ne saurait réduire la volonté nationale
à la pensée et à la volonté de la classe dirigeante,
quelle que soit d'ailleurs son importance dans le
gouvernement de la nation : il faut mettre en ligne
de compte la force d'impulsion ou de résistance,
obscure mais puissante, qui réside dans la masse.
Cette force ressemble à celle qu'exercent la constitution et le tempérament, qui conditionnent les opérations les plus hautes de notre intelligence et de
notre volonté. Comme le timbre en apparence
simple d'un instrument, le caractère inné est un
concert de sensations et de réactions : il est
l'expression d'une sensibilité et d'une volonté col-

lectives, c'est-à-dire de l'ensemble des perceptions
et impulsions qui préexistent dans la totalité de
nos cellules. Celles-ci, de leur côté, doivent à l'hérédité leur constitution propre. Pourquoi tel homme
est-il naturellement actif, l'autre indolent? l'un irritable, l'autre inerte? Pourquoi la pensée du pouvoir, qui enivre un Cromwell, laisse-t-elle froid un
Newton? La dernière raison de nos sentiments
naturels est, nous l'avons vu, la conformation héréditaire de notre corps, jointe à la structure particulière de ses divers organes, surtout du cerveau. *Mens
agitat molem,* a dit le poète; on lui a répondu qu'il
est encore plus vrai de dire : *Mens agitatur mole.*

Le fonds natif de notre caractère, se trouvant
ainsi au delà de notre conscience, ne peut être connu
de nous directement. La conscience éclaire surtout
d'une manière distincte et tranchée tout ce qui
n'est pas encore en nous assez *organisé,* comme dit
Spencer, assez *systématisé* pour fonctionner seul ;
or, ce qui est le plus organisé est à la fois le plus
puissant sur nous et le moins *conscient* pour nous :
c'est le résultat de notre tempérament héréditaire,
puis des habitudes acquises par nous et transmises
à tout cet ensemble de petits vivants qui constitue
notre organisme. De là les illusions que tous les

hommes se font à eux-mêmes sur leur liberté,
quand elle n'est pas mise à l'épreuve ; sur leur courage, quand ce courage n'est pas en face du danger ;
sur leur générosité, quand ils n'ont pas eu l'occasion de faire un sacrifice ; sur leur chasteté, quand
ils n'ont point été exposés à la « tentation ». Les
idées, les sentiments, les actes mêmes, surtout dans
leur isolement, ne sont pas toujours des signes
certains du caractère fondamental, du *moi* organisé ;
car le milieu extérieur et les circonstances peuvent
maintenir à l'état latent des impulsions qui, dans un
milieu tout autre, éclateraient au regard. Il faut
des jours, des mois, des années pour développer,
comme en une projection fidèle, ce que cachent
les profondeurs de notre caractère ; non qu'il soit,
selon le mot de Kant, un *moi* intemporel, mais
plutôt parce qu'il est un ensemble de forces de tension accumulées par le temps dans un organisme.
L'arbre pourrait peut-être apercevoir son écorce, ses
feuilles, ses fleurs et ses fruits même, qui le *jugent* ;
mais pourrait-il compter les couches concentriques
de son tronc, les ramifications de ses innombrables racines, la suite non moins innombrable
de ses devanciers d'où est sorti le germe qui en lui
s'épanouit, évolue et prépare des germes nouveaux ?

C'est pour cette raison, non pour les raisons mystiques invoquées par Schopenhauer et M. de Hartmann, que notre naturel est inconscient, qu'il est presque impossible de le déterminer, sinon par l'expérience, en se voyant agir comme on verrait agir une autre personne. Il y a des moments où, muets et immobiles, nous le regardons faire, cet autre, cet inconnu, qui est nous cependant, notre moi organique et primitif : c'est d'abord dans la surprise des émotions vives, où le temps de la réflexion ne nous est pas laissé, où la réaction est produite avant même que nous n'en soyons informés ; c'est encore dans certains moments de crise où la stupeur morale succède à des émotions trop fortes, où la volonté est comme anéantie, l'intelligence indifférente, où enfin, n'ayant plus aucun désir, nous sommes tout étonnés de nous voir agir encore ; cette fois, on se regarde comme un étranger et, qui plus est, un étranger insoupçonné. Nous finissons cependant, à force de vivre, par nous faire une idée de nous-mêmes ; mais le moi ainsi connu n'est encore, le plus souvent, qu'un moi imaginé et construit au moyen de nos souvenirs : c'est un fantôme de notre vie passée. Notre *réflexion* sur nous-mêmes est alors, en réalité, une imagination à la recherche de nous-mêmes. Et cette imagination, à son tour, n'est qu'une renaissance de sensations confuses et d'impressions confuses où vient se résumer notre vie passée, comme en un rêve de nous-mêmes. Le précepte socratique : — Connais-toi, — c'est pour chacun de nous ce qu'il y a de plus difficile à réaliser. La source ne peut jamais se voir elle-même tout entière aux rayons du soleil, qui seuls cependant la rendent visible ; elle ne peut apercevoir que le flot du moment qui s'écoule et ne l'épuise pas.

II

Jusqu'à présent, les travaux consacrés aux caractères ont été surtout descriptifs : définitions, divisions et classifications empiriques y ont eu la première place. Il serait temps, croyons-nous, de systématiser et de démontrer, s'il est possible, de manière à établir les premiers linéaments d'une théorie scientifique. La méthode qu'emploie la science des caractères devra être non seulement inductive, mais encore déductive. Il faudra sans doute utiliser l'expérience acquise, les observations de tous ceux qui ont étudié les hommes, depuis les

psychologues et moralistes jusqu'aux historiens,
statisticiens, criminologistes, en même temps que
les observations des physiologistes et médecins
Mais on ne sortira jamais du chaos des faits pour
en découvrir le lien et le sens si on n'emploie pas
la méthode déductive, en s'appuyant sur les lois
générales de la physiologie et de la psychologie,
deux sciences faites sinon pour se confondre, au
moins pour « s'entendre ».

L'idée que nous voudrions voir s'introduire dans
la science des caractères individuels et ethniques,
c'est celle de l'évolution. Notre caractère est formé
de couches successives. La première est due à la
race, la seconde à la division fondamentale des
sexes, dont l'importance, on le verra, n'est pas seulement biologique, mais psychologique. La dernière couche est le produit de la constitution individuelle et du tempérament propre. Ainsi s'est établi,
grâce à tous ces dépôts du temps, le caractère inné,
résultat présent d'une longue évolution à travers
les âges. Mais le caractère inné lui-même n'est
que le point de départ d'une évolution nouvelle
accomplie par l'individu même, et qui s'exprime
dans le caractère acquis. Ce dernier, enfin, est
acquis en partie d'une manière passive, sous les

influences extérieures de la nature ou de la société,
mais il peut aussi être acquis d'une manière active,
par la réaction de l'intelligence et de la volonté sur
le naturel. C'est même, selon nous, cette réaction
personnelle qui, par excellence, constitue le *caractère* proprement dit, par opposition au tempérament et à la constitution innée. Notre naturel
s'exprime surtout dans notre manière d'être heureux ; notre caractère s'exprime surtout dans notre
manière de nous conduire.

Nous pensons donc que la science du caractère
devrait comprendre une partie analogue à ce qu'on
nomme la statique, ou étude des conditions d'équilibre, et une partie analogue à la dynamique, qui
étudie le mouvement et le développement. Le tempérament général, d'une part, et, de l'autre, la
structure des organes spéciaux forment pour ainsi
dire la statique du caractère, parce qu'ils produisent
un certain état d'équilibre qui, dans les conditions
ordinaires, est plus ou moins stable. Mais, autour
de nous, le milieu physique et social, en nous, la
réaction de l'intelligence et de la volonté représentent nos moyens de développement, la « dynamique » du caractère. Ce dernier est toujours
en train de se changer partiellement ; la cons-

cience même que nous prenons de notre naturel
peut y introduire du changement en mieux ou en
pire, selon que nous nous apparaissons plus ou
moins laids à nos propres yeux. Le visage moral
n'est pas fixé comme le visage physique, que modifie
seule la longue accumulation des années ; l'idée du
mieux est pour nous le moyen de réaliser le mieux.
En tant que modifiables, nous sommes libres, au
sens rationnel du mot, qui n'implique aucun indé-
terminisme, mais un déterminisme indéfiniment
souple et progressif. Notre caractère présent ne
nous épuise pas tout entiers, pas plus que notre
volition présente et notre action présente : nous
sommes, en quelque sorte, un « devenir » qui se
change lui-même sans cesse par l'idée qu'il a de
soi, et de son point de départ, et de son but.
En un mot, l'homme n'est pas fait d'avance, il se
fait : c'est le propre de sa nature que de pouvoir
toujours ajouter à sa nature.

III

C'est ce qui explique, quoi qu'en disent les fana-
tiques de l'hérédité, la puissance de l'éducation et
la force des idées. Non que l'éducation puisse chan-

ger le tempérament physique ou même psychique, mais elle peut en tirer, s'il est d'ailleurs normal, tout le bien qu'il est capable de fournir selon sa nature. La goutte d'eau a beau agir faiblement et superficiellement, elle use l'obstacle. L'action de l'intelligence, nous espérons le montrer, est primordiale, comme celle de la volonté et du sentiment; de plus, elle est toujours répétée; quand elle n'a pas du premier coup l'intensité, elle y supplée par la durée. Les particularités du tempérament et de la constitution ne servent que de matière à la réaction « informatrice » de l'intelligence, qui finit par tout orienter en vue de certaines idées prises pour fins. Et comme la plupart de ces fins, au lieu d'être indifférentes, ont une valeur morale, le caractère apparaît, à ce point de vue supérieur, comme un ordre de finalité, ou, selon le mot d'Emerson, « un ordre moral », introduit dans la nature d'un individu par la réaction de sa volonté intelligente. C'est cette réaction que, dans notre livre, nous nous attacherons à mettre en lumière.

La morale n'exige pas que chaque personne soit semblable à toute autre et agisse précisément de la même manière; elle demande que chacun cultive son caractère propre et l'améliore dans la

mesure de ses capacités. Il y a en nous un thème
donné, notre constitution physique et mentale ;
mais que de variations sur ce thème, les unes
harmonieuses, les autres discordantes ! Et nous
pouvons modifier le thème lui-même, bien plus,
l'instrument. Le violon d'un grand maître acquiert
du prix entre ses mains et se façonne à son image :
à nous de faire vibrer notre nature selon les plus
hautes harmonies et de la rendre elle-même harmonieuse.

La théorie de Schopenhauer et de ses partisans
sur l'immutabilité des caractères n'irait à rien moins
qu'à déclarer l'inutilité de la morale, excepté pour
les gens médiocres ; ceux qui sont fortement trem-
pés n'en auraient pas besoin : elle ne serait bonne
que pour les « amorphes » et les « instables ».
Nous verrons, au contraire, qu'elle est nécessaire
pour tous, et qu'une intelligence des choses morales
ou sociales très développée, en permettant l'évolution continue du caractère, soit chez les individus,
soit chez les races, permet un progrès croissant de
la moralité même.

TEMPÉRAMENT ET CARACTÈRE

SELON

LES INDIVIDUS, LES SEXES ET LES RACES

LIVRE PREMIER

LE TEMPÉRAMENT PHYSIQUE ET MORAL

La connaissance du caractère doit avoir pour première base la détermination de ce que Bacon et Leibniz ont appelé le « tempérament moral », lui-même inséparable du tempérament physique. Entre l'action des choses ou des hommes sur nous et la réaction par laquelle nous y répondons, il y a toujours un intermédiaire : notre tempérament, qui produit ce qu'on a si bien nommé notre « indice de réfraction mentale ». Le même rayon de lumière, traversant un milieu différent, changera de direction et se colorera de nuances variées.

Les Drs Laycock, Cullen, Maudsley, se plaignent avec raison du peu qu'on a fait pour rendre scientifique la doctrine des tempéraments. Ce mot même de tempérament, dit Maudsley, n'est guère jusqu'à présent qu'un « symbole représentant des

1

quantités inconnues, plutôt qu'un terme désignant des conditions définies ». Nous croyons,
malgré l'extrême difficulté du sujet, qu'on peut
aujourd'hui définir au moins les conditions fondamentales, les éléments dont les « quantités » com-
binées impriment à l'individu sa marque propre.
Demandons d'abord à la biologie les derniers résultats de ses recherches et de ses découvertes ; sans
doute y trouverons-nous une base solide. Nous
essaierons ensuite de fonder sur cette base une
classification naturelle des tempéraments.

CHAPITRE PREMIER

LE TEMPÉRAMENT. — TEMPÉRAMENT SENSITIF ET TEMPÉRAMENT ACTIF

I. — Un progrès se produit de nos jours en biologie qui est digne de toute l'attention[1]. On sait comment naquit la grande et belle « théorie cellulaire », qui considère le corps comme une colonie de cellules[2]. La découverte de la cellule semblait le dernier mot de la biologie, mais, aujourd'hui, il est impossible de s'arrêter là : l'analyse de l'être vivant doit franchir un nouveau pas, et les efforts les plus persistants, dans ces dernières années, ont été dirigés en ce sens. L'attention a passé de la « forme » des

---

(1) Voir l'article *Physiologie*, du Dr Michel Forster, dans l'*Encyclopædia Britannica*; voir aussi : Dr Burdon Sanderson, *Presidential address to the British Association*, 1889; Geddes et Thomson, *l'Évolution du sexe*.

(2) Schleider, en 1838, rapporta tous les tissus au type cellulaire et fit remonter l'embryon de la plante jusqu'à une cellule unique. En 1839, Schwann étendit hardiment au monde animal la même conception et reconnut dans l'œuf une cellule primordiale, dans le spermatozoïde une autre cellule destinée à former avec la première une unité double, point de départ de tout l'organisme. Kölliker montra comment la cellule embryonnaire, en se divisant, finit par constituer le corps entier.

cellules à la « structure » intime de leur matière
vivante, qu'on appelle-leur protoplasme. De là une
théorie nouvelle, plus radicale que la théorie cellulaire, et qu'on pourrait nommer la « théorie pro-
toplasmique ». A ce niveau, qui, jusqu'à nouvel
ordre, est le plus voisin du fond même de la vie,
l'anatomie ou étude des *structures*, la physiologie
ou étude des *fonctions,* deviennent inséparables.
Toutes les structures anatomiques, d'un côté, toutes
les fonctions physiologiques, de l'autre, veulent
être interprétées en « changements constructifs et
destructifs de la matière vivante elle-même »; car
la vie n'est qu'une construction et destruction perpétuelle ou, en d'autres termes, une intégration et
désintégration. Figurez-vous un jet d'eau qui ne
s'arrête jamais; quoique à peu près constant dans
ses apparences, il est formé par la montée et la descente de gouttes toujours renouvelées; sa pointe,
qui semble immobile, est dans une incessante agitation. D'une part, nous voyons arriver la matière,
air, eau, carbone, etc., nourriture qui doit être
assimilée et organisée; pour cela, cette matière
remonte une série de changements chimiques à
travers chacun desquels elle devient plus complexe
et plus instable : albumine, fibrine, etc. Le tissu
vivant, lui-même inoxydé et inaltéré, s'empare de
l'oxygène libre, dont les recherches de Pflüger ont
montré qu'il est très avide, et l'emmagasine pour

ses usages propres. Cet emmagasinement d'oxygène est le signe de la réparation. D'autre part, le protoplasme qui résulte de cette réparation se désagrège continuellement en composés de plus en plus simples et, finalement, en produits de désassimilation : le bioxyde de carbone et l'eau sont le signe de cette dépense. Telle est la matière vivante, en montée et en descente continuelles. La série ascendante des changements, étant synthétique et constructive, a reçu le nom de processus constructif (ou anabolique), la série descendante et analytique a reçu le nom de processus destructif (ou catabolique). Les deux séries de changements peuvent se combiner à divers degrés; ainsi se produisent les structures spécialisées et les fonctions spécialisées chez les êtres vivants, végétaux ou animaux. Toute l'anatomie et toute la physiologie auront désormais pour tâche de découvrir, dans l'ensemble et dans le détail, les diverses relations des changements assimilateurs et des changements désassimilateurs, à d'établir ainsi le taux de la recette et de la dépense organiques, le bilan de la vie.

C'est, selon nous, le mode et la proportion des changements destructifs dans le fonctionnement de l'organisme qui produit le tempérament. Il faut distinguer la constitution proprement dite d'avec le tempérament. La constitution, ce sont les variations individuelles dans l'architecture et la charpente du corps, dans le volume et le poids, dans la proportion et l'adaptation des organes. La constitution a donc trait à la structure de l'organisme et à l'équilibre de ses parties ; elle est la caractéristique « statique » d'un individu. Le tempérament, ce sont les variations individuelles dans l'activité de l'organisme ; c'est la caractéristique « dynamique » d'un individu.

Le tempérament est comme une destinée interne qui impose une orientation déterminée aux fonctions d'un être vivant, et il doit se formuler en termes de la constitution chimique prédominante, selon qu'elle donne la prépondérance à l'épargne ou à la dépense. La physiologie entreprendra, croyons-nous, la recherche du tempérament fondamental de chaque organisme ou partie d'organisme, lequel entraîne son mode spécial d'agir et de réagir. Le naturaliste poursuivra partout le rythme vital de l'intégration et de la désintégration, il devra tout interpréter en termes de changements constructifs et destructifs. Du même coup, la science de la vie se trouvera rattachée aux sciences plus générales : mécanique, physique, chimie. L'intégration, en effet, a une direction centripète ; la désintégration est centrifuge ; l'une est un phénomène de concentration, l'autre d'expansion ; on retrouve donc dans le rythme de la vie l'antithèse plus générale des forces centripètes et des forces centrifuges, qui

domine la théorie de l'attraction universelle et aussi
la théorie de l'affinité. Le même contraste se manifeste dans toutes les phases et formes de la vie.
Chaque cellule, par exemple, a des phases d'activité
et de repos; l'alternative de la veille et du sommeil.
en est la conséquence : le sommeil est une série
de changements centripètes où la réparation domine.
Mais la principale application de la théorie est la
grande antithèse entre la croissance et la reproduction, l'une qui est surtout une recette et une
concentration de forces, l'autre qui est surtout une
dépense et une expansion. La croissance, à son
tour, quoique avant tout constructive, se subdivise
en opérations plus particulièrement constructives
et centripètes (assimilation de la nourriture) et opérations plus particulièrement destructives ou centrifuges (désassimilation). Enfin, la reproduction,
quoique surtout dépensière pour l'individu (qui
donne une partie de sa vie pour qu'elle se développe hors de lui dans un autre être), implique
cependant le concours d'opérations dont les unes
sont plus particulièrement une épargne et les autres
plus particulièrement une dépense. Les premières,
comme nous le verrons dans un chapitre ultérieur,
sont l'origine de l'élément féminin; les secondes, de
l'élément masculin; les caractères sexuels, soit primitifs, soit secondaires, ne font qu'exprimer la tendance physiologique fondamentale, le tempérament

propre qui différencie chaque sexe, commande sa
structure et ses fonctions.

Pour rendre sensible aux yeux l'importante
théorie du protoplasme, les biologistes ont imaginé des tableaux qu'on peut résumer en quelques
lignes. Divisez par la pensée le domaine de la vie
en deux groupes de changements fondamentaux :
croissance et reproduction; les changements intégrateurs dominent dans la croissance; les changements désintégrateurs dominent dans la reproduction.
Subdivisez à son tour la croissance en assimilation
et désassimilation : les changements intégrateurs
dominent dans l'assimilation, les changements désintégrateurs dans la désassimilation. Enfin, subdivisez la reproduction en élément féminin et élément
masculin : les changements intégrateurs dominent
dans le premier, les changements désintégrateurs
dans le second. Vous avez ainsi, en résumé, l'histoire de la vie et par cela même, selon nous, la
classification naturelle des tempéraments, qui seule
fournit la première assise d'une classification naturelle des caractères.

II. — D'après ce qui précède, pour diviser les tempéraments, nous devons considérer le rapport mutuel de l'intégration et de la désintégration dans l'organisme en général et dans le système nerveux en
particulier. Nous aurons ainsi des tempéraments

d'épargne et des tempéraments de dépense, lès uns en prédominance d'intégration, les autres en prédominance de désintégration. Telle est, selon nous, la division fondamentale que commande la nature intime des changements du protoplasme.

Du même coup, nous rattachons à son vrai principe biologique la division ancienne des tempéraments *sensitif* et *actif*. Il est probable que chacune des deux fonctions sensitive et motrice enveloppe à la fois intégration et désintégration ; mais il n'en est pas moins vrai que la fonction sensorielle, dans ses résultats généraux, favorise l'intégration, tandis que la motrice favorise la désintégration. Sentir, en effet, c'est recevoir et organiscr une impression, par exemple, celle d'un coup, celle d'un éclair, celle d'un son subit. Dans les centres nerveux, où l'impression est recueillie et élaborée, il y a au premier moment une perturbation de l'équilibre des molécules, une usure et une dépense, mais cette perturbation est aussitôt suivie d'un réarrangement, par lequel tend à s'établir une harmonie entre l'intérieur et l'extérieur : grâce à cette élaboration, le dehors s'exprime dans le dedans et s'y imprime. C'est dire que, tout compte fait, les opérations constructives dominent dans la sensation et surtout dans la perception. Elles dominent aussi dans cette réaction générale qu'on appelle le plaisir ou la douleur, par laquelle l'organisme entier s'arrange pour

s'adapter au nouveau milieu. Enfin, le résultat
presque.. spontané des sensations et perceptions
répétées, c'est une facilité acquise par le système
nerveux à vibrer de nouveau de la même manière ;
là est le fondement de l'habitude, qui elle-même
est le fondement de la mémoire. L'habitude et la
mémoire sont encore des phénomènes de croissance et d'organisation, qui, en conséquence, se rat-
tachent au pouvoir de sentir. Au contraire, la volition et l'action musculaire sont manifestement une
dépense d'énergie : dans les nerfs comme dans les
muscles dominent alors les opérations destructives.
Nous retrouvons donc, au-dessous des deux grandes
fonctions psychiques, l'antithèse fondamentale entre
l'acquisition et la dépense, entre l' « anabolisme » et
le « catabolisme ». La direction générale du tempérament sensitif est, comme la sensation même,
centripète ; en d'autres termes, il y a plus de mouvements et de changements qui pénètrent au dedans
qu'il n'y en a se dirigeant du dedans au dehors.

Y a-t-il entière incompatibilité de nature entre
sentir fortement et agir? Non, sans doute. Chaque
impression ressentie par la sensibilité, en effet,
est un mouvement communiqué qui ne peut se
perdre : il doit être restitué ou distribué d'une
manière ou d'une autre. Or, la voie ordinaire que
suit le mouvement de réaction, c'est celle de la
détermination volontaire, se réalisant au dehors

par le moyen des muscles. Nous sentons donc pour agir. Il n'en est pas moins vrai que, chez la plupart des individus, une des deux grandes fonctions l'emporte sur les autres. Par cela même, en vertu de la loi du balancement des organes, l'excès sur un point entraîne un manque sur d'autres points. Cela tient à ce que l'énergie totale de l'organisme est une quantité limitée. Cette quantité est-elle assez élevée et, de plus, partagée à peu près également entre l'intégration et la désintégration, entre les fonctions sensitives et les fonctions motrices, il y aura alors équilibre approximatif de la sensibilité et de l'activité. Mais si, à l'un des pôles, afflue un excédent considérable d'énergie, — par exemple au pôle sensitif, — il y aura chance pour qu'il y ait insuffisance d'énergie à l'autre pôle. L'organisme a son budget : obligé à des crédits excessifs, le voilà dépourvu pour d'autres dépenses. D'où vient, par exemple, que les tempéraments trop sensitifs sont ordinairement peu portés à l'action? C'est que, outre la voie normale de l'action, il y en a deux autres par où peut se répandre et se distribuer l'énergie. La première est celle de la pensée : au lieu de se traduire en actions dans les membres, le sentiment peut s'employer à susciter des idées dans le cerveau. La seconde voie que peut prendre le sentiment, au lieu d'aboutir à l'action, c'est la voie de l'expression intérieure et extérieure. L'ébranlement intense est alors communiqué par le système nerveux à la majeure partie des organes, aux poumons, au cœur, au visage, à la physionomie, etc. On peut donc dire, en résumé, que la sensibilité se dépense soit dans le cerveau en idées et en sentiments associés, soit dans le système nerveux et les organes internes en expressions de toutes sortes, soit enfin dans les muscles en actions proprement dites. Quand Talma éprouvait quelque peine, il se mettait d'instinct, en vue de son art, à réfléchir sur les gestes par lesquels ses sentiments se manifestaient au dehors; excellent moyen pour les métamorphoser en pensées froides. Mais, d'ordinaire, les pensées suscitées par nos joies ou nos peines sont elles-mêmes agréables ou pénibles, ce qui engendre de nouveaux sentiments; de sorte qu'à la fin la sensibilité se dépense à se nourrir elle-même. C'est une sorte de tourbillon, de cyclone intérieur. Chez Rousseau, tous les sentiments s'amplifiaient de la sorte. « L'épée use le fourreau, voilà mon histoire. Mes passions m'ont fait vivre et mes passions m'ont tué. Quelles passions? dira-t-on. Des riens, les choses du monde les plus simples, mais qui m'affectaient comme s'il se fût agi de la possession d'Hélène et du trône de l'univers. » — « Tout s'enrichit, disait aussi Diderot, tout s'exagère dans mes sentiments, dans mon imagination et dans mes discours. » Supposez un tem-

pérament de ce genre, chez qui le système nerveux
et le système musculaire ne soient pas en parfait
équilibre, ou chez qui les fibres sensitives des nerfs
aient plus de vitalité que les fibres motrices, vous
aurez un homme plus porté à sentir qu'à agir et à
faire effort. Son tempérament prendra une direction centripète plutôt que centrifuge; il sera intégrateur plutôt que désintégrateur. Chez d'autres,
ce sera le contraire. De là les deux grandes classes
d'hommes qu'on appelle les sensitifs et les actifs [1].

(1) Le bon état de la nutrition, sur lequel Bain et M. Ribot insistent
presque exclusivement, n'est pas la seule cause du tempérament actif.
Il y a des apathiques bien nourris et des paresseux qui ne le sont
aussi que trop. Il faut évidemment que la direction générale de l'organisme une fois nourri soit vers la dépense; il faut que les systèmes
nerveux et musculaire aient certaines qualités natives de conformation; il faut aussi que les centres moteurs du cerveau soient bien
constitués et robustes. Il faut même que la mémoire motrice, nécessaire pour se rappeler et coordonner les impressions, soit bien organisée et capable d'un fonctionnement sûr. C'est ce qu'ont montré
Bastian, Romanes, William James et Münsterberg. Ces derniers réduisent même le sens de l'effort à un souvenir d'impressions motrices qui
précède et dirige l'action. Le résultat final de ces conditions diverses
est la tendance désintégrative et catabolique.

CHAPITRE II

I. — Le type sensitif et le type actif, à leur tour, doivent se diviser chacun en deux variétés. Cette subdivision n'est pas artificielle : elle découle nécessairement du principe même de notre classification. En effet, quoique le rapport mutuel de l'entretien et de la dépense dans l'organisme en général suffise à fournir les deux grands types fondamentaux, il est essentiel de considérer plus particulièrement ce même rapport dans le système nerveux. Ce système est le **régulateur** destiné à maintenir dans tout le reste de l'organisme l'équilibre de la recette et de la dépense, comme aussi du sentir et de l'agir ; il est le balancier réglant les mouvements de l'horloge. Mais ce balancier est lui-même plus ou moins bien réglé et proportionné : chez les uns il est plus fort, chez les autres plus faible ; chez les uns il va plus vite, chez les autres plus lentement ; ici, il prolonge son battement dans telle

direction, là, dans la direction opposée. Et ces qualités ou défauts tiennent encore à la proportion
plus ou moins heureuse qu'il réalise en lui-même
entre les deux travaux inverses de l'intégration et
de la désintégration. C'est cette proportion, selon
nous, qui donne d'abord aux nerfs ce qu'on appelle
leur *ton*, c'est-à-dire un état de tension moyenne
(variable avec les individus) où les nerfs se trouvent
constamment, même quand aucune impression extérieure ne les sollicite. Il y a un « ton moteur » et
un « ton sensitif ». D'une part, les fibres *motrices*
du système nerveux étant dans un état permanent
de stimulation, leur tension demande à se décharger en mouvements et produit le besoin d'activité.
Mais cette tension vient elle-même de toutes les
petites excitations accumulées qu'apportent aux
fibres motrices les fibres sensitives. Celle-ci doivent donc être, elles aussi, dans un état de stimulation permanente. D'où vient donc à leur tour leur
tension continuelle? Est-ce seulement d'excitations
extérieures? Non; c'est aussi et avant tout d'excitations intérieures, ayant leur origine dans la nutrition, dans la circulation du sang, enfin dans
toutes les impressions qui arrivent continuellement
des organes internes. Ils sont en effet toujours
excités intérieurement. Dans la lyre animée, les
cordes reçoivent sans cesse de petits chocs non
seulement sous l'influence du dehors, mais encore

sous des actions venues du dedans : un courant
perpétuel les traverse et les fait tressaillir.

Il y avait longtemps que, pour toutes les fonctions qui impliquent une désintégration et une li-
bération d'énergie, on avait démontré l'influence
plus ou moins indirecte du système nerveux ; les
recherches récentes des physiologistes ont prouvé
que les changements nutritifs qui président à la
reconstitution moléculaire sont, eux aussi, sous
l'empire du système nerveux, qui dirige ainsi tous
les actes de l'organisme, destructifs ou réparateurs.

Selon Henle, les tempéraments dépendraient uniquement du *ton* plus ou moins élevé qui appartient
au système nerveux. Mais Henle n'a pas vu que la
doctrine du « ton nerveux » doit se rattacher à la
théorie plus générale de l'intégration et de la désintégration. En outre, le ton des nerfs ne fournit qu'une
indication vague tant qu'on ne le ramène pas à deux
qualités essentielles : la vitesse et l'intensité de la
vibration. C'est ce que Wundt a reconnu ; mais, lui
non plus, il n'a pas rattaché ces qualités à la théorie
générale des changements du protoplasme. A notre
avis, c'est précisément le rapport mutuel de l'intégration et de la désintégration, soit dans la partie
sensitive du système nerveux, soit dans la partie
motrice, qui cause l'intensité et la vitesse plus ou
moins grandes des vibrations nerveuses, avec les
avantages et les inconvénients qui en résultent.

11. — M. Perez, récemment, a encore rétréci la doctrine de Wundt, semble-t-il, en ne considérant la vivacité, la lenteur et l'énergie que dans les mouvements extérieurs. Il a cru trouver dans « les manifestations motrices » le fond même du caractère, et il a divisé l'humanité en trois grandes classes : les vifs, qui ont les mouvements rapides, les lents, enfin les ardents, qui ont les mouvements énergiques. D'abord, remarquerons-nous, ce ne sont point là de vrais « caractères », mais des traits de tempérament physique, et encore des traits extérieurs. En outre, la classification proposée par M. Perez nous paraît avoir un défaut capital : elle repose tout entière sur de pures considérations de quantité, abstraction faite de la qualité. A quoi jugez-vous une mélodie? Ce n'est pas seulement à l'intensité des sons et à leur rapidité; il faut considérer leur rapport mutuel. Même dans un son isolé, c'est le timbre qui est distinctif, parce qu'il enveloppe, comme on sait, une combinaison d'harmoniques, dont les unes sont des consonances, les autres des dissonances. De même, ce qui est caractéristique dans une individualité, c'est son timbre moral. Les observations de M. Perez et celles mêmes de Wundt sur les vifs et les lents nous paraissent donc stériles, tant qu'on ne sait ni sur quelles qualités portent la vivacité ou la lenteur, l'énergie ou la faiblesse, ni quelles en sont les causes, ni quels

2

effets s'en déduisent nécessairement. Voyez les portraits, d'ailleurs si intéressants, que M. Perez a
introduits dans son livre, tels que ceux de Mar-
montel ou de Jules Vallès; vous vous demanderez
si les divers traits rassemblés là sont de vraies
conséquences du caractère typique, ou de simples
rencontres accidentelles. Par exemple, M. Perez
décrit les ardents — Bonaparte entre autres —
comme ayant une forte sensibilité et une intelligence puissante, mais toujours avec une certaine
tendance à « confiner leurs intérêts scientifiques
dans la sphère des inclinations personnelles ». Ils
sont nés pour l'action et la domination. Ils ont
leur moi pour centre de toutes leurs actions. Ils
sont impérieux jusque dans leurs tendresses :
« Voyez les billets de Bonaparte à Joséphine. » Bienfaisance, honnêteté, modestie ne sont chez eux que
le voile d'une « personnalité irritable et vindica-
tive »; le foyer est incandescent et, « sous l'apparence tranquille et sérieuse, couvent de véritables
orages ». — Mais comment, de l'ardeur, déduire
tous ces traits, qui sont ceux de l'égoïste? Ne peut-
on être ardent et énergique dans les passions géné-
reuses, tout autant que dans celles qui ont pour
centre le moi haïssable? De même, on peut être un
héros ou un gredin avec de la vivacité ou de la lenteur. Vos mouvements ou vos actes sont-ils rapides,
vous voilà classé parmi les vifs, qui, selon M. Perez,

sont « légers ».— Mais votre rapidité de mouvements peut tenir à deux causes opposées : ou vous n'avez pas réfléchi, et alors vous méritez l'accusation de légèreté; ou votre pouvoir de réflexion est rapide, vous avez du coup d'œil intellectuel, et vous n'êtes pas pour cela un homme léger. Le même résultat extérieur peut être produit par une qualité ou par un défaut de l'intelligence. On connaît ce compte rendu laconique d'une séance du parlement anglais, que fit un homme d'esprit interrogé par la reine Elisabeth : « Que s'est-il passé? — Deux heures. » En y ajoutant même le nombre et la rapidité des mots prononcés par les orateurs pendant ces deux heures, vous seriez encore assez peu renseigné sur le fond des choses. Le vif, dit encore M. Perez, est en outre imitateur — sans doute parce qu'il est plus expéditif d'imiter autrui que de découvrir par soi-même ce qu'il y a de mieux à faire! Mais la conséquence est tirée de bien loin et n'est pas contenue nécessairement dans le principe. M. Perez invoque, en faveur de sa thèse, ce mot de M. J. Soury, que « tous les processus psychiques sont des phéno-mènes *réductibles* à des phénomènes de mécanique moléculaire ». Réductibles, non pas (car un mou-vement dans l'espace ne sera jamais un sentiment ou une pensée), mais simplement en relation con-tinue avec des phénomènes de mécanique molé-culaire. Et cette mécanique moléculaire est tout

autre chose que la rapidité ou l'énergie des mouvements extérieurs. En fait de mouvements, ce sont
ceux-mêmes de l'organisme qu'il faut étudier, et
non pas seulement dans leur vitesse et leur intensité, mais avant tout dans leur direction générale.
Car c'est la direction qui importe : en toute chose,
il faut considérer la fin. De plus, la classification
des tempéraments doit être symétrique et entraîner
des divisions binaires. Si, par exemple, il y a des
vifs, il doit y avoir des lents ; s'il y a des natures
ardentes, il doit y avoir des natures froides. Ces
corrélations sont dues à des contrastes naturels,
non à des distinctions artificielles. Nous ne pouvons donc admettre les classifications ternaires de
M. Perez, ni même celles de M. Ribot.

III. — La direction générale de l'organisme, qui,
nous l'avons vu, est ou intégrative ou désintégrative,
nous a déjà donné les deux types primordiaux répondant aux sensitifs et aux actifs ; nous avons ainsi
obtenu les deux « qualités » fondamentales du
tempérament. L'intensité et la vitesse de la réaction interne vont maintenant nous fournir des sub-
divisions nécessaires.
Posons d'abord ce principe, que la conscience,
soit pour sentir, soit pour agir, exige toujours une
certaine durée, au-dessous de laquelle elle devient
indistincte ou nulle ; la « vitesse infinie de la pen-

sée » est chose illusoire ; la détermination de l'é-
quation personnelle chez les astronomes avait déjà
dissipé l'erreur ; les méthodes récentes de la psychologie physiologique ont permis de mesurer la vitesse
moyenne des actes les plus élémentaires de l'esprit. C'est que les impulsions nerveuses, loin d'être
instantanées, subissent dans les centres un retard
relativement considérable. A quoi ce retard est-il
dû ? Selon nous, c'est au mouvement inverse de réparation qui vient plus ou moins contre-balancer le
mouvement de décomposition et qui oppose ainsi
une résistance au courant d'énergie libérée. La conscience et l'étendue de son champ sont en raison
directe de l'*intensité* de la désintégration, et en
raison inverse de la rapidité avec laquelle cette
désintégration se communique aux éléments nerveux voisins. Chez le pianiste, par exemple, grâce
à l'habitude, le mouvement parti des centres cérébraux finit par se propager avec une extrême vitesse
aux divers doigts des deux mains ; aussi les mouvements complexes de ses doigts deviennent-ils inconscients.

Plus un phénomène mental, par sa complexité,
exige une élaboration importante dans les centres nerveux, plus longue est la durée dont il a
besoin. Par exemple, pour qu'une sensation, —
celle d'un vin qu'on déguste, — devienne une perception parfaitement claire et distincte, pour qu'elle

soit reconnue et classée dans son cadre propre, comme ayant tel goût, telle nuance, etc., il faut une élaboration centrale qui exige un temps assez long. De même, pour qu'une réaction volontaire, comme celle qui fait presser la détente d'un pistolet, soit véritablement intentionnelle et réfléchie, par cela même tout à fait consciente, il faut encore une certaine durée. Le retard subi entre l'excitation sensorielle et la réaction musculaire n'est pas du temps perdu, comme on pourrait le croire ; il exprime l'élaboration subie le long du chemin par l'impression première. En interposant des résistances dans un circuit électrique, on peut obliger l'électricité à se traduire sous forme de lumière, de chaleur, de travail mécanique ; ainsi les retards des courants nerveux entraînent des traductions diverses, sous forme de pensée, de sentiment, de volonté.

D'après une théorie du physiologiste Herzen qui fit jadis un certain bruit, la conscience accompagnerait seulement la phase de désintégration des éléments centraux, jamais celle d'intégration. Mais, en réalité, si la désintégration était trop rapide, la conscience deviendrait indistincte ; et comme ce qui modère la rapidité de la désintégration, c'est le travail inverse de réintégration, il s'ensuit que la conscience n'est pas exclusivement liée à l'une des deux phases ; elle a pour condition, croyons-nous, le rythme même et la proportion des deux travaux contraires dans les centres nerveux.

De même qu'une certaine durée est nécessaire pour qu'il y ait conscience, de même elle est nécessaire pour qu'il y ait mémoire. Une impression est-elle trop courte et instantanément réfléchie en mouvement, elle ne restera pas dans le souvenir. Se rappelle-t-on les gestes instinctifs qu'on accomplit en parlant, en lisant? Non, ce sont des espèces d'actions réflexes provoquées par une excitation externe ou interne et qui passent sans laisser de trace. La mémoire suppose tout un travail d'intégration et de synthèse, par conséquent une organisation plus ou moins lente; et même, en général, on se souvient d'autant plus longtemps qu'on a plus longtemps réfléchi et fait effort. Un esprit tout « instantané », sans mémoire, serait comme s'il était sans conscience; il n'y aurait plus de lien entre ses divers éléments conscients, dont le rapport dans le temps peut seul constituer une vie mentale. Il mourrait et naîtrait sans cesse, emporté par une continuelle vicissitude; cette série d'éclairs ne serait point une vraie lumière. C'est précisément sous cette forme que Leibniz se représentait le mode d'existence des corps, qu'il appelait, dans une formule célèbre, des « esprits momentanés ». Il faut donc, pour qu'il y ait un produit non pas seulement matériel, mais mental, que l'im-

pression nerveuse subisse dans les centres un retard
assez considérable.

Ces importantes lois physiologiques et psychologiques vont nous mettre en mesure de comprendre
les effets mentaux de la durée et de l'intensité, soit
qu'il s'agisse de sensations, soit qu'il s'agisse d'actions motrices. Une fois en possession de ce principe que la vitesse et l'énergie tiennent aux rapports de la dépense et de la réparation, tout peut
s'expliquer et s'éclaircir : l'intensité et la vitesse
des métamorphoses intimes de la substance vivante,
principalement de la substance nerveuse, deviennent alors les bases de la subdivision naturelle des
tempéraments.

Ces diverses qualités, en effet, ne se combinent
pas au hasard : il y en a qui vont d'ordinaire ensemble. De là quatre combinaisons principales : en
premier lieu, des sensitifs à réaction prompte, mais
peu intense; en second lieu, des sensitifs à réaction
plus lente mais intense; en troisième lieu, des actifs
à réaction prompte et intense, enfin des actifs à réaction lente, et modérée. On verra tout à l'heure pourquoi ces combinaisons sont les plus simples et les
plus fréquentes; elles le sont tellement que les
physiologistes et les psychologues, dès l'antiquité,
les ont remarquées. Wundt déclare avec raison que
l'antique division des quatre tempéraments prove-
nait d'une observation délicate. Certes, nous ne

pouvons aujourd'hui admettre les principes ~aux sur lesquels reposait cette classification : nous ne croyons plus aux quatre humeurs : sang, flegme, bile et atrabile, ni aux quatre principes : chaud, froid, sec et humide. Il n'en est pas moins vrai que les résultats purement empiriques des observations d'Hippocrate et de Galien sur les tempéraments sanguin et mélancolique d'une part, bilieux et flegmatique de l'autre, méritent, avec les rectifications et les interprétations nécessaires, d'entrer comme éléments dans une classification scientifique; mais il faut pour cela les rattacher par déduction aux principes fondamentaux de la biologie, qui peuvent seuls leur donner leur véritable sens.

Avant d'analyser les divers tempéraments, remarquons d'abord que leur diversité produit celle de l'humeur générale, effet psychique du ton vital plus ou moins haut et du jeu plus ou moins harmonieux des organes. Au fond de ce que nous appelons notre conscience, sous les pensées claires et les volitions distinctes qui toutes attirent notre attention, il y a le « sens du corps », qui, parce qu'il est toujours présent, ne se fait pas remarquer, mais qui constitue néanmoins la base de tout le reste. Ce sens général, « moniteur indéfectible de la vie », se révèle parfois d'une manière positive ou négative. Parmi les révélations positives, on compte

cette vague impression de bien-être général ou de
de malaise général qui nous avertit du cours facile
ou difficile de la vie. Parmi les manifestations néga-
tives, notons la suspension partielle du sens corporel relativement à tel ou tel membre, dans les
cas d'engourdissement et de torpeur, d'anesthésie,
de paralysie. C'est une preuve que chaque organe
contribue à constituer le sens du corps, et que
chaque fonction, telle que la faim ou la soif, contribue à le maintenir ou à le modifier. Mais, quelles
que soient les variations que peut subir notre sens
du corps, il est clair que, le corps ne pouvant lui-
même changer dans sa constitution générale, notre
système nerveux, en sa partie sensitive et en sa
partie motrice, conserve toujours le ton moyen qui
lui est propre ; parallèlement, notre conscience
enveloppe un ensemble constant de sensations et
d'impulsions, auquel tout le reste vient se sura-
jouter. Les causes de ces sensations et impulsions,
étant dans notre organisme, échappent à notre
conscience, mais n'y produisent pas moins des effets
appréciables ; ainsi l'action invisible de Saturne
cause des perturbations visibles dans la marche
d'Uranus. Quand les effets sont momentanés, ils
constituent l'humeur particulière du moment; quand
ils sont durables, l'humeur générale, — joyeuse
triste ou calme. Dans une étude intéressante sur
le « Tempérament psychologique et anthropolo-

gique[1] », M. Nicolas Seeland a voulu donner l'humeur
générale pour la base même du tempérament. Il
classe en conséquence les tempéraments en gais,
mélancoliques, sereins, etc. Le type sanguin, par
exemple, n'est pour lui qu'une « variété du tempérament gai[2] ». C'est là, selon nous, prendre l'effet
pour la cause. L'humeur est le premier et général
effet de l'état entier de l'organisme dans la conscience; c'est le bien-être ou le malaise résultant du
sens vital; mais, nous l'avons vu, le tempérament
est le mode même de fonctionnement qui résulte de
la direction dominante des opérations vitales (direction centrifuge ou centripète), ainsi que de l'intensité et de la rapidité avec laquelle ces opérations
s'accomplissent. Le retentissement dans la sensibilité générale, sur lequel nous reviendrons plus
tard, n'est donc qu'ultérieur et dérivé.

(1) *Congrès international d'Anthropologie*, 1892, vol. II.
(2) *Id.*, p. 99.

CHAPITRE III

Un premier type de tempérament — depuis longtemps admis et dont il est impossible de mettre en
doute la réalité, quoiqu'il ne se présente jamais à
l'état pur — c'est celui qu'on a nommé le sensitif
« sanguin ». Nous ne parlons pas du sanguin-ner-
veux, mais de ces sanguins chez qui la réaction
nerveuse, quoique prompte, est peu durable et peu
intense. Dans la pratique, ce tempérament offre
toujours quelque mélange et quelque correctif;
nous allons le déduire, en sa pureté abstraite, de
nos principes généraux.

Chez le sensitif sanguin, les globules sont nombreux et rutilants dans les capillaires, tandis que
chez le tempérament appelé par convention « bilieux », qui est un type opposé et actif, les globules
sont plus rares et d'une teinte plus sombre. Or,
Claude Bernard a constaté que le degré d'avidité du
sang pour l'oxygène résulte de la rapidité avec la-

quelle ses globules abandonnent leur oxygène aux
tissus et se désintègrent ; en outre, cette rapidité
plus ou moins grande se manifeste par la coloration
plus ou moins noire du sang. Chez le sanguin, le
sang n'est pas noir, mais rouge ; donc les globules
n'abandonnent aux tissus qu'une portion restreinte
de leur oxygène, et le sang reste fortement oxygéné. Donc encore, ajouterons-nous, il y a chez le
sanguin prédominance de l'intégration sur la désintégration, qui demeure peu profonde.

On sait que le teint du visage et du corps est
produit par la transparence du sang à travers la
peau et par les pigments, où l'on a reconnu des
produits de désintégration. Un sang fortement inté-
gré et oxygéné est rouge : le teint du sanguin doit
donc être, en moyenne, rosé et fleuri. D'autre part,
la désintégration n'étant pas active, les pigments
sont moins abondants et moins colorés : la peau
doit donc être généralement blanche. La couleur
des cheveux, pour la même raison, sera plus souvent claire que très sombre (nous ne parlons jamais
que des moyennes). De même pour les yeux, dont
le pigment peu foncé amènera de préférence la
nuance bleue. Le cou sera plus généralement court
et large, à cause de la forte nutrition et de la circulation abondante. La tête, pour la même raison,
n'ira pas en s'amincissant par le bas, et elle sera
plus souvent ronde ou carrée ; le nez sera fort et

largè. Le corps tout entier aura l'apparence d'un
organisme bien nourri et même trop nourri. On
voit que nous rattachons tous les signes extérieurs
au même principe de la prédominance d'intégration, qui, psychologiquement, entraîne la direction
sensitive plutôt qu'active.

Maintenant, cet excès général de nutrition et de
circulation ne peut pas ne pas retentir sur le système nerveux. Henle prétend qu'il y a chez le sanguin une tonicité des nerfs très élevée ; mais il n'a
pas distingué ici le ton des nerfs sensitifs et celui des
nerfs moteurs. Cette distinction est pourtant capitale. En effet, l'excès même du mouvement nutritif
dans l'organisme entier entraîne une réparation
trop rapide dans les nerfs sensitifs, si bien que le
mouvement de dépense, trop tôt compensé par le
mouvement de recette, ne se communique pas aux
fibres motrices ou se communique affaibli. Il y a
donc disproportion entre cette sensibilité qui est
vive et cette réaction motrice qui est faible : la tonicité n'est pas *égale des deux côtés*. Le courant
général de la vie demeure en excédent d'intégration, au lieu de réussir à être proportionnellement
« désintégrateur ». Aussi les nerfs, comme des
cordes bien tendues, vibrent facilement et rapidement, mais ils reprennent trop tôt leur équilibre,
par une sorte d'élasticité exagérée. Le cerveau, à
son tour, tend à se décharger tout de suite et à dé-

penser sur le moment même, par les voies les plus faciles, l'ébranlement que les nerfs lui ont communiqué. Or, quelles seront les voies les plus faciles pour un tempérament dont la direction générale est vers la réintégration, non vers la dépense ? Ce seront les actes exigeant un effort peu soutenu ; ce seront, de préférence aux actes, les paroles, les gestes, les mouvements de la physionomie ; ce seront enfin les émotions plus ou moins fugitives et peu profondes. C'est donc de ces côtés que réagira de préférence un tempérament plus porté à la réintégration de l'énergie qu'à sa dépense, et ayant de plus une trop grande rapidité de réaction. Chez un homme de ce genre, il n'y aura pas longue élaboration, ni, par conséquent, organisation très durable des phénomènes mentaux. Avec le tempérament trop exclusivement sanguin, les retards sont insuffisants et la réaction est trop rapide : de là le peu d'intensité et de durée dans les résultats. C'est le pendant de ces mémoires promptes à apprendre et non moins promptes à oublier, parce qu'elles n'ont pas eu besoin de grands efforts ni de longue réflexion. En outre, une impression nouvelle chassera bientôt l'ancienne, si bien que la rapidité du premier changement aura son corrélatif dans la rapidité d'un changement nouveau. Ainsi s'explique, chez les sensitifs à réaction trop prompte et trop peu intense, la mobilité des sentiments, qui

a elle-même pour conséquence de rendre ces sentiments superficiels. Ils n'ont pas le temps de pénétrer l'être tout entier, d'éveiller de proche en proche
leurs harmoniques, de se propager ainsi au loin et
de communiquer leur ébranlement à toute la masse.
C'est là, selon nous, la véritable explication de la
« légèreté ». Il y a toujours, chez le sanguin pur,
quelque chose qui rappelle l'enfance et la jeunesse.
L'enfant, ayant surtout besoin de croître, a un tempérament en prédominance d'intégration : son teint
rosé, sa peau blanche et ses cheveux blonds en sont
des signes visibles ; il est donc avant tout sensitif.
De plus, sa réaction est prompte, peu profonde et
peu durable. Le tempérament sanguin est le tempérament normal de l'enfance.

Les autres traits classiques du type sanguin se
déduisent des précédents. La vivacité de l'impression
actuelle, jointe au peu de profondeur et de durée
dans la réaction, fait que l'homme au « sang léger »
vit surtout dans le présent. En quoi il ressemble
encore à l'enfant et au jeune homme. Le passé est
vite oublié ; quant à l'avenir, il exigerait, pour être
représenté dans l'esprit, une réflexion trop longue
et comme une fixation de ces sentiments qui vont
trop vite. Par rapport à l'avenir, l'attitude ordinaire
du sensitif prompt et peu profond est plutôt l'espérance, quoique son premier mouvement puisse être
un excès de crainte. Oublieux du passé, le sanguin

est debout aussitôt qu'abattu, mais c'est par tempérament, non par « caractère ». L'espoir courageux qui se relève toujours au nom de la raison et de la force morale est bien plutôt le partage de ceux qui n'oublient rien, qui se redressent non parce qu'ils ont déjà oublié qu'ils étaient abattus, mais parce qu'ils se souviennent de s'être déjà relevés, — et cela, pour tels motifs qui les tiendront debout quand même, tant que ces motifs n'auront pas cessé d'être, à leurs yeux, légitimes.

Les impressions douloureuses ne laissent point chez le sanguin de trace profonde, et le besoin d'impressions agréables a bientôt dissipé tout nuage : il est donc optimiste d'instinct. Porté à prendre tout par la bonne anse, il dirait volontiers, comme l'Henri V de Shaskespeare :

Dans toute chose mauvaise il y a une essence de bien,
Pour les hommes qui savent la distiller;
Ainsi nos mauvais voisins nous font lever de bonne heure ?
Habitude salutaire et de bon ménager.

Il en résulte, chez les sanguins, ce fonds d'humeur enjouée qu'on a toujours constaté. Comme ils glissent volontiers sur tout et que tout glisse sur eux, le sérieux des choses leur échappe : ils n'en cueillent que la fleur.

Au point de vue de l'activité, le sanguin léger en a une généralement superficielle et mobile. Selon la fine remarque de Kant, le travail le fatigue et il

3

est toujours occupé, mais à ce qui est pour lui un jeu, parce que c'est là un changement et que la constance dans l'effort n'est pas son affaire.

Mettez un homme de ce genre en relation avec d'autres hommes, quels sont les sentiments qui, abstraction faite de sa volonté et de son intelligence, tendront chez lui à prévaloir par nature : les bienveillants ou les malveillants ? Tous les observateurs ont remarqué que les tendances altruistes dominent, pourvu qu'on entende par là une bienveillance un peu de surface, qui entraîne un bon mouvement instinctif, mais non, à elle seule, la bienfaisance durable et profonde. Quel en est le motif ? C'est que l'homme aux sentiments prompts aura aussi une sympathie prompte, puisque la sympathie est la vive représentation de ce que sentent les autres, entraînant chez nous-même un sentiment analogue. C'est un phénomène d'induction nerveuse, et les nerfs du sanguin sont immédiatement électrisés par induction. Il est vrai qu'il aura aussi une antipathie prompte, mais l'antipathie est un de ces sentiments dépressifs qui obligent à se replier sur soi et qui, en somme, sont désagréables. Or, la pente du sanguin est vers les sentiments excitants et « dynamogènes », qui font aller de l'avant et, en définitive, apportent des plaisirs. Il sera donc plus enclin aux mouvements de sympathie qu'à ceux d'antipathie. Mais, s'il n'a pas fait l'éducation de

son caractère, sa sympathie n'aura pas beaucoup
plus de durée ni de consistance que ses autres sentiments ; profitez-en sur l'heure : vous risquez de
ne pas la voir se traduire plus tard en dévouement
effectif. Le sanguin léger ne se tourmente guère
pour ses propres affaires ; comment se tourmen-
terait-il pour les vôtres ? Il rejette volontiers les
fardeaux de la vie. C'est pour cela aussi que, chez
lui, les promesses sont faciles et magnifiques ; il ne
lui en coûte que de les faire et, au moment où il les
fait, il en est pénétré : son imagination voit en tout
le facile et l'agréable. Par malheur, il ne réfléchit
pas s'il pourra tenir ce qu'il promet ; quand donc il
s'agira de l'accomplir, ce sera une autre affaire :
nouvelles pensées, nouveaux soucis. Les mêmes
raisons expliquent un autre trait de ce caractère :
« il est mauvais débiteur et demande toujours des
délais, » dit Kant ; c'est qu'emprunter avec l'intention de rendre est facile ; mais rendre, voilà qui
exige un dessein soutenu, dont est incapable l'homme
toujours absorbé par l'impression présente.

En somme, les bonnes intentions tendent à do-
-miner chez ce tempérament plus que les bonnes
actions. Kant a encore raison de dire que le sanguin léger est un pécheur difficile à convertir : « Il
se repentira vivement, mais ce repentir sera bientôt
oublié. » Ce sera moins un remords de la volonté
qu'un chagrin tout sensitif. Ces divers traits de

physionomie sont donc reliés entre eux par un lien logique ; c'est partout la même qualité de sentiment spontané et rapide, expansif et diffusif, avec le même défaut de réflexion, de profondeur et de durée. Nous ne voulons pas dire que le sanguin soit fatalement voué à tous les défauts intellectuels et moraux que nous venons d'énumérer ; outre qu'on n'est jamais exclusivement sanguin, nous voulons simplement noter des dispositions instinctives qui, si elles ne sont pas contre-balancées par l'éducation, par une réaction constante de l'intelligence et de la volonté, feront verser l'individu du côté où il penche. C'est pour cela que nous parlons de « tempérament moral », non de « caractère ». Le vrai caractère est œuvre d'intelligence et de volonté.

CHAPITRE IV

TEMPÉRAMENT SENSITIF A RÉACTION INTENSE
RAPPORTS AVEC LE TYPE « NERVEUX »

Le second type de tempérament sensitif est celui
qui, sous une impression, réagit avec plus de durée et d'intensité, de manière à reprendre plus lentement son équilibre. Supposez un sang moins
riche que celui du sanguin vif, avec un système
nerveux très développé et peu de force musculaire, vous aurez le tempérament « nerveux ». Le
mouvement intime de réintégration prédominera
encore sur celui de dépense ; seulement, ce sera par
l'effet non plus d'un trop-plein, mais d'un manque
de vitalité. Ce qui caractérise le nerveux, c'est que
la réintégration de ses nerfs, avec le retour à l'équilibre qui en est la suite, est trop lente, tandis que
celle du sanguin est trop rapide. Chez le nerveux,
qui est généralement un sanguin moins nourri et
dont le ton vital est abaissé, le teint sera plus pâle,
le sang étant moins riche. La physionomie sera ex-
pressive et mobile ; le sommeil léger, agité, peu

réparateur. Les produits de désintégration, c'est-à-
dire les pigments, seront faibles et peu colorés ;
de là, souvent, la blancheur de la peau, la couleur plutôt claire des yeux et des cheveux, qui
d'ailleurs, selon Laycock, quand ils ne blanchissent
pas vite, brunissent avec l'âge chez les nerveux actifs. Le cou sera plus généralement délicat et long,
au lieu d'être gonflé par la nutrition. Le nez sera
plutôt mince, avec des ailes très-mobiles. Le corps
sera svelte, souvent sec, rarement gras. Quant au
visage, on a remarqué qu'il va parfois en s'amincissant par le bas, à partir d'un front large et élevé,
ce qui peut donner à la figure une certaine ressemblance avec la forme d'un V. Cette forme s'accuse
chez les nerveux qui vont jusqu'à la mélancolie.
Selon nous, cette forme de visage tient à la prédominance des fonctions cérébrales, qui grossit le
haut de la tête, et à l'affaissement des fonctions
nutritives, qui en amincit le bas. On a donc bien
ici un tempérament où la dépense extérieure est
relativement faible et où l'intégration ralentie ne
réussit pas à compenser assez vite la dépense interne.

Nous avons dit que, chez le nerveux, c'est un
affaiblissement relatif et non plus, comme chez le
sanguin, un excès de la nutrition générale qui est
le point de départ; cette différence entraîne des conséquences importantes. D'abord, les nerfs n'ayant

pas autant de sang pour se réparer, il en résulte une diminution de l'énergie totale. Cette diminution fait que les excitations se dépensent presque entièrement dans les fibres sensitives, sans qu'il reste assez d'énergie pour passer aux fibres motrices, qui, d'ailleurs, ont perdu de leur ressort. En outre, dans les fibres sensitives elles-mêmes, les excitations atteignent plus tôt le point où la dépense n'est pas compensée par la recette ; elles deviennent ainsi trop vite excessives, épuisantes, et s'élèvent rapidement au degré du thermomètre intérieur où commence l'échelle des peines. Le changement de position dans les molécules du cerveau étant dès lors plus notable et plus durable, les impressions subsistent davantage et ont, par cela même, le temps de pénétrer une plus grande portion de l'organisme. De là des sentiments qui vont se multipliant et s'exaltant, pour ne se calmer qu'avec peine. Enfin ces sentiments, ne se dépensant point d'ordinaire par la voie de l'action, sauf dans les moments de surexcitation et d'activité spasmodique, se dépensent, — selon la loi plus haut énoncée, — à réveiller des idées ou à ébranler les organes internes, qui vibrent tous à l'unisson :

> Mon cœur profond ressemble à ces voûtes d'église
> Où le moindre bruit s'enfle en une immense voix [1].

(1) Guyau. *Vers d'un philosophe.*

C'est ce qui fait que ces tempéraments méritent par excellence le nom « d'émotionnels ».

L'émotion, en effet, est produite par la diffusion de l'onde nerveuse dans les diverses parties de l'organisme. Toute sensation provoque uné réaction complexe et plus ou moins étendue, qui se manifeste par le plaisir ou la douleur et par l'émotion. Tandis que la sensation simple demande seulement vingt-six millièmes de seconde, le plaisir et la douleur demandent un temps cent fois plus considérable. Notre organisme étant, comme on sait, une société de cellules en connexion sympathique, chaque impression retentit dans le tout, met l'organisme entier en attente et, au besoin, en défense. Si cette réaction favorise le cours même de la vie et n'exige pas une dépense de forces supérieure aux réserves, il y a plaisir et surélévation du ton vital; dans le cas contraire, douleur et abaissement du ton vital. Bichat fut peut-être le premier à considérer les émotions comme le résultat de ces actions et réactions qui se produisent dans les organes de la vie interne; vue profonde, confirmée depuis par la physiologie et la psychologie. L'émotion proprement dite est le changement soudain dans l'intensité, la vitesse et la direction de nos sentiments; c'est ce que les anciens appelaient un « mouvement de l'âme », *motus animi*, une « perturbation de l'esprit. »; or, cette

perturbation tient aux contre-coups divers de l'onde
nerveuse. Le trouble de l'âme est jusqu'à un certain point la conscience d'un trouble physiologique,
les mouvements de l'âme sont la contre-partie des
mouvements qui s'accomplissent dans la société
cellulaire. Si la vue d'un danger subit produit une
secousse plus ou moins violente, suivant les diverses
personnes, si elle dilate les yeux, glace le sang,
suspend, puis précipite les battements du cœur,
fait se dresser les cheveux, etc., c'est en vertu
de toutes les corrélations naturelles qui font que
l'ébranlement se répercute d'un organe à l'autre.
Modifiez la conformation de ces organes, modifiez
leurs rapports mutuels, vous modifiez du même
coup l'émotion, symphonie concordante ou discor-
dante où se fondent toutes les vibrations des cellules
corporelles. L'émotion est donc bien la révélation
du *consensus* de nos organes; c'est la conscience de
l'enrichissement ou de l'appauvrissement de la vie
collective en nous. Aussi, voyez avec quelle facilité
toute émotion se transmet d'un individu à l'autre
par l'intermédiaire des mouvements expressifs. Il se
produit un phénomène d' « induction nerveuse » qui
éveille chez l'un les mouvements dont il est témoin
chez l'autre, et cet éveil est immédiatement accompagné de l'émotion corrélative. Sentir tel frisson
par sympathie avec un autre qui frissonne de même,
c'est éprouver telle émotion de peur, de joie, de

colère, etc. On raconte qu'un terre-neuve était couché à la porte d'une pièce où un jeune homme déclamait avec une onction pathétique la *Jeune malade* d'André Chénier ; vers la fin du poème, des gémissements bruyants éclatèrent : c'était le chien qui s'associait dans le corridor à l'émotion du lecteur. Quand un dompteur commence à trembler au moment où il entre dans la cage des lions, il faut qu'il se retire ou « qu'il y passe », car sa peur n'échappera pas aux bêtes. « Tous les êtres vivants, dit à ce sujet M. Espinas, entrent dans la conscience les uns des autres. » Les phénomènes psychiques sont toujours, sous une face, des modes de mouvement ; et réciproquement, « les mouvements qui les manifestent peuvent redevenir des états psychiques dans d'autres sujets[1] ».

Les retentissements dans les viscères dont nous avons parlé, battements du cœur précipités ou suspendus, respiration accélérée, fonctions digestives activées ou entravées, etc., c'est là ce que tout le monde se contente d'appeler les signes ou expressions de l'émotion ; mais on peut dire, avec M. W. James, que ces signes et effets sont aussi des éléments de l'émotion totale. M. James, il est vrai, a exagéré sa thèse : absorbant toute sensibilité dans la réaction des viscères, il pousse le paradoxe

---

(1) *L'Evolution mentale chez les animaux. (Revue philosophique,* 1888, I.)

jusqu'à dire : — Je ne tremble pas parce que j'ai peur, mais j'ai peur parce que je tremble ; je ne pleure pas parce que j'ai du chagrin, mais j'ai du chagrin parce que je pleure. — Non ; il y a dans le chagrin, répondrons-nous, un élément affectif et cérébral, la « peine », qui n'est pas l'élément de perturbation organique et viscérale : l'« émotion ». Ce dernier s'ajoute au premier, le renforce par une série de contre-coups ; il constitue ce que nous appellerons la sensibilité viscérale, dont les effets pénibles viennent grossir la peine primitive, due à la sensibilité cérébrale. Ce qui était d'abord effet devient ainsi cause à son tour ; mais à qui fera-t-on croire que les larmes soient la cause de la peine comme telle ? Du domaine des jouissances et des souffrances qui intéressent la vie physiologique, élevez-vous à celles qui sont de nature intellectuelle morale et surtout esthétique, l'élément de l'émotion nerveuse ira diminuant, sans que pour cela la jouissance disparaisse. La contemplation d'un beau paysage peut causer un plaisir intense sans produire une perturbation intense dans le cours de nos fonctions internes. La jouissance n'est pas en raison directe de l'agitation organique.

D'après ce qui précède, un tempérament sera d'autant plus émotionnel que ses sentiments auront plus de tendance à envahir non seulement tout le cerveau, mais même tous les viscères.

On sait que Malebranche, en lisant le *Traité de l'homme* de Descartes, ressentit un tel transport, « qu'il lui en prenait des battements de cœur qui l'obligeaient quelquefois d'interrompre sa lecture ». Chez le nerveux, la sensibilité ne reste pas extérieure, comme chez le sanguin, mais devient toujours intérieure. De là un danger d'affaiblissement et de déséquilibre. Les sens externes, vue, ouïe, goût, tact, odorat, grâce à leur organisation raffinée et subtile, s'exercent sans entamer les « réserves nécessaires à la vie » et ne sont point réduits à emprunter au fonds commun ; par cela même, ces privilégiés sont rarement une cause de douleur et peuvent, en revanche, nous donner une grande variété de plaisirs sans nous épuiser. C'est qu'en eux, les opérations destructives de la substance nerveuse sont presque immédiatement compensées par les opérations constructives, grâce à la richesse et à l'activité de la circulation sanguine dans les organes des cinq sens. Au contraire, les sensations profondes qui viennent de nos organes nutritifs, de nos organes respiratoires, des troubles de la circulation, de la température, etc., ont un caractère en quelque sorte vital, puisqu'elles correspondent à l'exaltation ou à la dépression des fonctions mêmes de la vie. C'est pourquoi, chez ces organes, toute perturbation est grave : ils côtoient toujours la souffrance ; nous ne prenons de chacun d'eux une conscience distincte et vive que par la douleur. On les a comparés à ces prolétaires infatigables qui travaillent uniquement pour vivre et pour permettre à d'autres de jouir. Le « grand sympathique » nous envoie les sensations répondant à l'état de nos viscères; quand tout va bien, il se tait ou se contente d'une sorte de murmure continu répondant à l'état général de bien-être. S'il élève la voix, c'est qu'il y a désordre. Un individu qui digère mal est maussade; un individu atteint d'une maladie de cœur est en proie à une anxiété continuelle. « Il n'y a guère, dit Maine de Biran, que les gens malsains qui se sentent exister; ceux qui se portent bien, et les philosophes mêmes, s'occupent plus à jouir de la vie qu'à rechercher ce que c'est. Ils ne sont guère étonnés de se sentir vivre. La santé nous porte aux objets extérieurs : la maladie nous ramène chez nous. » Biran lui-même, qui était un nerveux, nous dit que, dès l'enfance, il s'étonnait de se sentir exister : « J'étais déjà porté comme par instinct à me regarder au dedans, pour savoir comment je pouvais vivre et être moi. » Ses traits fins et délicats comme ceux d'une femme, ses yeux bleus et son regard franc, son visage pâle et un peu amaigri, la distinction tout aristocratique de sa personne, annoncent une âme recueillie et bienveillante, un esprit méditatif. Il montre une tendance presque invincible « à se laisser vivre de la vie universelle », à regarder « couler en lui le fil des impressions, sans rien faire **pour** modifier le cours changeant des événements ». Aux champs, où il vit le plus qu'il peut, à la Chambre, où le retiennent ses fonctions de questeur, « il agit peu, il regarde agir ». Il erre, dit-il lui-même, comme un somnambule dans le monde des affaires. Il est heureux quand le ciel rit, découragé quand le ciel se voile; ses impressions se succèdent mobiles et ondoyantes. C'est dans sa conscience qu'il « note les variations atmosphériques[1] ». Cependant, ce sensitif contemplatif saura réagir contre son tempérament; il se fera stoïcien, il divinisera l'effort, pour aboutir d'ailleurs à une sorte de mysticisme moral qui était bien en rapport avec sa nature. Nouvelle preuve que le tempérament n'est pas tout le caractère.

L'excitation des maniaques agités et la dépression des malades mélancoliques nous montrent, à l'état de grossissement morbide, les deux genres de sensibilité : celle du sanguin, prompte et extérieure, celle du nerveux, intense et intérieure. Chez les *maniaques excités,* les images représentatives courent et se succèdent très rapidement, en se projetant sans obstacle au dehors; aussi chez eux, en raison de cette rapidité exagérée, les mouvements

---

(1) Voir M. Bertrand, *le Sentiment de l'effort.* Paris, 1889, Alcan.

ne se fixent pas dans la conscience ni dans la mémoire. Le contraire a lieu chez les mélancoliques déprimés : chez eux, les changements psychiques courent avec une rapidité moindre; en outre, ils ne se projettent pas dans la sphère motrice : c'est pourquoi ils désintègrent le tissu nerveux, en provoquant des modifications profondes et durables dans la conscience.

Le sensitif trop nerveux est exposé, en se déséquilibrant ou en s'affaiblissant de plus en plus, à devenir mélancolique. C'est sous ce dernier nom que les anciens désignaient les nerveux. Ils voulaient indiquer par là une simple prédisposition, non un état habituel. Les nerveux purs n'étaient pas à cette époque aussi nombreux qu'aujourd'hui : leur nombre va croissant par l'effet de la civilisation, des nécessités de la lutte économique (surtout dans les villes), de l'hygiène vicieuse, du surmenage intellectuel et professionnel, que ne compense point un suffisant exercice du corps. Remarquons en outre que les nerveux, étant des plus variables, sont presque impossibles à enfermer dans une formule unique, parce que les nerfs et le cerveau sont l'organe de l'intelligence, qui est la diversité même. Un sanguin ressemble à un sanguin, un flegmatique à un flegmatique; mais un nerveux ne ressemble pas à un nerveux et ne se ressemble pas à lui-même. Le seul trait commun, nous l'avons vu,

c'est l'intensité et la durée de l'ébranlement une
fois produit. Il y a donc des nerveux gais et des
nerveux tristes ; seulement les nerveux gais ont
généralement eux-mêmes des accès de tristesse ;
en outre, pour peu qu'ils s'affaiblissent et s'écar-
tent de plus en plus du type sanguin, ils sont
exposés à finir par être plus souvent tristes que
joyeux.

Selon Henle, si le nerveux est souvent porté à la
mélancolie, c'est par l'insuffisance relative du mouvement volontaire comparé au mouvement sensitif : le nerveux se trouve ainsi privé des résultats
bienfaisants et adoucissants que les mouvements
volontaires exercent sur la douleur. Dans la souffrance, en effet, si on serre les poings on diminue
la souffrance même. Un soldat mâchait une balle
pendant une opération, et cet effort le soulageait.
Mais, quoiqu'il y ait là une part de vérité, cet élément d'explication nous semble trop simple et trop
étroit. Le sensitif nerveux a en lui d'autres raisons qui
expliquent son affinité naturelle pour les sentiments
pénibles. Nous en avons déjà indiqué une. C'est
par son retentissement exagéré dans tout le corps
qu'une sensibilité devenue trop intense, jointe à
une activité déprimée, favorise la production des
sentiments pénibles : la mélancolie est l'exagération
viscérale du tempérament émotionnel. Mais il y a
encore une autre raison du danger que le nerveux

court de devenir mélancolique si sa vitalité s'affaisse.
Rappelons-nous que les peines, considérées en
général, surpassent les plaisirs en général sous le
rapport de l'intensité. La cause physiologique en
est que les peines sont ordinairement produites par
l'excès d'une excitation nerveuse qui, à son degré
moyen d'intensité, serait agréable. Par exemple,
une trop vive lumière blesse la vue, un son trop
fort blesse l'oreille, une pression excessive, un
coup, une blessure produit une perturbation violente, etc. La douleur correspond donc d'ordinaire
à un degré d'intensité plus grand que le plaisir. Il
y a sans doute aussi des peines qui naissent simplement d'un manque ou d'un besoin, et qui sont néga-
tives; mais ces sortes de peines, dans la vie de
chaque jour, sont généralement moins fortes et
moins fréquentes. Les plus vives de ce genre sont
peut-être la faim et la soif, qui n'arrivent qu'excep-
tionnellement à produire des douleurs intenses.
C'est donc l'usure excessive du système nerveux
par des vibrations violentes qui cause les douleurs
les plus vives et les plus tranchées. Dès lors, celui
qui vit d'émotions, et d'émotions fortes, aura plus
de chances d'avoir à la fin des souffrances que des
plaisirs.

Ce n'est pas tout encore. Comme les sensations
les plus vives sont celles qui s'associent le plus
aisément entre elles, il en résulte que les souvenirs

4

douloureux sont, toutes choses égales, plus faciles
à réveiller et plus intenses que les souvenirs
agréables. Un homme en pleine possession de ses
forces, comme le sanguin, aura assez d'énergie
pour faire affluer les courants nerveux dans les
directions agréables et pour réagir contre tout ce
qui le détournerait de cette voie; mais, pour peu
qu'il y ait dépression du système nerveux, cette
dépression même étant déjà accompagnée d'un
vague sentiment de malaise, ce seront les idées de
même nuance qui tendront à s'éveiller, c'est-à-dire
les idées grises ou noires. En outre, le courant nerveux déprimé prendra la pente la plus facile, vers
les souvenirs des sensations les plus intenses, qui
précisément ont été en général des peines. L'individu se déprimera donc de plus en plus, et le champ
de sa conscience, ira s'assombrissant. « Une expérience vieille comme le monde, dit M. Ribot,
prouve que les sensitifs souffrent plus d'un petit
malheur qu'ils ne jouissent d'un grand bonheur. »
On en voit maintenant les raisons. Mais cette loi ne
s'applique pas, selon nous, à tous les sensitifs, ni
même à tous les nerveux, elle s'applique seulement
aux nerveux dont la sensibilité est devenue excessive et dont l'activité vitale est faible. Quand cet
état de déséquilibre est habituel, il en résulte que
les nerfs se trouvent toujours disposés aux vibrations pénibles plutôt qu'aux agréables. En outre, la

forme même et le rythme des vibrations étant altérés, on a des discordances au lieu d'harmonies,
conséquemment encore une prédominance des sentiments pénibles sur les sentiments agréables.

C'est la conscience de leur tempérament dépressif
qui fait que les nerveux alanguis et mélancoliques
voient partout des difficultés, des sujets de crainte,
au lieu d'avoir la belle confiance et les espoirs toujours renaissants du sanguin. Dans la théorie comme
dans la pratique, le mélancolique est volontiers
pessimiste. Il se persuade que sa tristesse vient des
contrariétés qu'il éprouve, de la mauvaise organisation du monde ou de la société, tandis qu'elle
vient surtout de ce qu'Ampère appelait une « affection sans intuition, qui par là se dérobe à la connaissance ». L'hémiplégique de Rey, lorsqu'il ne
voyait pas l'objet extérieur qui excitait sa sensibilité
locale, ne rapportait l'impression nulle part et en
souffrait cruellement « comme d'une douleur vague
et d'un malaise intérieur qui n'aurait point eu de
siège particulier ». On a dit avec raison que, dans
les joies ou peines sans cause connue, nous res-
semblons à ce malade, et que la vie du mélancolique, par exemple, est une hémiplégie de la conscience. Est-ce à dire que le pessimisme soit tout
entier une affaire d'humeur et de tempérament,
une projection sur l'univers de l'assombrissement
qui se fait dans le *moi*? On l'a prétendu; on n'a vu

dans le pessimisme que le désordre des fonctions intérieures érigé en explication universelle, « l'hypocondrie systématisée ». Leopardi protestait énergiquement contre ceux qui expliquaient ainsi par son tempérament sa doctrine pessimiste ; et il n'avait pas tout à fait tort. Que les déprimés et les malades tendent à devenir pessimistes par humeur, cela est évident : la perspective qui leur est alors ouverte sur le monde est du côté triste, non du côté riant. Mais il n'en résulte pas que les peines qui frappent l'attention du pessimiste philosophe ne soient point réelles, tout comme sont réelles, d'ailleurs, les joies qui attirent l'attention de l'optimiste ; et la question de savoir si, dans le monde, la somme des maux l'emporte sur celle des biens reste entière. La valeur du monde est un problème de philosophie et de morale, non de physiologie et de médecine.

Par rapport aux autres hommes, l'humeur mélancolique peut, dans certains cas, entraîner un penchant à la misanthropie. On a voulu encore identifier pessimisme et misanthropie, mais le pessimiste n'est pas nécessairement misanthrope. Sans doute il est naturel que celui qui ne voit pas l'univers en beau ne voie pas l'humanité en beau ; mais, précisément pour cette raison, c'est ce grand et insaisissable coupable, l'univers, que le pessimiste philosophe rend responsable de la laideur morale des hommes, au même titre que de leur fréquente laideur physique. Plus conséquent que le misanthrope, il n'est pas sans savoir qu'il a été fait de la même argile que les autres hommes : il ne se met donc pas au-dessus d'eux; s'il ne les admire pas, il ne s'admire pas davantage lui-même; s'il plaint son sort, il plaint aussi le leur. La conséquence morale peut être, tout au fond de lui, la douceur philanthropique, la pitié, la bienveillance universelle. Théoriquement, le pessimisme de Schopenhauer aboutissait à cette philanthropie; mais, en vertu de son tempérament plutôt que de son système, Schopenhauer, personnellement, fut malveillant et misanthrope. Le misanthrope accuse les hommes, comme si c'était leur faute; dans son orgueil, il s'élève au-dessus d'eux, il voit les travers d'autrui au grand complet et ne voit pas les siens. Conséquence : il s'isole dans son *moi*. Alceste veut fuir dans un pays bien désert,

> Où d'être homme d'honneur on ait la liberté.

Si la gaîté des sanguins en fait plutôt des Philinte que des Alceste, c'est le contraire pour les nerveux tombés dans la mélancolie; qui tendent à se concentrer et à se fermer. Nous ne parlons, bien entendu, que des penchants ou mobiles sensibles, non de la misanthropie en action. Kant va jusqu'à dire à ce sujet : — « Celui qui se prive lui-même de la joie la souhaite difficilement aux autres. » —

Goethe, à son tour, prétend que « la gaîté est la mère de toutes les vertus ». Le pasteur d'Hermas, un des vieux pères apostoliques, soutient « que la tristesse est sœur du doute, de l'hésitation et de l'irritation » : c'est la pire des dispositions et elle afflige le Saint-Esprit. Il oublie, ainsi que Kant et Goethe, de distinguer entre les tristesses, qui, comme les joies, sont infinies en nombre et en qualité : il en est de désintéressées, il en est de hautes, qui n'en sont que plus poignantes. Celles-là sont sans doute capables d'affaiblir et parfois de briser; mais, si elles tuent, c'est à la façon de ces maladies mortelles qui ne déshonorent point les malheureux qu'elles ont couchés en terre.

Maintenu dans de justes limites, le tempérament nerveux reste passionné et ardent sans être pour cela chagrin et malveillant. Joint à une intelligence supérieure, il fait le fond de la plupart des génies, surtout quand il s'associe soit à l'élément sanguin, soit à l'élément dit « bilieux ». Aristote a même prétendu que « tous les hommes éminents, soit dans la philosophie, soit dans la politique, soit dans la poésie et les arts, ont le tempérament mélancolique ». Il voulait désigner par là, non pas nécessairement la tristesse, ni l'humeur chagrine, mais une sensibilité profonde et grave, faite pour ressentir longuement les émotions, jointe à une intelligence capable de saisir le côté sérieux ou même sombre de la vie. Au monument d'Albert, à Hyde-Park, sont sculptées cent soixante-neuf figures de poètes et d'artistes fameux. Ils ont un air évident de parenté, surtout les poètes, les musiciens et les peintres : cerveau développé, front élevé, au-dessous duquel le visage va diminuant, long cou, corps svelte. Le portrait de Sterne, par Reynolds, nous montre également un visage large par en haut et aminci par en bas, des yeux gris, vifs, un cou long, les ailes du nez minces, le visage pâle et le corps fluet : — *A pale, thin person of a man*, — dit Sterne de lui-même. Le génie poétique et artistique comporte toujours une forte dose de tempérament émotionnel. « Le sentiment artistique, dit Stendhal, est proportionnel à l'aptitude à se passionner. » — « Un homme sans passion, disait Léopold Robert, est incapable de faire un artiste. » — L'inspiration n'est d'ailleurs qu'une émotion au service d'une idée. On sait comment Rouget de l'Isle composa la *Marseillaise* : — « Les paroles, disait-il à Monnier, venaient avec l'air, l'air avec les paroles. Mon émotion était au comble, mes cheveux se hérissaient. J'étais agité d'une fièvre ardente, puis une abondante sueur ruisselait de mon corps, puis je m'attendrissais et des larmes me coupaient la voix. » — Écoutez Goethe lui-même, à qui l'on a fait une réputation de sérénité olympienne et même d'insensibilité, écoutez-le raconter comment il écrivait, dans le feu de l'inspiration poétique : — « Je courais quelquefois à mon pupitre sans prendre la peine de redresser une feuille de papier qui était de travers, et j'écrivais ma pièce de vers depuis le commencement jusqu'à la fin, en biais, sans bouger. A cet effet, je saisissais de préférence un crayon, qui se prête mieux à tracer des caractères, car il m'était quelquefois arrivé d'être réveillé de ma poésie de somnambule par le cri ou le crachement de la plume, de devenir distrait et d'étouffer à sa naissance une petite production. » Mozart enfant avait une telle sensibilité auditive que le son d'une trompette lui donnait des convulsions. A chaque instant du jour, il disait aux personnes qui l'entouraient : M'aimez-vous bien? et une réponse négative l'affligeait beaucoup. Sa physionomie extrêmement mobile, jamais en repos, exprimait sans cesse la peine ou le plaisir. Depuis l'âge de trois ans, il fallut le surveiller pour qu'il ne s'oubliât pas au clavecin. Ce passionné était incapable de gouverner ses affaires et eut toute sa vie besoin d'un tuteur.

L'excès dans les émotions et leur disproportion à leur cause impliquent un manque d'équilibre dans les actions constructives et destructives du système nerveux. Grétry ne pouvait sentir l'odeur des roses sans en être malade. La femme d'un apothicaire tombait en syncope à l'odeur de l'ipécacuanha. Hippocrate parle d'un certain Nicanor qui s'évanouissait au son d'une flûte. Il faut bien distinguer cette surexcitation morbide d'avec la sensibilité normale et régulière, qui tient à la qualité et à l'abondance du sang. *Sanguis moderator nervorum.* La vitalité des organes est d'autant plus grande qu'elle est plus indépendante vis-à-vis des excitations extérieures qui ne dépassent pas certaines limites. Toutes les réactions excessives sous l'influence de ces excitations ou de leur souvenir accusent un défaut de vitalité organique. Si, par exemple, on est trop sensible aux excitations sensorielles, aux sons, aux couleurs, aux odeurs, cette excitabilité exagérée n'est pas plus un perfectionnement de la sensibilité, « que la contracture, dit M. Féré, n'est un perfectionnement du mouvement ». De même pour les émotions. A l'état normal, elles provoquent des réflexes efficaces; ce sont des « génératrices d'actes utiles »; poussées à l'excès, comme dans la colère ou la terreur, elles produisent des effets disproportionnés à leur cause et plus souvent nuisibles. Un animal qui a pris une forte dose de strychnine sans en mourir reste pendant plusieurs jours dans un tel état d'excitabilité qu'on peut provoquer un accès tétanique soit par un contact léger, soit par un bruit brusque, soit par une excitation lumineuse, soit par une émotion vive. Les caractères trop émotionnels sont de même « strychnisés », sous l'influence des excitations les plus légères, ils réagissent pour ainsi dire tétaniquement. Si le système sanguin et la force plastique ont une activité normale, ni trop grande, ni trop faible (ce qui suppose une réintégration compensatrice de la désintégration), le système nerveux et les actes qui en émanent sont, comme dit Trousseau, fixes, silencieux, réguliers, coordonnés ; réciproquement, plus le système nutritif et les fonctions végétatives sont languissantes, plus le sang est dépourvu de parties organisables, par le manque d'une réintégration suffisante, plus les phénomènes nerveux sont mobiles, exaltés, irréguliers. Quand le système nerveux est trop surexcité, il s'affaiblit, et plus il s'affaiblit, plus il est surexcitable. Voilà le cercle vicieux où se débat le nervosisme : la « banqueroute physique » est au bout.

CHAPITRE V

L'ACTIF A RÉACTION PROMPTE ET INTENSE
RAPPORTS AVEC LE TYPE ARDENT « COLÉRIQUE »

Le tempérament actif est celui qui a tout ensemble la capacité et le besoin d'une grande dépense nerveuse et musculaire. Cette dépense étant une décomposition du protoplasme en éléments plus simples, le tempérament actif est celui qui est en prédominance de désintégration et qui peut suffire à ses dépenses. Selon que cette désintégration est rapide et intense, ou, au contraire, lente et modérée, on a deux types de tempérament actif; et cette subdivision, on le voit, n'a rien d'artificiel. Ajoutons que, dans l'activité, la vitesse et l'intensité vont fort bien ensemble, tandis qu'elles se séparent souvent quand il s'agit de sensibilité. C'est que la sensibilité est l'action du dehors pénétrant en nous et n'y pouvant pénétrer très avant qu'à la condition d'avoir une certaine durée. Au contraire, l'activité motrice est notre propre énergie se détendant sur le dehors : plus la force qui lance la flèche est intense, plus son effet est rapide.

Examinons d'abord le mécanisme physiologique du tempérament actif. Il y a dans l'être vivant une force motrice emmagasinée qui ne demande qu'à se dépenser dès que l'obstacle est levé et l'excitation fournie. Il existe des mouvements qui partent des centres nerveux et du cerveau, au lieu d'être une réponse aux excitations visibles du dehors; ce sont ceux que Bain appelle mouvements spontanés. Leur spontanéité n'est du reste qu'apparente et n'implique pas un pouvoir échappant au déterminisme; elle n'implique qu'un mouvement dont la cause est dans des excitations internes, non externes. En ce sens, l'activité spontanée est la caractéristique de la vie et du vouloir-vivre. On sait que cette activité se manifeste de bien des manières. Après le sommeil, par exemple, les forces se sont réparées et accrues, si bien qu'à un moment donné il y a un excédent qui demande à se décharger, comme ferait une machine électrique chargée de fluide; quand les excitations internes ont acquis assez d'intensité, le réveil se produit. On peut citer, comme second exemple, les mouvements spontanés de l'enfance, cet éveil de la vie. Les animaux jeunes ont une exubérance de force nerveuse; ils la dépensent de toutes manières : ils jouent, marchent, courent, bondissent, pour agir le plus possible et en tous sens. Ces mouvements sont encore des décharges provoquées par des

excitations internes. En troisième lieu, la sensibilité extérieure et l'activité motrice ne sont pas
toujours proportionnelles, comme elles devraient
l'être si les excitations externes étaient l'unique
principe de la seconde. Le tempérament le plus
actif et le plus remuant n'est pas toujours le plus
sensible; chez certains caractères, il y a un besoin
d'action ou de mouvement, et ce ne sont pas les plus
faciles à impressionner ; chez eux le besoin d'activité
est produit par les excitations du dedans au lieu
d'être une simple réponse aux excitations du dehors.
La grande énergie des échanges nutritifs chez ces
tempéraments dépensiers produit un afflux du sang
dans toutes les parties de l'organisme et, avec le
sang, un afflux de force motrice. Les cellules
vivantes sans cesse intégrées et désintégrées agissent
et réagissent l'une sur l'autre, comme autant d'êtres
vivants dont chacun tend à une exaltation de sa
fonction propre. Cette vitalité intérieure plus puissante est précisément ce qui diminue l'impressionnabilité aux choses du dehors, tout en disposant à
agir sur ces choses mêmes pour y dépenser le trop-
plein d'énergie.

Tout acte musculaire rapide et intense implique
une activité plus grande dans les nerfs et dans les
muscles, par conséquent aussi une activité plus
grande dans la circulation du sang; sinon, l'effort
ayant rapidement épuisé nerfs et muscles, sa pro-

longation serait impossible. Le tempérament actif a donc une circulation active. Il en résulte encore que le sang doit s'oxygéner et se désoxygéner très rapidement. Il y a une surélévation correspondante dans le rythme respiratoire et dans la profondeur des inspirations. L'élimination des produits de désassimilation est en même temps activée. Donc, en somme, toutes les fonctions d'échange nutritif sont, dans leur ensemble, énergiquement stimulées.

La réaction de l'organisme sous les excitations externes n'est pas simplement équivalente aux forces incidentes : elle est une explosion, c'est-à-dire un brusque transport de forces sur les points excités ou menacés. On a justement remarqué que les organismes capables, à un moment donné, d'une dépense de forces considérable, d'un effort instantané très puissant, ont dû plus facilement échapper aux causes de destruction et subsister dans la lutte pour la vie. Le tempérament actif est souvent explosif. Mais à ce mécanisme impulsif se trouve lié un mécanisme d'arrêt et d'inhibition, qui joue un rôle énorme dans la conduite. On sait comment se symbolise la fonction nerveuse et mentale réduite à sa forme la plus simple. Une excitation produite sur un nerf sensitif éveille une cellule sensorielle, qui se décharge sur une cellule motrice en relation avec elle ; la décharge

descend par le nerf moteur et contracte le muscle.
Cette contraction, à son tour, se fait sentir dans
une seconde cellule sensorielle voisine de la première, et si cette seconde cellule se décharge sur
l'autre, il en résultera un nouveau circuit analogue
au premier, aboutissant à recommencer ou à maintenir la contraction du muscle. Si c'était là tout le
mécanisme nerveux et s'il n'y avait aucun effet
d'arrêt, on aboutirait à cette conséquence que tout
mouvement une fois commencé ou que toute contraction musculaire une fois produite ne s'arrêterait
que lorsque les organes seraient épuisés. C'est ce
que M. William James a mis en lumière et ce qui,
selon M. Pierre Janet, se produit dans la catalepsie.
Le bras contracté envoie alors aux centres une sensation de contraction qui, à son tour, se réfléchit
sur le muscle par les nerfs moteurs, et on tourne
ainsi dans un cercle. Nous serions tous catalep-
tiques, dit M. James, et nous n'arrêterions jamais
un mouvement commencé (comme l'hypnotisé qui
tourne continuellement sa main droite autour de
sa main gauche), s'il n'y avait pas d'autres changements nerveux simultanés qui aboutissent à inhiber
la contraction et le mouvement : « L'inhibition n'est
donc pas un accident, mais un élément essentiel et
constant dans notre vie cérébrale. » Toute excitation produisant dans le système nerveux deux effets,
l'un de décomposition moléculaire, l'autre de répa-

ration, c'est au premier qu'est lié l'effet moteur ;
c'est au second qu'est lié l'effet d'arrêt. On comprend, en effet, que les deux travaux moléculaires,
l'un positif et aboutissant au mouvement, l'autre
négatif et aboutissant à emmagasiner des forces de
réserve, produisent des effets opposés. Dès lors,
excitez certains centres qui président plus particulièrement au mouvement, vous provoquerez la
désassimilation ; excitez au contraire les fonctions
assimilatrices, vous diminuerez ou arrêterez les
fonctions motrices. Dans ces derniers temps, on a
pu démontrer que les phénomènes d'arrêt ou d'inhibition sont accompagnés d'une augmentation du
trophisme des tissus ; quand un centre nerveux est
le siège de ce travail de réorganisation, il oppose
une résistance parfois insurmontable au passage des
impulsions motrices, parce que celles-ci impliquent
précisément un travail tout opposé de désorganisa-
tion. Dans l'animal sain, les impulsions volontaires,
parties du cerveau antérieur, doivent préalablement
neutraliser, en tout ou en partie, la résistance du
cerveau moyen et ses inhibitions, pour aboutir à
une manifestation visible de mouvement. M. Fano
enlève à une tortue palustre la voûte des lobes
optiques. La tortue manifeste alors une grande
inquiétude et une vivacité inusitée : elle tourne, va
et vient rapidement. La frappe-t-on sur le dos pendant qu'elle chemine, au lieu de se retirer sous son

écaille, comme font les tortues normales, elle hâte sa course et gambade de manière à faire mentir sa proverbiale torpeur. Il y a donc diminution des effets d'arrêt provenant des lobes optiques. Chez les tortues ainsi opérées, le temps de réaction aux impressions sensorielles est aussi beaucoup plus court qu'à l'état normal. La réaction prend la forme explosive, et, en quelque sorte, colérique. Les inhibitions venant du cerveau moyen sont donc bien la cause de cette lenteur qui, à l'état normal, rend la tortue « flegmatique ». Dans un animal, séparez la moelle épinière du cerveau, son excitabilité réflexe augmentera et la plus légère excitation produira des mouvements explosifs et convulsifs : les lobes frontaux ont ainsi un effet d'arrêt sur les centres de la moelle; cela signifie que la dépense nerveuse dans les lobes frontaux favorise, en revanche, la réintégration dans les centres inférieurs. Pour faire attention à tel objet, par exemple à un son lointain, il faut arrêter les mouvements capables de distraire et suspendre les sensations antagonistes : on permet ainsi à la perception du son de s'organiser; en d'autres termes, il faut désintégrer certains centres et laisser les autres se réintégrer. Représentez-vous le système nerveux comme un ensemble de batteries électriques, les unes principales, les autres secondaires, toutes reliées entre elles et parcourues par des courants en sens opposés : les centres nerveux jouent le rôle de ces batteries ; chacun d'eux, sous une certaine excitation, se charge de l'énergie dont il se déchargera sous une excitation différente. De là les effets d'explosion et les effets d'arrêt. On voit que la théorie de l'inhibition se rattache à la doctrine générale que nous avons exposée sur « l'anabolisme » et le « catabolisme ». On a comparé aussi l'arrêt ou inhibition aux phénomènes physiques d'interférence ; chacun sait que deux formes d'ondulation peuvent se neutraliser quand elles sont à des phases opposées : deux sons, en s'ajoutant, peuvent produire le silence, deux rayons lumineux, l'obscurité ; de même, deux impulsions nerveuses peuvent produire l'arrêt d'un mouvement. Dans ce dernier cas, l'énergie qui ne se manifeste pas à l'extérieur sous forme de mouvement de masse, sert à triompher des affinités chimiques qui s'opposent à la formation de composés plus complexes, comme le protoplasme; en d'autres termes, l'arrêt de mouvement favorise comme nous l'avons dit, la reconstitution nutritive[1].

Les actifs à réaction prompte et intense, chez qui les inhibitions sont peu développées et peu durables, répondent assez à ce que les anciens appelaient le tempérament « colérique », c'est-à-dire bilieux :

---

(1) Voir Gaskell. *Recherches sur le rythme et la physiologie des nerfs du cœur*, dans les *Archives de physiologie normale et pathologique,* série 4, t. I, p. 56. Paris, 1888. — Fano et Fayod. *Archives italiennes de biologie,* p. 143. Turin, 1888. *Rivista di filosofia scientifica,* t. IV, p. 206.

mais il ne faut pas attribuer ici à la bile un rôle qu'elle n'a point. Chez les sanguins, le sang joue certainement un rôle dominateur ; chez les prétendus bilieux, la bile joue un rôle secondaire. Chez ces derniers, nous l'avons vu, il y a rapide consommation d'oxygène ; le mouvement d'échange intime (ou métabolisme) est prompt et actif, la dépense prédomine, mais le système musculaire a l'énergie nécessaire pour y suffire. Le sang est moins riche en globules que chez le sanguin. On dit que les bilieux ont le « sang chaud »; il est en effet naturel que l'intensité des échanges chimiques développe une certaine chaleur, qui se fait sentir surtout au cerveau. Carlyle, au lieu de : *mon tempérament*, disait : *ma température*. Si la face du « bilieux » est d'ordinaire pâle, c'est précisément parce que son sang est vite désoxygéné par la prédominance de la désintégration ; si sa peau est souvent olivâtre et brune, c'est que le pigment, produit de désintégration, est abondant ; le même motif entraîne la couleur généralement noire et brillante des cheveux et des yeux. Le corps est robuste, mais sec. Tout traduit aux regards le mouvement intense des échanges vitaux. Dans les pays chauds, l'influence d'une ardente insolation précipite encore le mouvement intestin : de là ce tempérament bilieux ou nervo-bilieux si fréquent parmi les peuples du Midi et de l'Orient.

Chez les actifs ardents, la rapidité des échanges vitaux entraîne celle des fonctions digestives, ainsi qu'une respiration ample; elle entraîne aussi le besoin d'un sommeil réparateur, ordinairement profond. Les traits sont fortement accusés et mobiles; la physionomie est caractéristique : parfois la fixité de la pensée, attachée énergiquement à son but, donne aux yeux une impression spéciale d'ardeur. Le système musculaire est le plus souvent solide; l'embonpoint est assez rare, grâce à l'activité dépensière de l'organisme. Les émotions déterminent de la pâleur plutôt que de la rougeur, et souvent aussi elles retentissent sur le foie. C'est ce dernier fait qui avait frappé les anciens.

L'activité vive et intense, poussée à un haut degré, prend le caractère franchement explosif, qui peut, en face d'obstacles, aller jusqu'à la violence : de là, dans beaucoup de cas, le penchant à l'irascibilité. Certains caractères irritables ressemblent à ces personnes qu'un physicien a chargées d'électricité et dont on ne peut toucher même le bout du doigt sans en tirer une étincelle. « Mon domestique, dit Alfieri, entre pour arranger mes cheveux comme à l'ordinaire, avant d'aller me coucher; en me serrant une boucle avec son fer, il me tire un cheveu assez fortement; sans dire un seul mot, je me lève, plus prompt que la foudre, je prends un chandelier et le lui lance à la figure. » Alfieri ne savait pas

contenir l'explosion de sa passion. Devenu amoureux fou, « je me trouvai, dit-il, dans la dure et
ridicule nécessité de me faire attacher sur une
chaise pour m'empêcher de sortir de chez moi et
de retourner chez ma maîtresse. Les attaches étaient
cachées sous un grand manteau dans lequel j'étais
enveloppé, et elles ne me laissaient libre que d'une
seule main pour lire, écrire et me frapper la tête ».
Michel-Ange était bilieux, violent, énergique, in-
domptable. Passionné pour son art, il mangeait à
peine, se relevait la nuit pour travailler, souvent se
jetait tout habillé sur son lit. Et il travaillait avec
une rapidité qui touchait à la frénésie. « Il était
entraîné, dit Benvenuto Cellini, par certaines fureurs
admirables qui lui venaient en travaillant. » Blaise
de Vigenère raconte qu'il vit Michel-Ange, sexagé-
naire, abattre plus d'écailles d'un marbre très dur
en un quart d'heure que n'eussent pu faire trois
jeunes tailleurs de pierre en trois ou quatre. « Il y
mettait une telle impétuosité et force que je pensais
que tout l'ouvrage dût s'en aller en pièces. »
Comme tout ce qui est explosif, l'activité des vifs
trop impétueux et trop peu « inhibiteurs » est souvent d'une durée d'autant moindre que la décharge
a été plus intense et plus rapide. Dans ces conditions
on conçoit que l'épuisement nerveux se produise
bientôt, à moins qu'on ne soit doué, comme Michel-
Ange, d'une constitution extraordinairement ro-

buste, et qu'on ne soit soutenu par la passion de son art:

Lorsque le grand mouvement des échanges intimes qui caractérise les ardents n'aboutit pas à se décharger sur les muscles (par l'insuffisance relative du système musculaire ou par toute autre cause), il est obligé de se dépenser intérieurement dans le cerveau et les organes. L'activité est moins *prompte*, mais elle reste *intense*. De là ces passions brûlantes et concentrées qu'on rencontre surtout dans le Midi ; ces colères refoulées à l'intérieur qui attendent des années l'occasion de se satisfaire ; cet esprit vindicatif qui consume intérieurement et couve comme le feu sous la cendre :

> Non sanguine and diffusive **he,**
> But biliary and intense,

dit Carlyle.

En face des obstacles, les actifs ardents ne sont pas hommes à céder, ayant toujours besoin de dépenser leur énergie, soit sur le moment même, soit plus tard. Le courage de tempérament — nous ne disons pas de raison et de caractère — vient souvent de là. Il est dû, pour les neuf dizièmes, à la nature, et prend diverses formes selon les constitutions, mais il suppose toujours un ton élevé du système nerveux et une direction désintégrative plutôt qu'intégrative. Exhorter un homme naturel-

lement lâche à être courageux, dit Bain, c'est perdre
ses paroles. Vous pourrez bien, dans une circonstance donnée, l'animer en lui montrant qu'il n'y a
aucun danger, et surtout en prenant vous-même
un air d'assurance contagieuse, mais, dans le fond,
il aura toujours peur. Chez les animaux, le courage
est une qualité de nature, liée surtout au tempérament dépensier et moteur qui, nous le verrons,
est la caractéristique des mâles.

En face des autres hommes, les actifs ardents
peuvent être enclins au despotisme. Il existe ce que
Maine de Biran, songeant à Bonaparte, appelait des
« despotes de nature », qui, forts du sentiment qu'ils
ont de leur grande « puissance radicale ou de tempérament », dédaignent tous les moyens indirects
d'agir sur leurs semblables : ils ne veulent ni
vaincre l'intelligence, ni gagner le cœur ; ils fas-
cinent et maîtrisent ; c'est l'animal qui parle à l'animal et le jette à ses pieds ; dans tout tyran, il y a
un dompteur. « Les genoux fléchissent naturellement lorsque le cœur se tait et se révolte ; les
ordres sont exécutés sans que l'esprit et la volonté
aient part à l'exécution. » Ainsi parlait le sous-pré-
fet de Bergerac, qui devait bientôt, courageusement,
signer avec Lainé l'adresse *des cinq*. Il avait, lui, le
courage du nerveux et du cérébral, fait d'idées et
de sentiments intérieurs, non de force explosive.

Selon Kant, le tempérament « colérique » est le

moins heureux de tous, « parce que c'est celui qui rencontre le plus d'opposition ». Mais cela est vrai seulement des volontés à forme violente et agressive. L'énergie intense de la volonté, surtout quand elle est liée à l'énergie du pouvoir d'arrêt et de maîtrise, n'est pas en elle-même un obstacle au bonheur ; tout au contraire. En permettant de réagir contre la sensibilité, elle permet de diminuer les peines et de détourner l'attention vers des idées qui rassérènent. Le sentiment même de l'énergie engendre naturellement la confiance et l'espérance : c'est un ressort que rien n'abat. Aussi les volontés fortes et actives sont-elles plutôt disposées à l'optimisme qu'au pessimisme. Quand on s'est donné une tâche, imposé une œuvre, on n'a pas le temps de s'attarder aux rêveries mélancoliques et aux méditations découragées : on va devant soi et, en vivant, on sent le prix de la vie.

CHAPITRE VI

LES ACTIFS A RÉACTION LENTE ET PEU INTENSE
RAPPORT AVEC LE TYPE « FLEGMATIQUE »
TEMPÉRAMENTS MIXTES

I. — Les anciens distinguaient un tempérament flegmatique fort, un autre faible. On peut, en effet, avoir de la volonté, mais froide et sans emportement ; la constitution physiologique comporte alors une certaine lenteur qui, sans enlever la force, laisse place à la réflexion et au calme. C'est ce genre d'activité flegmatique que nous opposons à l'énergie explosive et ardente du colérique.

Chez le flegmatique, la lenteur des échanges vitaux, même quand il y a prédominance *relative* de la désintégration, s'exprime par la tendance du corps à un certain empâtement ; le nez est large, le cou généralement court, le teint sans grande couleur et sans lustre ; les cheveux sont d'ordinaire légers, blonds ou d'un brun clair ; la barbe absente ou peu colorée ; les yeux gris ou verts, sans éclat. Si la complexion est cependant robuste et le système musculaire développé, ou si le cerveau est bien doué, vous aurez un actif, mais lent, lourd et difficile à émouvoir.

La lenteur du flegmatique actif a pour cause la moindre rapidité dans la dépense nerveuse, une désagrégation moins soudaine qui permet une réintégration progressive et parallèle. Ce travail de réintégration favorise, au lieu des actions explosives, les « inhibitions » ou arrêts, qui, nous l'avons montré, s'expliquent par la proportion et la distribution des deux travaux de recette et de dépense. Aussi l'actif lent et doué de « sang-froid » possède-t-il une volonté à direction inhibitoire, plutôt qu'explosive. C'est dire qu'il se domine et est maître de lui-même. Le *tonus* moindre de ses nerfs fait, d'ailleurs, que leurs vibrations sont moins rapides et d'ondes moins courtes. Ainsi une corde de violon moins tendue a des oscillations plus longues et rend un son plus grave. Une certaine lenteur psychique, maintenue dans de justes limites, permet aux sentiments et idées antagonistes de se développer peu à peu par association et de contre-balancer l'impulsion du premier moment. Le flegmatique fort « s'échauffe doucement, dit Kant, mais garde plus longtemps sa chaleur ». Chez beaucoup d'hommes, ajoute-t-il, ce tempérament tient lieu de sagesse. Tous les projectiles qu'on lui lance rebondissent comme d'un sac de laine. Le sang-froid joint à l'activité triomphe d'une foule d'obstacles. Même en ayant l'air de faire la volonté d'autrui, il met les autres d'accord avec lui. « Des corps d'un petit volume et d'une grande vitesse pénètrent dans ce qu'ils rencontrent; d'autres d'une moindre vitesse, mais d'une plus grande masse, entraînent l'obstacle sans le briser. »

II. — Chez le flegmatique passif et *apathique*, au contraire, l'inertie est excessive et s'étend à tout, à la sensibilité comme à l'activité. Il y a notable abaissement du ton vital, la circulation sanguine est affaiblie dans son ensemble, la circulation lymphatique est accrue. C'est l'insuffisance simultanée de la recette et de la dépense, sous le double rapport de l'intensité et de la rapidité. Selon certains physiologistes, les traits du lymphatisme passif se rattacheraient à une imperfection de structure des vaisseaux capillaires. La paroi de ces capillaires serait faible, trop extensible, peu élastique et trop facilement perméable à la portion liquide du sang. De là une circulation capillaire paresseuse, et une surcharge de lymphe. Cette disposition générale se traduit anatomiquement par la mollesse des tissus; physiologiquement par la langueur des fonctions; pathologiquement par la tendance aux engorgements des ganglions lymphatiques et à la scrofule; moralement, par l'indifférence et l'indolence[1]. Si

(1) Letourneau. *Physiologie des passions.*

les émotions ont pour première condition physiologique une congestion momentanée du cerveau,
comme le prouvent les observations faites sur
l'homme dans des cas de destruction des os du
crâne, l'apathie, au contraire, a pour condition une
anémie cérébrale et une torpeur dans la circulation
du sang. Les impulsions venues du cerveau n'ont
point alors l'énergie suffisante, le système nerveux
n'étant pas assez nourri pour être en tension ;
d'autre part, les conducteurs sont moins sensibles ;
ces deux conditions entraînent la lenteur exagérée
des mouvements, ainsi que celle de la pensée et
des sentiments. L'organisme finit par s'écarter du
type animal pour se rapprocher du type végétatif.

Les apathiques pourraient s'appeler aussi des
adynamiques ; ils ont en eux quelque chose de cette
dépression de forces qui caractérise la maladie, le
sommeil et la vieillesse. Leur tempérament, qui
est à la fois l'antipode des tempéraments sensitif
et actif, est, au point de vue physiologique ; l'insuffisance simultanée de l'acquisition et de la dépense,
sous le double rapport de l'intensité et de la rapidité.

III. — Voici donc, en résumé, la formule scientifique que nous proposerions pour chacun des tempéraments les plus simples, en nous fondant sur les
échanges intimes du protoplasme et sur leur direction prédominante, soit dans l'organisme en gé-

néral, soit dans le système nerveux. Pour le sanguin (sensitif vif et léger) : intégration prédominante par excès de nutrition, avec réaction rapide,
peu intense et peu durable ; pour le nerveux (sensitif profond et passionné) : intégration prédominante par besoin de nutrition, avec réaction plus
lente, intense et durable ; pour le bilieux (ou actif
ardent) : désintégration rapide et intense ; pour
le flegmatique (ou actif froid) : désintégration lente
et moins intense.

Les effets pathologiques de l'émotion varient
avec les tempéraments et en marquent bien le trait
dominant. Le sanguin éprouve-t-il une émotion
trop forte, le cerveau est frappé, ainsi que les
organes de la circulation et de la respiration ;
chez le nerveux ou le mélancolique, c'est le fonctionnement du système nerveux et cérébral qui est
atteint ; chez le bilieux, c'est le système hépatique ;
chez le lymphatique, le désordre de la réaction est
plus rare, il y a abattement.

Emporté par son esprit de logicien, Kant se
représente les divers tempéraments comme exclusifs l'un de l'autre. A l'en croire, si un tempérament
était associé à un autre, ou bien ils se résisteraient,
ou bien ils se neutraliseraient. Par exemple, le
sang-froid du tempérament flegmatique est en opposition avec l'ardeur du tempérament colérique ; de
même, l'humeur enjouée du sanguin léger et vif

exclut le penchant aux idées sombres du mélancolique. Il n'y a donc pas, selon Kant, de tempéraments composés ; « il y en a quatre en tout, comme
il y a quatre figures du syllogisme déterminées par
le moyen terme » ; et « chacun d'eux est simple : on
ne peut dire à quoi serait propre un homme qui
aurait un tempérament mixte ». Nous voilà donc
tous renfermés dans quatre cases, comme les
modes du syllogisme viennent se ranger dans les
quatre figures ! Théorie artificielle, qui provient de
ce que la classification de Kant caractérise les tempéraments par leurs excès ou leurs défauts, sans
remonter aux véritables causes physiologiques. Il
est clair que la légèreté exclut le sérieux, que le
calme exclut la colère, que la paresse exclut l'activité ; mais les qualités fondamentales dont ces
défauts sont l'envers ne s'excluent point avec la
même rigueur. Il y a des combinaisons qui paraissent logiquement possibles et qui, psychologiquement ou physiologiquement, sont introuvables
comme le dahlia bleu ; il y en a d'autres aussi qui
nous semblaient impossibles et que cependant la
réalité nous offre : la nature n'est point esclave de
notre logique incomplète et abstraite. De la sensation du bleu et de la sensation du jaune la logique
aurait-elle pu jamais déduire la sensation du vert ?
L'étude des caractères a de ces surprises. Loin de
soutenir avec Kant qu'il n'y a point de tempéra-

ments composés, nous soutenons qu'il n'y a point de
tempérament simple. Ce qui est introuvable, c'est
un pur sanguin, un pur nerveux, etc. Pour qu'il y
en eût, il faudrait qu'il pût exister, par exemple,
une sensibilité sans volonté, une volonté sans sensibilité ni intelligence, etc. Au point de vue physiologique, il n'y a pas de dépense sans recette, il n'y
a pas non plus d'intensité absolue, ni de vitesse
absolue dans les échanges; tout est relatif. Chaque
tempérament est donc, comme le nom même l'indique, un mélange en proportions variables. Il y
a des sanguins-nerveux, bien supérieurs au pur
sanguin et au nerveux; il y a des nerveux-bilieux,
des nerveux-lymphatiques, etc. Quoique nous ayons
pris le bilieux comme type relativement simple de
l'actif ardent, on peut aboutir à l'activité par une
autre voie, qui est la combinaison du tempérament
sanguin avec un tempérament suffisamment nerveux
et avec un système musculaire assez développé. Les
actifs des régions tempérées, surtout les Celtes et
Gaulois, rentrent pour une bonne part dans cette
catégorie. Souvent aussi l'activité résulte du mélange
des tempéraments sanguin, nerveux et flegmatique;
cette résultante abonde chez les Anglais, les Hol-
landais et les Allemands. Les traits mêmes du visage
et l'aspect du corps offrent toute sorte de mélanges.
Des cheveux noirs avec des yeux bleus ou gris, par
exemple, un teint rosé avec un corps svelte, etc.,

indiquent les résultantes de diverses hérédités, qui impliquent une fusion de tempéraments.

Le tempérament complet et harmonieux est l'équilibre d'une intégration suffisamment rapide et intense avec une désintégration suffisamment rapide et intense. Quand le système sanguin, le système nerveux et le système musculaire sont également bien constitués et en mutuel accord, on a le tempérament dynamique par excellence. On a voulu voir là un tempérament mixte; nous y voyons le tempérament normal, réalisant la véritable unité de la nature humaine. Une telle constitution aura une sensibilité à la fois vive et durable, une mémoire suffisamment rapide et tenace, la décision et la constance de la volonté, une activité débordante et cependant capable de règle. Idéal, sans doute, mais dont on peut se rapprocher. A l'opposé de cette parfaite santé physique et psychique, qui est la vie fonctionnant à haute pression, nous avons trouvé les flegmatiques faibles ou apathiques, dont le ton vital es notablement bas. Ils ont, eux aussi, un tempérament complet en son genre, mais dans le sens négatif et non plus positif.

CHAPITRE VII

I. — VARIATIONS DU TEMPÉRAMENT SELON L'AGE
LA VEILLE ET LE SOMMEIL, ETC.

II. — INFLUENCE DU TEMPÉRAMENT SUR LE BONHEUR
ET LA MORALITÉ

I. — On a comparé le système nerveux à une machine à vapeur qui peut travailler avec une tension forte ou faible, selon qu'elle est plus ou moins bien alimentée. Cette différence de force et de vitalité se rencontre chez un même individu selon les âges, selon les alternatives de santé, de maladie, d'aptitude au travail, de fatigue et d'épuisement.

Nous avons déjà remarqué que, chez l'enfant, les processus de construction et de conservation l'emportent : c'est que l'enfant a pour tâche principale de se conserver et de croître. La sensation, et surtout la sensation affective, le domine et le dirige ; son tempérament est avant tout sensitif et émotif. La facile invasion de la vie végétative et viscérale par les phénomènes nerveux, chez l'enfant, suppose que le grand sympathique vibre à l'excès.

6

En outre, toute impression extérieure se réfléchit chez lui en mouvement avec rapidité, comme par une action réflexe. Prompt à éviter la peine immédiate ou à chercher le plaisir immédiat, l'enfant est d'abord tout impulsif; ses actes expriment une réaction soudaine aux excitations extérieures, qui n'est accompagnée que de faibles phénomènes intellectuels et se dépense en actes plutôt qu'en pensées. Le pouvoir d'arrêt est très faible dans les centres cérébraux.

Chez l'adulte, au contraire, la prédominance de la réflexion et des phénomènes psychiques est en fonction du pouvoir d'arrêt. On a dit avec raison que l'éducation est une série de capacités inhibitoires développées par l'habitude, servant à masquer les impulsions instinctives, à arrêter les actes irréfléchis qui révéleraient l'animalité de nos sentiments et de notre origine.

Chez le vieillard, tout est ralenti; le tempérament devient moins explosif et plus inhibitif. Le flegme augmente, parfois jusqu'à la paresse. La volonté hésitante oscille comme le pendule sans avancer. Tous les effets de l'usure et de l'engourdissement se produisent.

Nous passons chaque jour par deux grands états opposés d'énergie nerveuse et vitale selon que nous sommes à l'état de veille ou de sommeil. Il y a là un rythme normal et une modification régulière de tempérament que la nature même réalise. Quand nos forces ont été réparées par la nourriture et par le repos, nous atteignons le maximum de vitalité que notre organisme nous permet d'atteindre, et notre système nerveux se trouve à son ton le plus haut. Il en résulte d'abord que nous sentons plus vite et plus fortement, par conséquent aussi d'une manière plus durable. En outre, l'onde nerveuse, s'échappant avec plus d'abondance et de force, non seulement se lance dans les canaux les plus voisins et les plus perméables, mais encore s'échappe aussi en partie par d'autres canaux moins voisins et moins perméables. Il se produit ainsi dans le cerveau un grand nombre de « décharges supplémentaires » qui servent d'accompagnement à la décharge principale. Spencer a fort bien montré que ce résultat physique entraîne, comme résultat psychique, la production d'idées plus nombreuses, plus distinctes et plus étendues. C'est dire que l'intelligence fonctionne mieux, avec plus de rapidité et de sûreté, sur un champ plus vaste. Enfin, toute cette énergie mentale tendant à se dépenser par des effets extérieurs, la volonté se trouve elle-même tendue, toute prête à agir, avec la pleine conscience de la force qui est en elle et du but auquel elle tend. Au contraire, pendant le sommeil, le tempérament redevient sensitif ou affectif, au détri-

ment de l'intelligence et de l'activité. La vie végétative reprend le dessus et, avec elle, le mouvement général de réintégration. Pour comprendre
les effets moraux de cet état, rappelons-nous que
les impressions reçues et emmagasinées par le
cerveau ont deux origines : l'une viscérale, l'autre
sensorielle. Le système viscéral, mis en communi-
cation avec le cerveau par le grand sympathique,
lui transmet les impressions venant du cœur, de
l'estomac, des intestins, des poumons, du foie, etc.
Les impressions sensorielles sont dues aux nerfs
sensitifs, qui transmettent les excitations venues
des organes des sens et des muscles. Le système
viscéral répond donc aux fonctions de nutrition
interne, le système sensoriel aux fonctions de relation avec le milieu. On a proposé de distinguer le
moi viscéral et le moi sensoriel; ce sont des syno-
nymes de « vie végétative » et « vie animale ». Ces
deux vies expriment le caractère *systématique* des
impressions venues soit du dedans soit du dehors,
qui vont jusqu'à s'organiser en des espèces d'individualités secondaires : moi viscéral et moi sensoriel. Les impressions reçues par le cerveau, constituent des mémoires, et on peut distinguer en nous
une mémoire générale des impressions internes et
une mémoire générale des impressions sensorielles
(qui se subdivisent d'ailleurs elles-mêmes en mémoires secondaires). Selon M. Tissié, l'état de

veille est l'équilibre entre le moi viscéral et le moi sensoriel; le sommeil est la prédominance du premier sur le second. Tout mouvement étant alors suspendu, il n'y a plus guère d'attention ni de perception; ce sont les impressions internes qui dominent et dirigent la marche de l'imagination. Quand les organes sensoriels sont, par l'effet d'un sommeil profond, en leur plus entier repos, les mémoires des divers sens, avec leurs divers systèmes d'images, ne sont plus excitées par quelque sensation initiale et demeurent presque latentes; le sommeil est lourd, sans rêves distincts. C'est ce qui arrive généralement vers le milieu de la nuit. Quand, au contraire, pour une cause ou pour une autre, les organes sensoriels sont excités, les souvenirs connexes reparaissent et un défilé d'images sensorielles commence. Un jet de lumière passant sur les paupières du dormeur éveille le souvenir du feu avec l'image d'un incendie, d'un éclair, etc. Les rêves d'origine sensorielle sont « épisodiques et superficiels »; le fond des rêves est fourni par la série sourde des sensations d'origine interne et des images qui s'y rapportent. Au-dessous de la personnalité qui dit moi et s'apparaît comme une réalité durable, il y a donc en nous ce qu'Ampère appelait une « personnalité phénoménique », de tempérament sensitif-lymphatique : c'est elle qui se manifeste dans les rêves, et elle n'est pas étrangère à l'animal.

II. — Au point de vue pratique, la science des tempéraments aurait une incontestable utilité pour la morale et la pédagogie. Comme il est indispensable à l'hygiéniste de connaître les divers tempéraments physiques, pour adapter ses prescriptions générales aux constitutions particulières, le moraliste doit de même approprier ses préceptes à la diversité des tempéraments moraux. Il serait naïf de s'imaginer que ce qui réussit pour l'un doive produire les mêmes effets sur les autres, comme Kingsley qui prêchait à tous les hommes, pour faire leur bonheur, l'étude des animaux marins. L'éducateur ne saurait appliquer des règles identiques à des natures d'enfants très diverses : la sévérité agit sur l'un, l'indulgence sur l'autre ; l'un a besoin surtout de craindre, l'autre d'aimer. Nous n'irons pas sans doute jusqu'à proposer, comme M. Stewart, de diviser les classes des écoles en quatre parties pour grouper ensemble les enfants de même tempérament et leur appliquer des méthodes spéciales ; mais il est certain que les éducateurs ignorent trop la physiologie des caractères, tout comme ils ignorent l'hygiène du travail intellectuel. Si les premiers éducateurs, qui sont les parents, connaissaient l'intime relation du tempérament physique et du tempérament moral, ils commenceraient à déchiffrer le naturel de leurs enfants dès leurs premières années et apprécieraient de mieux en mieux leurs aptitudes.

Ils ne tomberaient pas dans l'erreur de tant de parents comme ceux de Ruskin. Sa mère l'avait « voué à Dieu avant sa naissance, en imitation d'Hannah ». En conséquence, dit-il, « je fus élevé par mon père et ma mère pour l'Église. Des années et des années après, mon père disait encore avec des larmes dans les yeux (les plus vraies et tendres larmes que jamais père ait versées) : — Il aurait été évêque! »

La vigueur physique n'implique pas toujours la vigueur mentale, bien qu'elle soit pour celle-ci un excellent terrain. C'est que, par l'effet de l'hérédité, des manques d'équilibre se sont perpétués dans la constitution. Des gens à vigueur faible ont pu survivre et se propager parce qu'ils suppléaient par l'intelligence à ce qui leur manquait. Et comme l'intelligence est la force du faible, elle s'est de plus en plus exercée et raffinée chez ceux qui en avaient besoin. De là les contrastes qui se sont produits à la fin entre la robustesse du corps et celle de l'esprit, c'est-à-dire entre le ton vital du système cérébral et le ton vital de l'organisme entier. Toutefois, ceux mêmes qui ont hérité de leurs ancêtres des nerfs et un cerveau supérieurs ont besoin de les nourrir; de là l'importance d'une certaine richesse de sang qui entretienne l'innervation et fournisse ainsi à la dépense, soit cérébrale, soit musculaire. C'est à tort que, dans nos sociétés modernes, le sang et les nerfs sont en divorce, et qu'on s'écarte de plus en plus de l'idéal antique : *Mens sana in corpore sano*.

Le tempérament a, tout le long de la vie, deux grandes influences que l'on ne devrait pas négliger, l'une sur le bonheur, l'autre sur la moralité même. Voulez-vous tirer l'horoscope d'une existence humaine, ce n'est pas dans les constellations célestes qu'il faut lire, mais dans les actions et réactions du système astronomique intérieur; n'étudiez pas la conjonction des astres, mais celle des organes. La source des biens et des maux, disait Biran, est souvent en nous-même [1]. Chaque organe, en effet, nous l'avons vu, contribue à maintenir ou à modifier le sens vital; la faim, la soif, le trouble de la digestion, les palpitations du cœur, l'effort, la fatigue, le chagrin, l'inquiétude, l'attente, etc. ; or, ce sont là les « coefficients physiques » du bonheur. Le cours de nos sentiments et celui de nos désirs sont déterminés, tantôt partiellement, tantôt entièrement, par la masse des petites sensations et impulsions internes qui constituent notre « disposition d'esprit », permanente ou momentanée. La faible intensité est compensée par le nombre et par la continuité : c'est le suffrage universel et perpétuel des organes et des cellules. L'influence du sens du corps s'étend jusque sur notre intelligence et sur nos

(1) Voir M. Bertrand, *la Psychologie de l'effort*.

jugements. Les psychologues et les moralistes qui
ne considèrent que les rapports visibles des idées
entre elles pour expliquer leur succession, ressemblent à des physiciens qui ne calculeraient que
le rapport des gouttes d'eau voisines dans un ruisseau descendant de la montagne : il faut mettre en
ligne de compte la source qui alimente le ruisseau,
la force qui l'entraîne dans telle direction, les rives
qui l'endiguent, les obstacles qu'il rencontre. De
même, la direction de nos pensées est déterminée
par l'état général de notre sensibilité et de notre
activité. Si vous ne considérez chaque idée qu'au point
de vue intellectuel, vous verrez qu'elle peut s'associer à plusieurs autres, comme l'idée de Pierre
Corneille peut s'associer à celle de ses tragédies, ou
à celle de son frère Thomas, ou à celle de Riche-
lieu, etc. ; pourquoi donc, en fait, telle idée s'unit-elle
à celle-ci, non à celle-là? Qu'est-ce qui détermine le
cours de notre imagination, la « pente de la rêverie »
ou même de la méditation? C'est le lit de petites sensations organiques sur lequel coulent telles et telles
perceptions distinctes, seules à la surface et seules
éclairées :

> Je rêve, et la pâle rosée
> Sur les plaines perle sans bruit...
> D'où viennent ces tremblantes gouttes?
> Il ne pleut pas, le temps est clair.
> C'est qu'avant de se former toutes,
> Elles étaient déjà dans l'air.

Et de même, ajoute le poète, « on a les pleurs dans l'âme avant de les sentir aux yeux ». C'est souvent au fond de notre organisme qu'il faut chercher la vraie cause de notre tristesse ou de notre gaieté ; c'est dans l'intérieur de notre corps qu'il fait beau temps ou mauvais temps, c'est là qu'il y a des heures de sérénité et des heures d'orage. Nos diverses humeurs, dans l'obscurité des choses, nous les font voir de couleurs différentes, comme des feux changeants de Bengale dans la nuit.

L'humeur dépend du jeu de certaines forces vitales qui, dans la mélancolie, paraissent non seulement diminuées, mais perverties et discordantes : comparez une dissonance à un accord consonant. Il y a des sujets, d'une santé en apparence excellente, qui présentent cependant des accès de mélancolie d'une périodicité prononcée. On connaît même des descriptions littéraires de ce genre d'hommes ; le comte Thorane, dans l'autobiographie de Goethe, le roi Lear de la Steppe dans Tourguénief. Pendant l'accès, qui peut durer des heures, des journées, des semaines, ces individus deviennent apathiques, indifférents dans leurs goûts ; leur pensée se stérilise, leur activité s'arrête. La crise passée, ils changent comme par enchantement[1]. Mais, sous nos humeurs diverses, persiste l'humeur cons-

---

[1] Nicolas Seeland. *Le Tempérament* (Congrès international d'anthropologie, 1892, 2e volume). Voir plus haut, ch. Ier.

tante qui provient de notre tempérament même, des gains ou des pertes réalisées par notre vitalité[1]. Il existe ainsi un bonheur physique et un malheur physique, qui ont leur origine dans le sens du corps. Nous avons vu, par exemple, que la belle humeur du sanguin a sa source dans son organisme, et elle trouve jusqu'à un certain point sa justification en elle-même. Comme dit Schopenhauer, celui qui est gai a toujours un motif de l'être par cela même qu'il l'est. Qu'un homme soit jeune, beau, riche, considéré, il faudra encore savoir s'il est gai ; en revanche, est-il gai peu importe alors qu'il soit jeune ou vieux, bien fait ou bossu, pauvre ou riche. Ce que les Anglais ont exprimé par un truisme : « Qui rit beaucoup est heureux, qui pleure beaucoup est malheureux. » L'homme de belle humeur ne se chagrine pas de l'insuccès et se réjouit de la réus-

---

(1) « Dans un cas comme celui de mes soldats, où il s'agit d'hommes élevés et vivant jusqu'à ce jour dans des conditions plus ou moins uniformes, je suis disposé à admettre un fait de concomitance congénitale. Si nous voyons que les groupes supérieurs, notamment celui des gais, présentent une certaine tendance à la brachycéphalie, une tête bien conformée, un thorax plus volumineux, une force musculaire mieux développée, des sens plus fins, enfin une meilleure couleur — ne peut-on pas supposer que ces caractères concordants sont la suite et jouent le rôle d'enseigne d'une organisation vigoureuse originaire, dont le torrent se fait jour tant dans l'énergie du tempérament que dans celle des autres manifestations de la vie ? D'autre part, la fréquence des anomalies spontanées de la tête des mélancoliques semble indiquer quelque faiblesse vitale qui envahit surtout le système nerveux et ses enveloppes, qui en outre s'est réflétée sur les autres systèmes de l'organisme, surtout sur les muscles, dont le développement est moins vigoureux que dans les autres groupes, notamment dans celui des gais. » (Seeland, ibid., p. 129.)

site ; l'homme d'humeur morose, s'il réussit neuf fois sur dix, ne se réjouira pas des neuf succès et se chagrinera, dit encore Schopenhauer, pour la seule et unique fois où il n'aura pas réussi. Maine de Biran a dit, non sans profondeur, qu'il n'est point au pouvoir de la philosophie, de la raison, de la vertu même, toute-puissante qu'elle soit sur les volontés et sur les actes de l'homme de bien, de créer par elle seule aucune de ces affections heureuses qui rendent si doux le sentiment immédiat de l'existence, ni de changer ces dispositions funestes qui peuvent la rendre insupportable. Biran concluait que, s'il existe quelques moyens de produire de tels effets, c'est dans une médecine physique autant que morale qu'il faut les chercher. Et celui qui aurait trouvé un secret si précieux, en agissant sur la source même de la sensibilité intérieur, devrait être considéré comme le premier bienfaiteur de l'espèce, le dispensateur du souverain bien, de la sagesse et de la vertu même, « si l'on pouvait appeler vertueux celui qui serait toujours bon sans effort, puisqu'il serait toujours calme et heureux ». Il est donc incontestable qu'il y a des éléments de bonheur qui dépendent de notre tempérament. Ce n'est pas une raison pour méconnaître la non moins incontestable influence du milieu et des circonstances, surtout celle de la raison et de la volonté, c'est-à-dire de ce qui constitue le vrai caractère.

Certains physiologistes sont allés jusqu'à soutenir que le tempérament détermine l'emploi qu'on fera de ses facultés cérébrales. C'est trop dire et, ici encore, il faut faire la part des circonstances et du milieu; mais il est certain que les goûts tiennent en grande partie à l'action continue du tempérament général et des organes particuliers qui se trouvent avoir un développement prédominant. Tout organe, en effet, dès qu'il est stimulé, engendre le besoin de la fonction : les yeux engendrent le besoin de regarder, les oreilles le besoin d'écouter ; et si l'organe est bien constitué, il fournit en même temps l'aptitude à la fonction. Telle partie du cerveau naturellement robuste entraînera donc tels et tels goûts naturels, tels et tels instincts, telles et telles capacités. De là les voluptueux de nature, les remuants et les indolents, les irritables et les patients, les batailleurs et les pacifiques, les imaginatifs, les contemplatifs, les raisonneurs, etc. Qu'un organe ou système d'organes domine chez un homme : cerveau, muscles, viscères de la nutrition, organes de la génération, etc., le voilà marqué d'un trait particulier de constitution, qui subit toujours l'influence dominante du tempérament général, mais qui peut produire de notables variétés dans le caractère. Par exemple, le crâne d'un lymphatique peut contenir le cerveau d'un Cuvier : on a alors un penseur calme et méthodique, qui n'est point distrait dans

ses travaux par une puissante impressionnabilité.
A cerveau égal et bien développé, a-t-on dit, l'actif
froid trouvera son bonheur dans les recherches pai-
sibles de la science ou de l'érudition ; le nerveux
s'occupera plus volontiers d'art, de poésie, de
hautes spéculations philosophiques ; le sanguin
dépensera au dehors son activité mobile et sera
enclin aux plaisirs de toutes sortes ; le bilieux
s'usera très souvent dans les âpres luttes de la vie,
dans la recherche obstinée de la fortune ou des
honneurs ; il sera ambitieux, parfois fanatique,
amoureux violent ; s'il se consacre aux travaux
intellectuels, il préférera fréquemment la littérature aux sciences : « il excellera à peindre en traits
de feu, dans un style imagé, caractéristique, les
passions souvent tristes qui l'ont agité[1]. » Byron,
nerveux et bilieux, en est un exemple. Certes, il ne
faut pas se perdre ici dans des inductions hasar-
dées, ni dans des prédictions puériles. N'a-t-on
pas prétendu qu'en fait de religion, le sanguin sera
libre penseur, le colérique orthodoxe, le mélancolique superstitieux et le flegmatique indifférent ?
Ce qui est vrai, c'est que la connaissance des tempéraments autorise certaines inductions ou, si l'on
veut, certains procès de tendance. On connaît le
mot de César sur ses ennemis : « Je ne crains rien

(1) Letourneau. *Physiologie des passions.*

dès hommes à embonpoint et à belle chevelure, je redoute bien plus ces hommes au teint jaunâtre et à la face maigre. » Ce furent en effet ses meurtriers.

Rien ne montre mieux l'étroite association des mêmes caractéristiques mentales avec les mêmes traits physiques de tempérament et de constitution que l'enquête bien connue de M. Galton sur les jumeaux, tantôt presque indiscernables même pour leur mère, tantôt aussi dissemblables qu'Esaü et Jacob, tantôt complémentaires. Les jumeaux semblables ont le même tempérament, qui se développe de même. Ils aboutissent presque en même temps à contracter des maladies analogues, comme par une même évolution interne.

Moreau de Tours a soigné deux jumeaux physiquement semblables, atteints de la même folie, ayant des hallucinations identiques, avec les mêmes intervalles de répit aux mêmes époques. L'un était à Bicêtre, l'autre à l'hospice Sainte-Anne. Trousseau donnait ses soins à un jumeau pour une ophtalmie rhumatismale : — « En ce moment, lui dit le patient, mon frère, qui est à Vienne, doit avoir une ophtalmie de même nature que la mienne. » — Trousseau se récrie. Quelques jours après, une lettre de Vienne confirmait le fait. Dans neuf cas sur trente-cinq, M. Galton a constaté une étonnante similitude en ce qui concerne les asso-

ciations d'idées : — « Ils font les mêmes remarques
dans les mêmes occasions, commencent à chanter
le même refrain au même moment, et ainsi de
suite ; ou encore, l'un commence une phrase et
l'autre la finit. » — Dans seize cas sur trente-cinq,
les goûts étaient tout à fait identiques ; dans les dix-
neuf restants, ils étaient très analogues, mais avec
certaines différences. Un jumeau, dit M. Galton, se
trouvant par hasard dans une ville d'Ecosse, achète
un service de verres à champagne pour faire une
surprise à son frère. Celui-ci, étant en Angleterre,
achète à la même époque un service semblable du
même modèle pour faire une surprise à l'autre. —
Quant aux jumeaux complémentaires, il y en a des
exemples curieux, comme ces deux frères dont l'un
était contemplatif, poétique et littéraire à un haut
degré ; l'autre pratique, mathématicien et linguiste :
— « A nous deux, disaient-ils, nous aurions fait un
homme convenable. » — Dans un autre cas, l'un
des jumeaux est « tranquille, retiré en lui-même,
lent, mais sûr ; de bon caractère, mais disposé au
ressentiment quand on l'a blessé ; l'autre est vif,
léger, va de l'avant, apprend et oublie vite ; il est
d'un tempérament prompt et irascible, mais il par-
donne vite. Ils ont été élevés ensemble et n'ont
jamais été séparés ». A ces traits on reconnaît que
les deux jumeaux se sont partagé les divers types
de tempérament : l'un a pris pour lui le nerveux-

lymphatique (c'est-à-dire l'anabolisme et le catabolisme lents); l'autre a pris le sanguin-colérique
(l'anabolisme et le catabolisme vifs).

L'influence du tempérament sur la moralité est
beaucoup plus indirecte que sur le bonheur, elle
n'en est pas moins réelle. Si le caractère d'un
homme offre les traits moraux d'un tempérament
typique, vous pouvez en conclure qu'il en a les traits
physiques et inversement. Étant connu le caractère
d'un Tibère, d'un Loyola, d'un Calvin, d'un Bonaparte, on a pu affirmer qu'ils avaient l'empreinte
bilieuse fortement accusée ; Louis XV devait être
sanguin, Mozart est le type du nerveux, Gibbon
celui du lymphatique [1]. La sagesse des nations a
toujours remarqué l'analogie si fréquente du tempérament et de la conduite. Un brave sermonnaire
anglais en a cherché un peu loin des exemples,
qui ne laissent pas d'être piquants. Il commente
le chapitre de saint Luc où Jésus, se rendant à
Jérusalem, récolte sur son chemin des disciples.
Comme on avait refusé au Christ l'hospitalité dans
une maison, deux des disciples s'écrient : — « Seigneur, veux-tu que nous commandions que le
feu du ciel descende et consume ces gens » ? —
« Vous ne savez pas de quel esprit vous êtes animés » ! — répond Jésus. Certes, c'était de l'esprit

---

[1] Letourneau. *Physiologie des passions.*

7

colérique. Plus loin, un homme plein d'enthousiasme et de confiance en soi prend la belle résolution de suivre Jésus au bout du monde : —
« Seigneur, j'irai partout où tu iras. » — Voilà le
sanguin, qui parle avant d'avoir réfléchi. Et Jésus,
pour faire tomber cette ardeur, lui dit que les
renards ont des tanières, les oiseaux des nids, mais
que le Fils de l'homme, lui, n'a pas même où
reposer sa tête. — « Suis-moi, » — dit-il à un autre.
Et celui-là répond : — « Permets-moi d'aller d'a-
bord dire adieu aux gens de ma maison ». — Cet
homme peu pressé et attaché à ses habitudes, c'est
le flegmatique. Enfin, un dernier répond à Jésus :
— Seigneur, permets-moi d'aller d'abord ensevelir
mon père ». — A ce mélancolique affectueux, qui
veut pleurer ceux qu'il a perdus, Jésus répond assez
durement : — « Laisse les morts ensevelir les
morts, et toi, va annoncer le royaume de Dieu. » —
Tous les tempéraments peuvent fournir des apôtres,
ou, tout au moins, des hommes honnêtes. Albert
Dürer, très préoccupé des tempéraments et de leur
expression extérieure, a donné un symbole de cette
vérité dans sa dernière grande œuvre (à la Pinaco-
thèque de Munich), qui représente les quatre tempéraments sanctifiés sous les traits de quatre apôtres.
Saint Pierre, prompt à tout, même à tirer l'épée,
prompt à marcher sur l'eau pour aller vers Jésus,
— sauf à sentir ensuite sa foi tomber, et lui s'en-

foncer à mesure, — prompt enfin à confesser son maître devant les juges, sauf à le renier bientôt après, saint Pierre pouvait assurément fournir le type du sanguin. L'ardent saint Paul, actif et volontaire, est un noble type de bilieux. Saint Marc fut-il vraiment flegmatique ? Je l'ignore ; quant au nerveux mélancolique, avec son cerveau exalté et son cœur passionné, c'est bien saint Jean. Ainsi s'ouvre à tous les tempéraments le « royaume de Dieu », mais il faut savoir se rendre maître de son naturel pour en faire l'auxiliaire de la moralité même.

Le caractère moral est le produit de deux facteurs : l'action du tempérament et du milieu, la réaction de l'intelligence et de la volonté ; mais il y a tant d'intelligences et de volontés qui s'abandonnent ! Aussi la parole bien connue de Descartes est-elle toujours vraie : « La médecine et l'hygiène sont le principal moyen de rendre les hommes *communément* vertueux ». C'est par elles, en effet, qu'on peut agir sur la masse de l'humanité, plier d'avance la machine aux bonnes habitudes, extirper les vices par leur racine organique. S'inspirant de la même idée, Rousseau avait formé le projet d'un livre qui serait intitulé : « La morale sensitive ou le matérialisme du sage. » Il voulait sans doute désigner l'éducation du tempérament en vue de la moralité, c'est-à-dire l'hygiène et la médecine appliquées à faire de l'organisme même le docile serviteur de la raison. En vain Mme de Genlis raillait ce projet : — « Je n'ai jamais cru, disait-elle, que la vertu dépendît d'une bonne digestion ». Rousseau n'en était pas moins fondé à croire qu'on sauverait la raison de bien des écarts, qu'on empêcherait de naître bien des vices, si l'on savait forcer l'économie animale à favoriser l'ordre moral qu'elle trouble si souvent. « Les climats, les saisons, les sons, les couleurs, l'obscurité, la lumière, les éléments, les aliments, le bruit, le silence, le mouvement, le repos, tout agit sur notre machine et notre âme par conséquent ; tout nous offre mille prises presque assurées pour gouverner dans leur origine les sentiments dont nous nous laissons dominer ». Avec Descartes, Pascal, Rousseau et Biran, nous admettons la nécessité d'une morale appliquée à la vie sensitive et affective, agissant non par préceptes abstraits, mais par une influence concrète sur la partie matérielle de notre être. Incarner en quelque sorte la sagesse dans ses organes, ce serait là vraiment, croyons-nous, le « matérialisme du sage ».

LIVRE II

LE CARACTÈRE ET L'INTELLIGENCE

Les fatalistes de toutes sortes, qu'ils soient métaphysiciens, psychologues ou physiologistes, n'ont vu que le côté inné et obscur de notre nature, legs de nos ancêtres; ils se sont figuré le caractère tout entier comme quelque chose de donné avec la naissance, qui n'aurait plus ensuite qu'à se développer. Pour Spinoza, le caractère est un théorème dont le milieu extérieur fait sortir les conséquences avec une nécessité mathématique. Schopenhauer, lui aussi, admet un « caractère intelligible », qu'aucune leçon de la morale ou de l'expérience ne peut modifier. Taine attribue à nos facultés maîtresses une action aussi inéluctable que les conséquences logiques d'une définition. Selon M. Ribot aussi, tout vrai caractère étant inné, les Vincent de Paul comme les Bonaparte ne font que développer dans leur vie l'espèce de prédestination physiologique apportée en naissant : « Les caractères vrais ne changent pas. »

Sans méconnaître tout ce que ces théories peuvent renfermer d'exact, nous croyons qu'elles ont un défaut commun : elles assimilent l'évolution des êtres à celle des mécanismes régis par l'aveugle géométrie, par l'aveugle physiologie. Or il y a dans le caractère humain un élément d'ordre supérieur, nouveau et original : la conscience. C'est le pouvoir de réaction inhérent à l'intelligence que nous voulons opposer au fatalisme décourageant de Spinoza, de Schopenhauer, de Taine et de leurs successeurs. Nous montrerons d'abord que l'intelligence ne doit pas être exclue des facteurs primordiaux du caractère; qu'elle est au contraire un des éléments qui le distinguent le mieux du tempérament; qu'elle doit, par conséquent, entrer en ligne de compte dans la classification des divers types. Nous rechercherons ensuite son influence sur chacune des trois principales espèces de caractères : les sensitifs, les intellectuels et les volontaires.

CHAPITRE PREMIER

L'INTELLIGENCE COMME FACTEUR ESSENTIEL DU CARACTÈRE

Toutes les fatalités héréditaires de constitution et de tempérament, qu'on représente comme notre caractère propre, le sont-elles réellement? — Elles constituent bien plutôt en nous la part d'autrui, car elles manifestent l'influence de notre famille, de notre nation, de notre race et de notre sexe, la marque reçue par nous du dehors, non celle que nous nous imprimons à nous-mêmes.

« Le caractère, a-t-on dit, c'est le moi en tant qu'il réagit. » Sans doute, mais le vrai moi est celui qui se connaît et connaît son action : notre vrai caractère est donc dans la prise de conscience et de direction de nos tendances naturelles. Quelque difficile que soit cette conquête de soi, elle n'est pas impossible. Rachel de Varnhagen, par exemple, le Dr Johnson, Henriette Martineau, étaient nés avec un tempérament mélancolique; ils étaient de ces attristés qui voudraient fuir le battement incessant de la vie et dire à leur cœur : Endors-toi!

Mais, par leur intelligence et leur volonté, ils firent une noble tentative pour triompher de leur tendance organique au découragement, et ils arrivèrent à vaincre cet ennemi caché de la paix intérieure. A la mélancolie de tempérament ils ont opposé la sérénité de caractère.

Aussi n'est-ce pas à la vie inconsciente que se réfèrent nos jugements et s'adressent nos affections. Aimons-nous une personne parce qu'elle est vive ou lente, molle ou active, forte ou faible? Non : ce sont là des diversités de tempérament qui ne constituent pas sa vraie individualité. Les aptitudes mêmes apportées en naissant ne font que prédisposer notre affection. Ce qui l'entraîne (quand elle est de nature morale, non une simple inclination physique), c'est le véritable caractère de la personne, sa vie consciente et volontaire, la manière dont elle réagit sur sa nature par son intelligence et sa volonté. Ce n'est pas le mécanisme ou l'organisme inconscients que nous devons aimer, c'est l'être conscient qui pense, sent et veut, en un mot qui aime. Le vrai fond du caractère, pourrait-on dire, c'est surtout notre manière d'aimer.

On objectera qu'il est des intellectuels qui n'aiment pas grand'chose, mais qui comprennent si bien! Ce ne seront pas des poètes, assurément, mais des penseurs parfois, ou des savants. Ceux-là, nous qui passons à côté d'eux en les regardant et en les écoutant, leur donnerons-nous si peu que ce soit de notre cœur, dont ils n'ont cure? Nous nous contenterons d'admirer leur force intellectuelle, la puissance de leur esprit tourné tout entier vers la tâche, scientifique ou autre, qu'ils ont seuls comprise; il y a une sorte d'estime froide, une déférence indifférente qui tient sa place, à côté des sentiments de sympathie et d'affection, dans les rapports des caractères les uns avec les autres, où, si on aime mieux, des passants et promeneurs qui se coudoient en ce monde.

A cette objection nous répondrons qu'elle nous apporte une preuve nouvelle. Pourquoi n'aimons-nous pas les intelligences froides, tout absorbées dans la vision ou la recherche des vérités purement scientifiques? C'est que nous n'aimons pas leur manière d'aimer. Ce qu'elles aiment, — les abstractions de la science ou les faits du monde extérieur, — ne saurait nous toucher autant que tout ce qui appartient au monde moral et social. Encore avons-nous tort de ne pas aimer un savant pour son amour de la science, fût-ce la plus abstraite géométrie ou mécanique, et pour son ardeur à chercher la vérité. Dis-moi ce que tu aimes, et je te dirai ce que j'aime en toi. Au fond, l'intellectuel qui semble le plus indifférent ne l'est pas : si rien ne l'intéressait, il ne comprendrait rien.

Dans son étude si approfondie sur les caractères, M. Ribot nous dit que ce qui est fondamental en nous, ce sont les tendances, les impulsions, désirs, sentiments, « tout cela et rien que cela[1]. » — Soit, mais les tendances, impulsions, désirs et sentiments supposent des objets auxquels ils s'appliquent et qui ne peuvent être connus que par l'intelligence. Nos impulsions aveugles et nos goûts instinctifs tiennent à notre tempérament; nos amours, à notre caractère.

— Mais, objecte encore le savant et pénétrant psychologue, le caractère exprime l'individu dans ce qu'il a de plus intime : il ne peut donc se composer que d'éléments essentiellement subjectifs; et ce n'est pas dans l'intelligence qu'il faut les chercher, puisque son évolution ascendante des sensations aux perceptions, aux images, aux concepts, tend vers l'impersonnel. — Qu'importe, répondrons-nous, que l'intelligence se représente de plus en plus à elle-même l'impersonnel, si cette représentation est toujours un acte personnel, si même elle est une élévation à un degré toujours plus haut d'une force éminemment personnelle? L'homme est, par nature, un être fait pour monter : sa perfectibilité intellectuelle, avec le pouvoir qu'il a de s'universaliser et d'aimer l'universel, est précisément un de ses traits les plus caractéristiques. Un

(1) *Revue philosophique*, 1893.

Laplace cesse-t-il d'être Laplace parce qu'il se représente dans leur ensemble les mouvements du
monde entier?

En outre, on oublie trop que l'intelligence n'est
pas seulement une faculté tout extérieure : ce qui en
fait le fond, c'est la conscience, et la conscience est
tournée vers le dedans, non plus vers le dehors.
Prendre conscience de sa constitution et de son
tempérament, c'est déjà les transformer en « caractère », puisque cette conscience est une réduction
à l'unité du *moi* de toutes les tendances et impulsions éparses dans l'organisme. Concevoir son moi,
c'est déjà le poser et l'affirmer en face du dehors,
c'est, du même coup, se « caractériser » soi-même.
Enfin, on raisonne toujours dans la vieille hypothèse de la conscience-éclairage, des idées-reflets
et on s'imagine que la réflexion sur soi n'est qu'une
lumière surajoutée, sans efficace et sans conséquence pratique.—Auparavant, dit-on, l'organisme
ne se voyait pas fonctionner ; maintenant il se voit,
et c'est tout. — Théorie inexacte, fondée sur une
comparaison contestable. Pour l'être qui dit moi,
la conscience devient aussitôt un facteur de sa propre évolution : dire *moi*, ce n'est pas simplement
« constater », c'est commencer à réagir, c'est se
faire centre d'attraction, c'est imprimer une unité
de direction à ce qui était d'abord épars et sans
lien intime ; c'est poser sa personnalité et, dans une

inévitable antithèse, poser la personnalité des autres; c'est, mystère inexplicable, par un seul et même acte, entrer en soi et sortir de soi, puisque la pensée ne peut se connaître sans connaître autre chose, ni connaître autre chose sans se connaître elle-même. Si donc vous faites abstraction de la pensée et de la conscience quand il s'agit de l'homme, vous mettez de côté la marque propre de l'homme et du caractère humain.

Selon M. Ribot, du nombre des vrais caractères il faut exclure les naturels sans forme fixe, les hommes « amorphes » et « instables » : leur « plasticité » indique l'absence même de caractère. — Il y a, répondrons-nous, au-dessus des naturels passifs qui prennent indifféremment toutes formes, des naturels actifs dont la perfectibilité n'indique nullement une « absence de caractère ». C'est que, chez eux, la plasticité vient surtout de l'intelligence, qui est faite pour se perfectionner sans cesse. On n'est point amorphe et sans forme propre parce qu'on a le pouvoir de se donner à soi-même des formes toujours supérieures. On n'est point « instable » parce qu'on a assez d'énergie et de vitalité intellectuelle pour s'élever sans cesse à de nouveaux horizons : celui qui gravit les plus hautes montagnes ne prouve pas par là qu'il n'ait ni bon pied ni bon œil. S'il est vrai qu'il existe des intelligences passives qui ne sont que des miroirs, il en existe aussi d'actives qui sont des foyers de lumière.

En vain donc on nous répétera que le vrai caractère est tout inné; si précisément, parmi ce qui est inné, se trouve la force intellectuelle nécessaire pour s'élever toujours au-dessus de soi, pour arriver à vivre de la vie des autres et à les faire vivre de sa vie, il en résultera que le caractère acquis, quand il l'a été par l'individu même, quand il est le produit de sa propre conscience, mérite excellemment de s'appeler son caractère. Notre vraie nature n'est pas « invariable et tout d'une pièce ». Le psychologue n'a point affaire à des animaux esclaves de leur immuable instinct, mais à des hommes pourvus d'une conscience toujours en mouvement et en progrès. Et si les idées sont des forces, apprécierons-nous exclusivement la puissance d'un individu par son activité musculaire? Les qualités et défauts de l'intelligence tiennent à la nature, à l'intensité et à l'objet de la perception, de la mémoire, de l'imagination, de la réflexion, de la généralisation, du jugement et du raisonnement; comment croire que, chez un homme, ces qualités humaines par excellence ne soient pas des éléments essentiels du caractère?

Pour opposer l'intelligence au caractère, on a invoqué encore ce fait que le développement de l'une entraîne souvent l'atrophie de l'autre, ce qui, dit M. Ribot, établit clairement « leur indépendance ». Mais ne nous laissons pas abuser par ce mot de caractère, qui tantôt désigne l'énergie particulière de la volonté, tantôt la marque générale de l'individu, quelle qu'elle soit. Un homme intelligent, ou encore un homme sensitif, qui n'a pas de caractère, n'en a pas moins un caractère. Une volonté faible, jointe à une intelligence puissante ou à une sensibilité intense, est typique comme une volonté forte. M. Ribot cite Kant, Newton, Gauss, qui, confinés dans la spéculation pure, réduisaient leur vie à une routine monotone, d'où l'émotion, la passion, l'imprévu dans l'action, étaient exclues autant que possible; mais en quoi est-il indispensable, pour avoir un caractère, d'être agité, passionné, d'agir contre toute prévision? Parce que Kant faisait chaque jour à la même heure sa promenade sous les arbres de Kœnigsberg, manquait-il de sensibilité, lui qui, en apprenant la Révolution française, s'écriait, les larmes aux yeux : « Je puis dire maintenant comme Siméon : *Nunc dimittis servum tuum, Domine?* » Manquait-il de volonté, lui qui passa sa vie à chercher les fondements de la plus haute morale et qui jamais, ni dans les grandes choses, ni dans les petites, ne s'écarta des règles qu'il s'était imposées? Lui qui, par exemple, unissant au plus profond sens religieux le mépris de toute superstition étroite, et estimant que chaque homme doit être à lui-même son législateur, son

juge, son prêtre, ne franchit jamais une seule fois,
dans les cérémonies solennelles, la porte du temple
où entraient processionnellement ses collègues de
l'Université?

Il y a sans doute une direction de l'intelligence
qui, sous certaines conditions, peut atrophier en
partie le caractère; c'est celle qui nous absorbe
dans les objets extérieurs et nous distrait pour
ainsi dire de nous-mêmes; mais il y a aussi une
direction de l'intelligence (et c'est la **vraie**) qui fortifie, qui même produit le caractère : c'est la réflexion de la conscience, c'est l'intelligence intérieure, première condition de toute moralité.

Pour pénétrer plus avant dans cette importante
question des éléments primordiaux du caractère, il
faut examiner s'il est vrai que l'intelligence ne soit
qu'une faculté adventice et surajoutée. A la physiologie et à la psychologie de répondre. Or, au point
de vue de ces deux sciences, la théorie de Schopenhauer et de M. Ribot nous semble inexacte. Pour
la physiologie, les « fonctions de relation » sont
caractéristiques et même dominatrices : on ne peut
donc exclure des facteurs primitifs du caractère la
fonction intellectuelle, qui nous met en relation
avec le monde extérieur et même intérieur. Quand
il s'agit de l'homme surtout, la physiologie ne saurait faire abstraction de ce qui constitue avant tout

l'homme même, à savoir la supériorité du cerveau ; or, si le tempérament est surtout lié à la structure et au fonctionnement général du système nerveux, le caractère proprement dit est lié surtout à la structure et au fonctionnement du cerveau, organe de l'intelligence.

Passons maintenant au point de vue psychologique ; nous reconnaîtrons que, même à son état le plus élémentaire, la fonction mentale enveloppe déjà un élément intellectuel, — à savoir la sensation proprement dite, abstraction faite du « ton » agréable ou pénible qui en est inséparable. Dans toute sensation, en effet, il n'y a pas seulement plaisir ou peine, il y a le *discernement* spontané d'un changement intérieur ayant sa qualité propre, sa nuance particulière ; voir n'est pas entendre ni toucher, et cela, indépendamment du plaisir ou de la peine que peuvent causer les sensations du tact, de l'ouïe ou de la vue. Même dans le domaine de la jouissance ou de la souffrance, encore faut-il que l'être discerne l'une de l'autre pour pouvoir *préférer* l'une à l'autre. Toute préférence enveloppe donc un discernement, de même que tout discernement aboutit à une préférence ; et si la préférence est le germe de la volonté, le discernement est le germe de l'intelligence. Il est très vrai qu'à l'origine c'est le côté affectif, plaisir ou peine, qui l'emporte dans la sensation. Si une amibe éprouve un changement de

température, il est probable qu'elle en jouit ou
souffre; de même si elle subit une pression extérieure; de même encore si ses fluides internes lui
apportent une nourriture suffisante ou insuffisante.
Mais les psychologues se sont demandé avec raison
si l'amibe elle-même ne discernait pas la pression
extérieure de la nutrition intérieure, ou encore le
chaud du froid. En tout cas, elle a des préférences
visibles pour telle température, tel fluide nutritif,
telle pression, et ces préférences ne vont pas sans
un discernement de différences qualitatives. Or ce
discernement est déjà de la *sensation*, non pas seulement une affection agréable ou pénible. Ainsi,
chez l'amibe elle-même, il y a un élément d'intelligence fondamental et non surajouté.

Outre le discernement des qualités, on trouve
encore, même chez les êtres très primitifs, le discernement de cette relation essentielle qui est l'opposition entre l'intérieur et l'extérieur. Rappelons
que le rhizopode ne retire pas son pseudopode si
c'est un autre pseudopode de la même colonie qui
le touche; mais il le retire aussitôt si c'est un pseudopode étranger. Voilà déjà la distinction vague du
dehors et du dedans. Placez une actinie au milieu
du jet bouillonnant qui alimente le bec d'un aqua-
rium : elle s'accoutumera vite à être rudement
frappée par le courant et y déploiera en paix ses
tentacules; mais si vous la touchez, même délica-

8

tement, avec une baguette, elle les retirera aussitôt : elle distingue donc parfaitement le contact du liquide et le contact léger d'un solide, surtout d'un solide étranger à son milieu. M. Romanes[1] a eu raison de dire que c'est là le premier et obscur rudiment de l'intelligence, que le raisonnement le plus élevé est encore un discernement, accompagné d'un choix parallèle, entre des excitations devenues très délicates.

Le fond de l'intelligence étant ainsi le pouvoir de discerner, de saisir des ressemblances et des différences, il y a intelligence proprement dite dès que des rapports s'établissent dans une conscience, dès que des différences et des ressemblances sont perçues ou conçues. Pour cela, il faut que plusieurs états de conscience se succèdent avec un degré de rapidité qui ne soit pas trop grand, de manière à ce que ces états parviennent au-dessus du « seuil de la conscience ». La pensée a donc pour condition le passage d'un courant nerveux de vitesse moyenne à travers la substance cérébrale et le réarrangement des molécules sur son passage. Mais ce phénomène s'est produit dès qu'il y a eu une complexité d'impressions subies et de mouvements exécutés. L'intelligence a donc été présente aussitôt qu'il y a eu des rapports vitaux plus ou moins cons-

---

(1) *L'Évolution mentale chez les animaux.* Alcan, 1890.

cients, et elle s'est compliquée dans une proportion exactement correspondante à la complexité de ces apports vitaux révélés par la sensation. A mesure qu'on monte les degrés de l'échelle, la vie de relation augmente, et avec elle l'intelligence, qui devient de plus en plus consciente de soi. Au reste, comment n'en serait-il pas ainsi? Point d'animal qui puisse vivre ailleurs que dans un milieu qu'il s'efforce d'adapter à ses besoins, et parmi d'autres animaux qui lui sont utiles ou nuisibles. De là, pour lui, l'absolue nécessité des sensations *instructives* et non pas seulement *affectives*; de là aussi la nécessité d'inductions plus ou moins rudimentaires, en un mot d'un discernement qui, peu à peu, deviendra raisonnement. La théorie des psychologues qui considèrent l'intelligence comme superficielle est donc superficielle elle-même. Que Schopenhauer nous répète : « C'est la volonté qui fait le fond de l'être ; l'intelligence en est la partie tournée vers le dehors, vers les objets, et non pas vers le sujet, » il aura raison jusque-là ; mais il est difficile d'exprimer une vérité sans faire un tort apparent à quelque autre vérité. Nous en avons un exemple dans les diatribes de Schopenhauer contre l'intelligence. Que serait la volonté même sans la « représentation » ? Qu'aurait-elle à vouloir de déterminé si elle était toute renfermée en soi au lieu de s'appliquer à tel ou tel objet? On ne peut

vouloir à vide : on ne peut agir sans discerner plus
ou moins nettement le terme de son action, sans
prendre un point d'appui dans ce monde des objets
qui est proprement le monde de l'intelligence.

Le darwinisme nous en apporte une dernière
preuve. Dans la « lutte pour la vie », l'intelligence
est apparue comme une condition de supériorité :
aussi là voyons-nous se développer de plus en
plus. Inutile, elle fût restée embryonnaire. Comment donc négliger, parmi les caractéristiques d'un
être, le degré, la forme, la direction dominante de
son intelligence, c'est-à-dire du pouvoir qu'il a de
s'adapter sciemment au milieu ou de l'adapter à
lui-même ? M. Ribot reproche aux philosophes (et
plusieurs l'ont mérité) leurs incurables « préjugés
intellectualistes », c'est-à-dire « leur effort à tout
ramener à l'intelligence, à tout expliquer par elle,
à la poser comme le type irréductible de la vie mentale ». Certes, il ne faut pas tout réduire à l'intelligence, même le plaisir et la douleur, même le
besoin et l'appétit ; mais, d'autre part, ne rédui-
sons pas l'intelligence elle-même à ce qui n'est
point elle : ne la supprimons pas, comme dérivée
et secondaire, parmi les facteurs du caractère
humain, alors qu'elle est le ressort essentiel de
l'évolution humaine. M. Ribot a beau dire que la
vie végétative précède la vie animale, « qui s'appuie
sur elle » ; que la vie affective précède la vie intel-

lectuelle « qui s'appuie sur elle », le physiologiste
définira-t-il pour cela l'animal par ses fonctions
uniquement végétatives, et le psychologue doit-il
caractériser les individus par leurs fonctions uniquement affectives ? Dans l'arbre, c'est la fleur qui
s'épanouit en dernier lieu aux extrémités et aux
sommets ; elle n'en condense pas moins en elle-
même la puissance de la vie. De même, la conscience est la fleur où toute la sève intérieure vient
se concentrer, où l'être humain est en raccourci,
et cependant en sa plénitude.

M. Ribot admet bien une certaine action de l'intelligence et des idées sur les sentiments, mais il
la croit faible et de surface. Il la compare à l'action de ces mouvements artificiels par lesquels on
réussit à susciter les émotions mêmes dont ils sont
naturellement les signes. Gardez quelque temps
la posture de la tristesse, et vous la sentirez vous
envahir. Chez les hypnotisés, placez le bras dans
l'attitude de la menace, et vous éveillerez des émotions agressives. C'est qu'il y a entre tels mouvements et telle émotion une association inséparable :
l'émotion suscite les mouvements, les mouvements
suscitent l'émotion, mais à un état faible et instable :
« l'action du dehors au dedans est toujours inférieure à l'action du dedans sur le dehors. » Pareillement, à en croire M. Ribot, l'action de haut en
bas, celle des idées sur les sentiments est « ins-

table, oscillante, faible, d'efficacité douteuse ; elle n'a qu'une force d'emprunt, extrinsèque » ; elle ressemble à l'action des mouvements sur les émotions. Sans contester d'une manière générale l'efficacité supérieure des sentiments, nous ne saurions pourtant admettre que l'action des idées soit tout externe, comme celle d'un rire feint ou d'une feinte tristesse qui finit par éveiller une joie ou une peine fugitives. L'idée est autre chose qu'une simple expression ou qu'un simulacre ; son action, à elle aussi, s'exerce du dedans et non du dehors. Au reste, l'idée est elle-même une conscience de sentiments et d'impulsions à l'état naissant : l'idée de patrie est un ensemble d'images toutes prêtes à paraître sur la scène de la conscience, avec les sentiments qui y ont été liés par un long usage et avec toutes les impulsions corrélatives à ces sentiments. Savoir ce qu'on sent, pourquoi on le sent, ce qu'on tend à faire, pourquoi on tend à le faire, enfin quelle est la valeur de ce sentiment ou de cette impulsion, ce n'est point aborder les choses par le dehors : c'est au contraire éclairer l'intérieur d'une lumière qui est elle-même tout interne, dont une certaine chaleur est inséparable, et qui par là même est prête à se convertir en mouvement visible. Notre esprit devient un système de représentations qui fait surgir en nous tout un monde nouveau. Rien ne peut plus nous pénétrer qu'à travers ce nouveau milieu, où tout se réfracte et se réfléchit de mille manières. Un même paysage dit à chacun des choses différentes. La perception même, qui semble d'abord si passive, varie d'un individu à l'autre avec les idées qu'elle éveille et qui viennent se mêler aux sensations.

Boërhave disait : « L'homme est simple et aveugle dans sa vitalité, double et conscient dans son humanité : *simplex in vitalitate, duplex in humanitate*. » Ce qui le fait homme, par cela même capable de ce dédoublement qu'on nomme la réflexion sur soi et de cette unité supérieure qui est la possession de soi, c'est l'intelligence.

CHAPITRE II

DE LA CLASSIFICATION DES CARACTÈRES

I. — Ce sont, à notre avis, les manifestations les plus fondamentales de la vie consciente, avec leurs rapports de dépendance et de subordination, avec leurs lois essentielles d'harmonie et leurs lois secondaires d'opposition, qui peuvent servir de base à une classification naturelle des types psychiques. Il doit exister des lois générales de composition des caractères qui expliqueraient notre forme mentale comme les lois de la croissance et de la génération, celles de la corrélation et du balancement des organes, enfin celles de l'adaptation au milieu, de la variation et de la sélection, expliquent la diversité des formes organiques. Dans la volonté, avec son inclination essentielle au plus grand bien sous toutes les formes, se trouve le *primum mobile ;* la tendance essentielle à l'*être*, au *bien-être*, et au *plus être*, se subordonne toutes les autres et constitue la vraie finalité interne. Mais la satisfaction de cette tendance générale varie selon l'organisation indivisiblement physique et psychique des individus, qui se développe toujours dans le sens de la moindre résistance. Les tendances particulières ne sont que des déterminations spéciales de la tendance à maintenir et à accroître son être pour satisfaire sa volonté fondamentale. Le type du caractère résulte du rapport mutuel des trois grandes fonctions psychiques, moments inséparables du processus volitif : sensation, émotion, appétition. En effet, le rapport entre le pouvoir de sentir, le pouvoir de jouir ou de souffrir, enfin le pouvoir de désirer, produit nécessairement des variations d'intensité relative qui entraînent équilibre ou déséquilibre entre les fonctions; la résultante définitive est une certaine direction prépondérante dans le sens ou intellectuel, ou sensitif, ou actif. De là, en psychologie, des effets analogues à ceux de la corrélation et du balancement des organes en physiologie; le budget mental a son équilibre comme le budget physique : un grand développement de l'intelligence pourra, dans certains cas, s'accompagner d'une insuffisance de la sensibilité et de la volonté, ou *invicem*. Parfois, au contraire, la constitution cérébrale permettra un développement simultané et harmonieux des trois fonctions. Ainsi se produiront les caractères dits « équilibrés ». C'est donc bien du fond même des caractères que résulte leur forme : c'est le rapport d'intensité entre les trois fonctions de la vie psy-

chique qui se traduit par la forme plus ou moins
harmonique du caractère. Quant au rapport avec le
milieu, il s'exprime surtout, chez les divers individus, sous forme *objective*, c'est-à-dire par les
objets auxquels s'appliquent de préférence leur
intelligence, leur sensibilité, leur volonté. Mais ces
objets sont loin d'épuiser le contenu subjectif de nos
tendances internes, dont ils n'expriment que le point
d'application, l'occasion extérieure, avec les modifications plus ou moins superficielles résultant de
leur jeu. Ce qui échappe à l'analyse dans nos tendances est précisément ce qui est le plus profond et
le plus fort : l'analyse ne saisit que des sensations
ou des idées qui déterminent et particularisent les
tendances, en les mettant en rapport avec le milieu
extérieur (naturel ou social); mais les tendances
mêmes ont une racine cachée dans la constitution,
à la fois organique et psychique.

II. — Les formes les plus générales des caractères
ont été excellemment étudiées par M. Paulhan. Ce
dernier a le mérite d'avoir un système de philosophie et de psychologie, auquel il ramène tout
le reste, y compris la science du caractère. Comment pouvons-nous nous représenter le monde des
réalités et où prendrons-nous notre point d'appui? A cette question, plusieurs réponses sont possibles. Les uns chercheront dans l'expérience, et

principalement dans l'expérience intérieure, quelque
réalité concrète, immédiatement saisie, qui se retrouve sous toutes les autres et en soit le fond, —
par exemple la sensation, la pensée, la volonté, —
et ils se figureront le monde entier comme composé
de cette même étoffe. D'autres, — M. Paulhan est
du nombre, — au lieu de considérer l'étoffe elle-
même, ne s'occuperont que des lois abstraites selon
lesquelles elle est tissée, des manières les plus
générales dont s'entre-croisent les fils de l'universelle existence. Par peur de l'anthropomorphisme,
ils s'adresseront, pour concevoir le monde, aux plus
hautes abstractions; puis, les combinant entre elles,
ils se rapprocheront progressivement de la réalité
concrète. L'esprit, objet propre de la psychologie,
sera pour eux une synthèse d'éléments selon des
lois générales d'association; ces éléments, à leur
tour, seront des synthèses d'autres éléments associés, et ainsi de suite. Enfin, les individualités ne
seront que des « associations systématiques » de
tendances, qui elles-mêmes constituent « des systèmes d'éléments psychiques groupés autour d'un
élément prédominant ». Le dernier élément auquel
notre connaissance arrivera, dans cette analyse,
c'est le choc nerveux, dont Spencer avait déjà fait
l'élément primordial de la vie psychique.

Nous ne saurions, pour notre part, admettre
cette représentation du monde, de l'esprit et des

individus. Une combinaison de lois aussi nombreuses qu'il est possible nous rapproche sans doute de la réalité, mais elle ne peut jamais la suppléer. Les lois consistent seulement dans les rapports qui existent entre les choses réelles, et ces rapports, par eux-mêmes, ne sont que des abstractions. Ils sont *vrais* plutôt que réels. La réalité proprement dite ne peut être qu'expérimentée ; elle ne peut être révélée que par la manière dont elle existe pour elle-même dans la conscience immédiate. Une sensation, par exemple, quelque subjective et « humaine » qu'on la prétende, est plus réelle que les abstractions de la science ; ce sont les réalités d'expérience qui expliquent les lois, et non pas les lois qui expliquent les réalités d'expérience. Dans le caractère de l'individu, en particulier, c'est le fond conscient qui produit la forme, ce n'est pas la forme qui produit le fond.

Selon M. Paulhan, la loi qui explique la formation du caractère, « c'est la loi d'association systématique, » c'est-à-dire « l'aptitude de chaque élément — désir, idée ou image — à susciter d'autres éléments qui puissent s'associer à lui pour une *fin* commune ». Cette loi se complète, ajoute M. Paulhan, « par la loi d'inhibition systématique », qui exprime l'arrêt que chaque élément psychique tend à imposer à tout élément qui ne peut s'associer harmoniquement à lui pour une même fin. On

voit que M. Paulhan, pour distinguer sa conception
associationniste d'avec la conception anglaise, introduit l'idée de fin interne. Mais, demanderons-nous,
qu'est-ce que cette fin, et comment peut agir une
fin? Où en avons-nous pris l'idée? — Nous l'avons
prise dans la conscience de notre volonté, de ce
que Schopenhauer appelait le vouloir-vivre, élément « concret » s'il en fut, élément « subjectif »
emprunté à la conscience humaine d'abord, projeté
ensuite par analogie dans toute conscience animale,
puis, par une analogie plus lointaine encore et plus
hardie, dans toute existence qui change et se meut.
La « fin », nous ne la connaissons que sous la
forme du bien-être et de la jouissance, sous la forme
de la sensibilité. Notre intelligence elle-même,
avec toutes ses idées, devient un système de fins
idéales quand on la considère dans son rapport avec
le désir fondamental de l'être et du bien-être, qui
constitue le vouloir ou, plus généralement, la vie
même. C'est donc bien la volonté qui pose la fin et
la poursuit. Dès lors, les lois de l'association ne
sont, à nos yeux, que des effets et non des causes,
des modes de combinaison, c'est-à-dire d'action et
de réaction mutuelles. M. Paulhan nous dit, par
exemple, qu'il y a des caractères « équilibrés »,
d'autres non équilibrés, des caractères « cohérents
et unifiés », d'autres incohérents et non unifiés, etc.,
et rien de plus vrai ; mais, M. Paulhan le reconnaît

lui-même, ce sont là des caractéristiques formelles ; ce qui importe, c'est de savoir quels sont les éléments réels entre lesquels il y a ou il n'y a pas équilibre, cohérence, unification, etc. Avant donc d'étudier, dans le mécanisme du caractère, le rapport des rouages, il faut étudier les rouages eux-mêmes et déterminer surtout le grand ressort. C'est ce ressort qui explique l' « association systématique » ou l' « arrêt systématique » des phénomènes intérieurs ; la « loi de systématisation » n'est que l'énoncé abstrait et encore vague du désir que nous avons de vivre et de jouir. C'est essentiellement la volonté, la sensibilité et l'intelligence qui caractérisent les êtres, non la forme extérieure d'association qui fait qu'ils offrent pour ainsi dire tel dessin à la vue, régulier et harmonique chez les uns, irrégulier et inharmonique chez les autres. S'arrêter aux rapports abstraits, ce serait pythagoriser, ce serait prendre des nombres, des lois et des formes pour des causes ; ce serait dire que le lis a pour élément le nombre cinq parce qu'il a cinq pétales, que la justice est un nombre carré « parce que tout y est égal de part et d'autre ».

Au reste, les formes de l'association, selon M. Paulhan lui-même, ne font qu'exprimer les directions prises par les éléments psychiques, qui, comme il le dit, peuvent être très divers pour une même forme générale. Aussi, dans la seconde partie de son livre, il tâche d'indiquer les divers types que détermine la prépondérance de tel ou tel élément concret. Le fond des caractères réside à ses yeux dans les *tendances* qui s'y unissent et s'y combinent. Mais M. Paulhan se borne à définir chaque tendance par son objet : égoïsme, ambition, sympathie, pitié, etc. Aussi pourrait-on reprocher à son remarquable traité des caractères de n'être, dans cette seconde partie, qu'un traité des passions, sans que le fond même de la vie intérieure soit encore abordé. Entre les formes générales de l'association systématique et les objets particuliers des tendances ou des passions, il nous semble qu'il doit exister un intermédiaire ; et cet intermédiaire, c'est précisément le caractère même, c'est-à-dire la nature propre de la sensibilité, de la volonté, de l'intelligence, ainsi que leur relation mutuelle. L'application à tels ou tels « objets » est ultérieure et dérivée ; ce qui est primordial, c'est le mode individuel de développement et de fonctionnement du processus psychique, *sentir*, *penser*, *vouloir*. Chacun de nous a préalablement une organisation subjective, cérébrale et mentale, dont nos tendances — ambition, amour, sensualité, passion du beau, passion du vrai, etc. — ne sont, comme on l'a vu, que des déterminations objectives et, pour ainsi dire, des emplois. Ce n'est donc pas la passion dominante qui fait le caractère, c'est la prédominance de la sensibilité, ou de l'intelligence, ou de la volonté, puis de telle sensibilité, de tel mode d'intelligence, etc. Le système de M. Paulhan nous semble trop descriptif, et ses descriptions ont beau être parfois de la plus grande exactitude, encore sont-elles plutôt des descriptions que des explications. L'important serait de savoir comment le caractère se forme réellement. De même, la description du visage ou du corps entier ne nous révèle pas comment le corps a été construit et par quelles actions ou réactions.

M. Paulhan applique sa méthode à la détermination du caractère de Flaubert, chez qui il nous montre l'unification finale par la passion artistique et l'amour de la littérature[1]. Puis il résume son intéressante étude par cette sorte de définition : « Flaubert fut un unifié et un artiste avec un tempérament de contraste et de lutte, avec une nature un peu

(1) « Le seul moyen de n'être pas malheureux, disait Flaubert à Le Poittevin, c'est de t'enfermer dans l'art et de compter pour rien le reste. » Il n'est pas une pensée chez Flaubert, « pas une pulsation du cœur qui ne fût pour les lettres ». Il travaillait dix à quatorze heures par jour, heureux quand il avait écrit au bout de la semaine quelques pages qu'il pût conserver. Passion désintéressée d'ailleurs, sans vanité ni désir de gloire. « Bien ou mal, disait-il, c'est une délicieuse chose que d'écrire, que de ne plus être soi, mais de circuler dans toute la création dont on parle. » Avec le besoin d'imaginer et d'observer, il avait le goût de l'érudition, mais il le subordonnait à la forme et au style : « la seule chose importante et éternelle sous le soleil, c'est une phrase bien faite. » A son essor d'imaginatif il joignait des qualités d'homme rangé et méthodique, disant lui-même : « Pégase marche plus souvent qu'il ne vole », et ajoutant qu'il faut faire de son existence deux parts : « vivre en bourgeois et penser en demi-dieu. » Le bourgeois n'en devint pas moins, de sa part, l'objet d'une haine persistante et féroce; il est vrai que par là il entendait

grosse, quoique très sensible, mais assez complexe,
très forte, très vivante, dont les divers éléments, trop
vivaces et que la maladie relâcha sans doute un peu,
ne pouvaient s'harmoniser complètement, malgré
l'empire pris par l'un d'entre eux, qui savait d'ailleurs
tirer profit des révoltes mêmes des autres. » On voit
que M. Paulhan nous a peint une âme et une imagination d'artiste plutôt qu'il n'a analysé et expliqué un
vrai caractère. L' « unification finale des tendances
par une tendance dominante », et laissant place à
beaucoup de « contrastes », demeure une formule
encore bien abstraite, comme tout ce qu'on tirera
des lois de l'association ; les causes profondes,
organiques et psychiques, ne sont pas assez mises
en lumière, si bien qu'en définitive on ne sait trop
dans quelle catégorie « classer » Flaubert. L'histoire d'une passion qui arrive à tout dominer n'est

quiconque « pense bassement ». Malgré les habitudes réglées de
Flaubert, M. Paulhan nous montre subsistant en lui l'ampleur, la
force, la vivacité des passions avec leur ténacité et leur raideur,
l'exubérance, la gaieté parfois un peu lourde, la franchise et l'expansion qui en résultent naturellement. Plus personnel qu'égoïste, il
était très dévoué, « fidèle, sans envie, plus heureux du succès d'un
ami que du sien propre ». Puis, par suite du froissement des tendances dominantes, de l'excessive sensibilité et de la maladie (on sait
qu'il fut épileptique), nous voyons se développer chez lui la misanthropie, le pessimisme, l'horreur de la société, l'indignation persistante, la fascination de ce qu'il détestait, du bas et de l'horrible, le
sens et le goût du néant. « La vie est une chose tellement hideuse,
disait-il, que le seul moyen de la supporter est de l'éviter. Et on l'évite
en vivant dans l'art, dans la recherche incessante du vrai rendu par
le beau. » Religion, philosophie, sciences, mœurs, institutions, humanité, autant d'objets de son indifférence ou de son dédain.

9

ni l'anatomie, ni la physiologie d'un type. D'ailleurs, quoi de plus difficile qu'un portrait psychologique, surtout s'il s'agit d'un esprit supérieur ? Il y a des choses de l'âme qu'on ne peut traduire en paroles sans leur faire perdre de leur vérité, comme il y a des airs qu'on ne peut transposer sans en altérer le charme.

III. — Avec M. Ribot, nous pénétrons davantage au cœur du sujet et nous aboutissons à une classification qui, complète ou incomplète, porte du moins sur le fond et non sur la forme. On a vu que, pour M. Ribot, le caractère digne de ce nom est inné, un et stable ; son unité consiste dans sa manière d'agir et de réagir constante avec elle-même ; sa stabilité n'est que cette unité se prolongeant à travers le temps. Par là se trouvent exclus de la classification les individus qui n'ont pas de marque personnelle et innée, rien de naturellement hypertrophié ou atrophié, et qui empruntent au milieu, hommes ou choses, leur caractère « acquis » : M. Ribot les appelle des *amorphes*. Il exclut aussi ceux qui n'ont ni unité ni stabilité, capricieux et changeants, tour à tour inertes et explosifs : ce sont les *instables* ; dès que vous voulez les faire rentrer dans une classe, vous vous apercevez qu'ils passent tour à tour d'un type à l'autre. Ces deux genres d'hommes mis à part, la classification naturelle des caractères doit distinguer les divers types selon la prédominance acquise par l'une ou l'autre des fonctions mentales; il s'agit donc, avant tout, de savoir si celles-ci se réduisent à deux eu à trois. Or, pour M. Ribot le processus de la vie intérieure ne comprend, du moins à l'origine, que deux termes : sentir du plaisir ou de la douleur, et réagir [1]; on n'a, dès lors, que deux types primordiaux de caractères, selon que la sensibilité ou l'activité prédomine. D'après certains physiologistes et psychologues, comme Schneider, tous les mouvements qui se produisent chez les êtres supérieurs sont dérivés des deux mouvements simples de contraction et d'expansion, l'un ayant pour but la protection de l'être, l'autre, la mise en rapport avec les objets extérieurs; M. Ribot ramène l'antithèse entre les sensitifs et les actifs à ce contraste fondamental entre la contraction et l'expansion, entre la tendance à la vie intérieure pour les uns, à la vie extérieure pour les autres. Dans une troisième classe, M. Ribot place les *apathiques*, c'est-à-dire ceux dont la sensibilité et l'activité sont au-dessous du niveau moyen.

Comme on le voit, les grands « genres » de caractères sont ainsi constitués, pour M. Ribot, indépendamment de l'intelligence. Nous avons reconnu

(1) Voir chapitre précédent.

que, cependant, l'intelligence est une fonction essentielle et primordiale[1]. La division de M. Ribot nous semble donc admissible pour les tempéraments plutôt que pour les caractères. De plus, nous avons vu que la division en quatre tempéraments est plus rationnelle[2]. L' « apathie » n'est qu'une question de degré, non de nature, à moins qu'il ne s'agisse du tempérament flegmatique, qui, normalement, n'exclut pas l'activité, mais lui imprime un caractère de lenteur et de froideur. Enfin, nous ne saurions accorder que tout caractère vrai soit une « atrophie » ou une « hypertrophie » ; le caractère idéal est, à nos yeux, celui qui réaliserait l'équilibre des trois fonctions mentales : sensibilité, intelligence, volonté. Cet équilibre, pour être rare, n'est pas chimérique. Une sensibilité très développée peut s'allier naturellement à de l'intelligence, par cela même à de la mémoire, à de l'imagination : la mémoire empêchera les émotions d'être fugitives ; l'imagination, en les faisant retentir à travers mille souvenirs associés, les empêchera d'être superficielles. Une sensibilité de ce genre n'exclut pas le jugement et la raison, car, s'il y a un fonds d'idées assez riche chez un individu, toute émotion forte et persistante éveillera en lui non seulement des images, mais aussi des

(1) Voir chapitre précédent.
(2) Voir livre Ier.

idées, si bien qu'il aura à la fois vive spontanéité et grande puissance de réflexion. Par cela
même, le sensitif complet et intelligent peut
aussi être actif. Les émotions qu'il éprouve sont,
d'une part, assez durables et assez profondes,
d'autre part assez suggestives d'idées et de jugements pour que sa volonté ait l'occasion et le
pouvoir de s'exercer. Son effort est soutenu par
le sentiment même et par l'idée, qui sont les
grands ressorts de l'action. Les trois fonctions de
l'esprit sont donc faites l'une pour l'autre et se
soutiennent mutuellement ; elles n'ont pas besoin
d'être faibles pour être harmoniques : elles peuvent avoir simultanément une force normale, et
c'est ce qui constitue la santé même de l'esprit.
Comme il y a des corps sains, il y a des esprits
sains, qui n'en ont pas moins leur individualité très
prononcée et sont, par excellence, des « caractères ». L'esprit complet et équilibré offre d'ailleurs
une véritable « unité », puisqu'il répond *tout entier*
et par ses trois fonctions à la fois aux impressions
venues du milieu physique ou social : il ne sent
point sans penser ; il ne pense point sans sentir ; il
ne sent pas et ne pense pas sans agir ; enfin il n'agit
pas sans penser ni sentir. C'est le type d'unité par
excellence : c'est la vivante synthèse des fonctions
mentales. En même temps, un tel caractère réalise
la « stabilité » : on est sûr d'avance que l'homme

complet et bien équilibré ne sera, dans telle ou telle circonstance importante, ni insensible, ni inintelligent, ni inactif : il aura une manière de réagir constante avec elle-même. Nous ne saurions donc accorder à M. Ribot qu'un caractère de ce genre ne doive point trouver place aux premiers rangs de la classification parce qu'il est une « forme mixte et composite », ou parce qu'il se rapproche des « amorphes ». Une forme composite est celle où les éléments sont mal liés et sans combinaison intime ; ce n'est point ici le cas. Quant aux amorphes, ce sont ceux qui, n'ayant point de forme propre, ne reçoivent leur forme que du dehors ; mais un homme complet a une forme propre, et il est doué de tout ce qui est nécessaire pour n'être pas le jouet des actions étrangères. On ne dira pas que de bons yeux, exigeant à la fois de la force, de la promptitude, de l'acuité, de la netteté, aient une nature mixte et composite, ou qu'ils manquent de caractère propre. Il y a une foule de myopes ou de presbytes, mais il y a aussi de bonnes vues ; et ce sont les seules normales. Un visage bien proportionné n'en est pas moins un visage reconnaissable entre tous ; il n'est pas nécessaire d'avoir le nez trop gros, ou la bouche trop grande, ou les yeux trop petits, pour offrir une marque individuelle, de même pour le visage moral. L'équilibre des facultés et la santé de l'esprit, loin d'exclure l'originalité, constituent une originalité des plus rares. Sans doute l'homme vraiment complet est un *idéal*; mais le vrai sensitif, le vrai actif, le vrai apathique représentent aussi un idéal; toute classification se fait par types plus ou moins idéaux.

Puisque nous avons rétabli la présence de l'intelligence dans les éléments primordiaux de l'évolution mentale, nous arrivons logiquement à distinguer trois grands genres de caractères : le sensitif, l'intellectuel et le volontaire. Chacun de nous, dit Platon, est composé d'une hydre, d'un lion et d'un homme : l'hydre aux cent têtes, c'est la passion ; le lion, c'est la volonté ; l'homme, c'est l'intelligence ; on peut ajouter que notre forme morale change selon que l'un de ces trois éléments prédomine.

CHAPITRE III

LES SENSITIFS

Occupons-nous d'abord des sensitifs, qui sont plus près de la nature et de la vie animale, et montrons la part considérable des facultés intellectuelles dans le caractère sensitif lui-même.

I. — Au point de vue physiologique, les sensitifs sont ceux dont le système nerveux, et surtout cérébral, est primitivement constitué de manière à « jouer » presque tout seul, avec une intensité souvent disproportionnée aux excitations extérieures. De même qu'il y a des répugnances pour certains aliments qui ne peuvent s'expliquer par l'état général de l'organisme, de même qu'il y a des douleurs nerveuses sans proportion avec le désordre de l'organe même qui y correspond[1], ainsi il y a des systèmes nerveux et des cerveaux qui s'émeuvent pour la moindre cause, et dont

(1) Voir à ce sujet les excellentes remarques de M. Rauh dans la *Revue de métaphysique et de morale*, 1893.

les retentissements dépassent la mesure ordinaire.

Nous avons déjà distingué, selon la nature et le siège des contre-coups du sentiment, une sensibilité viscérale et une sensibilité cérébrale. La première est liée surtout à la constitution des organes internes et au tempérament. L'intensité, la promptitude et la durée des émotions nous ont paru tenir aux qualités natives du système nerveux, à sa tension, à sa force, à la rapidité avec laquelle il se consume et se répare, aux proportions mutuelles de la dépense et de la recette, enfin à ses communications plus ou moins faciles avec les viscères. Nous ne reviendrons pas ici sur les traits particuliers de la sensibilité « sanguine » et de la sensibilité « nerveuse », l'une plus superficielle et moins durable, l'autre plus profonde et plus constante, par cela même plus capable d'envahir tout l'organisme.

M. Ribot regarde comme incontestable que « les sensations internes de la vie végétative sont la source principale du développement affectif », par conséquent la vraie base du caractère sensible. Par là, il nous semble encore faire trop bon marché du cerveau, organe dominateur, de son autonomie et du pouvoir qu'il a de vibrer indépendamment des viscères. C'est la réaction *cérébrale*, non viscérale, qui constitue précisément la plus haute espèce de sensibilité, et celle-ci ne se développe qu'avec l'intelligence. Chez l'enfant, dont les idées sont encore si peu nombreuses et si peu larges, plaisirs et peines sont accompagnés de véritables tempêtes intérieures ; d'un organe à l'autre, tout fait avalanche : de là les cris, les pleurs, les gestes, les mouvements de la physionomie, le visible envahissement de tout l'organisme, son chant de triomphe dans la joie, son cri de détresse dans la peine. Mais l'orage viscéral et même nerveux n'est pas l'unique mesure du sentiment ; les douleurs qui font le plus de fracas ne sont pas les plus profondes. C'est dans le cerveau que celles-ci exercent surtout leur action destructive, qui finit par user sympathiquement l'organisme entier.

Aussi importe-t-il de considérer la sensibilité dans ses rapports avec l'intelligence et sous sa forme proprement cérébrale. Ce ne sont pas les sensations brutes et organiques, ce sont les sentiments qui dirigent l'homme, et tout sentiment enveloppe une représentation intellectuelle, image ou idée. L'imagination, d'une part, cette première forme de l'intelligence encore voisine de la sensation, et la pensée réfléchie, d'autre part, exercent une influence considérable sur la sensibilité cérébrale, qui est ainsi ou plus imaginative, ou plus proprement intellectuelle. L'imagination est une des principales conditions du caractère vraiment sensitif. Supposez une vive impressionnabilité nerveuse et viscérale, mais une imagination obtuse,

conséquemment une mémoire lente et faible ;
la sensibilité né pourra plus s'exercer qu'en présence des objets : une fois ceux-ci disparus du
champ de la représentation intellectuelle, tout
retombera dans l'ombre et l'indifférence. Un histo-
rien de Burke a dit de lui : « Ses passions étaient
vives, ce qu'il faut attribuer en grande partie à l'intensité de son imagination. » Bain, là-dessus, se
récrie : il soutient que « l'imagination est le résultat des sentiments, non les sentiments celui de
l'imagination ». Selon nous, il y a ici effet réci-
proque, mais l'imagination est absolument nécessaire, comme on l'a vu, pour changer la sensibilité
purement nerveuse en sensibilité cérébrale. Les
passions n'ont de durée que si on continue de s'en
représenter vivement les objets, ce qui suppose
une certaine ténacité de la mémoire imaginative,
Dugald-Stewart, en ce sens, est allé jusqu'à dire,
parlant de la lâcheté : « C'est une maladie de l'imagination. » Au moins peut-on soutenir qu'une vive
imagination est nécessaire pour se représenter avec
force et soudaineté toutes sortes de maux comme
s'ils étaient présents ; si, de plus, la volonté est
faible, on aura pour résultante la lâcheté.

On sait que l'étude des aphasies, au lieu de s'en
tenir à des lois générales sur les troubles du langage, a déterminé certains types particuliers d'imagination, tels que le type auditif, le type visuel, le

type moteur, qui emploient pour le langage intérieur des images différentes. M. Pierre Janet a
même fait un ingénieux emploi de cette découverte
pour l'explication des mémoires alternantes dans
le somnambulisme : il a supposé que les sujets passaient d'un type à l'autre et perdaient ainsi ou
retrouvaient des systèmes entiers d'images ou
souvenirs. Ce qui est certain, c'est que la prédominance de tel mode d'imagination aboutit, par elle-
même, à des traits typiques non seulement d'intelligence, mais de sensibilité et, plus généralement,
de caractère. Un malade de Charcot, qui avait une
excellente mémoire visuelle, la perdit tout d'un
coup, et pour les formes, et pour les couleurs. Il dut
y suppléer par d'autres images, principalement audi-
tives : il entendait les mots résonner comme un
écho. Du même coup, sa sensibilité, son caractère
entier changea. « J'étais auparavant impressionnable, facile à l'enthousiasme, je possédais une
riche imagination ; maintenant je suis tranquille et
froid, mon imagination n'emporte plus mes pensées.
Je suis bien moins susceptible de joie ou de tristesse. » Quand il perdit sa mère, qu'il aimait beaucoup, il n'éprouva pas le chagrin qu'il eût jadis
éprouvé, parce qu'il ne pouvait plus voir, par les
yeux de l'esprit, ni la physionomie de sa mère, ni
les diverses phases de ses souffrances ; de plus, il
ne pouvait assister en imagination aux douloureux

effets de cette mort prématurée sur les autres membres de la famille. Ainsi la perte d'une très notable partie de l'imagination, de la plus vivante et de la plus intellectuelle, celle qui fait entrer le monde réel par nos yeux dans notre pensée, avait entraîné là perte d'une notable partie de la sensibilité.

Jusque dans ses régions devenues inconscientes, l'intelligence avec ses idées et souvenirs ne cesse pas d'agir encore sur la sensibilité. Toutes les personnes, tous les objets avec lesquels nous avons été mis en relation par cette faculté qui nous fait sortir de nous-même laissent en nous des traces : pour échapper à notre regard intérieur, elles n'en subsistent pas moins. Nous avons une mémoire inconsciente qui renferme à l'état latent tout un monde et qui, alors même que nous n'y pensons pas, exerce son action sur nos sentiments, sur nos volontés. Les grands chagrins projettent leur ombre sur la vie entière. On ne songe pas sans cesse aux êtres chers qu'on a perdus, et cependant ces absents sont toujours présents au fond de nos cœurs. Un vide immense s'est fait en nous comme autour de nous, une sorte de crépuscule a remplacé la pleine lumière ; dans le concert de notre cœur des voix se sont tues, des voix que nous étions habitués à entendre ; et dans ce grand silence, comme en un rêve, elles nous parlent encore : nous les entendons sans le savoir, et parfois nous leur obéissons sans nous en douter.

« Ce n'est pas l'art de la mémoire, disait Thémistocle, c'est l'art de l'oubli qui me serait précieux. » Certes, pour goûter un bonheur égoïste, sans regrets comme sans craintes, il faudrait faire disparaître, faire mourir tout notre passé. Mais les souvenirs qui s'amassent en nous sont la condition même et de nos pensées et de nos sentiments; en perdant le souvenir nous perdrions, avec l'intelligence, cette sensibilité plus élevée et plus délicate qui fait notre supériorité sur l'animal. Mieux vaut se proposer un idéal contraire : ne rien oublier, ou du moins n'oublier personne, ne rien laisser s'effacer ni dans sa pensée ni dans son cœur, et souffrir, s'il le faut, en se disant que c'est la condition de notre rang, de notre dignité parmi les êtres.

II. — D'après ce qui précède, le grand « genre » des sensitifs doit se subdiviser en trois « espèces ». Une fois mis à part, au nombre des « équilibrés », les sensitifs doués de beaucoup d'intelligence et de beaucoup de volonté, il nous restera trois groupes :

1° Les sensitifs ayant peu d'intelligence et peu de volonté ;

2° Les sensitifs ayant de l'énergie volontaire, mais peu d'intelligence ;

3° Les sensitifs ayant peu de volonté, mais beaucoup d'intelligence.

Dans le premier groupe, la sensibilité nerveuse est presque seule en évidence ; elle prédomine aux dépens de tout le reste. Nous nous rapprochons du type de l'enfant et même du type de l'animal. Le cerveau étant peu développé, les émotions restent plus viscérales que cérébrales. C'est ce qui fait que ces caractères méritent par excellence le nom d' « émotifs », puisque l'émotion est en grande partie produite par les contre-coups du plaisir ou de la douleur dans les viscères. Le « trouble de l'âme », *perturbatio animi*, est ici le reflet du trouble organique.

Chez ces caractères dont la sensibilité n'est pas développée par l'intelligence, les souvenirs demeurent simples, peu nombreux, voisins des sensations et des émotions organiques. De là dérivent d'importantes conséquences. En effet, les sentiments simples, qui résultent de l'excitation du cerveau en un seul endroit très limité, tendent à produire aussitôt tous leurs effets sans exciter d'autres sentiments ; ils agissent donc comme isolés, sans le contrepoids d'idées et de sentiments simultanément excités par voie d'association. Il en résulte le genre de caractère qu'on nomme impulsif et qui appartient aux émotionnels peu intellectuels. Chez eux, la passion du moment est tout : elle se mani-

feste exclusivement, avec soudaineté et avec violence, sans opposition de la part des autres sentiments, ni des idées auxquelles ils sont liés. C'est
une décharge qui se rapproche de l'action réflexe,
ou, comme dit Spencer, une conclusion soudaine,
exécutée sans retour possible. En outre, la décharge
nerveuse étant ainsi immédiate et complète, il en
résulte un épuisement rapide. Si donc une nouvelle
passion vient à naître chez les hommes de ce genre,
elle agira à son tour comme si elle était seule. De
là l'inconstance et l'imprévu des démarches chez
les émotifs sans intelligence ni volonté. La seule
manière dont ils puissent acquérir quelque unité
dans le caractère, c'est la prédominance exclusive
d'une passion déterminée. Ils sont donc tantôt
mobiles et incohérents, tantôt immobilisés et unifiés artificiellement par une sorte d'absorption intérieure, de suggestion constante et maladive, qui
rapproche leur passion dominante de la mono-
manie.

Quant au second groupe de sensitifs, — ceux qui,
tout en ayant encore peu d'intelligence, ont assez
d'énergie volontaire, — ils vaudront ce que vaudront le petit nombre de sentiments simples et peu
réfléchis qui mettront en jeu leur volonté. Ces
caractères peuvent être fort dangereux, s'ils ont à
la fois la brutalité de l'émotion et la brutalité de
l'énergie à son service. Beaucoup de criminels

rentrent dans ce type, qui a pour dominante la violence.

Au contraire, joignez à la sensibilité l'intelligence, même avec une volonté médiocrement énergique, et vous verrez déjà le tempérament se rapprocher du caractère. A mesure que, sous l'influence des idées, la sensibilité se développera et s'enrichira, les sentiments deviendront de plus en plus complexes et mieux associés à d'autres sentiments. Qu'est-ce, par exemple, qu'une émotion esthétique ou morale ? Une savante combinaison de sentiments plus simples, un monde de perceptions en raccourci, où viennent se résumer des souvenirs et des inductions sans nombre. Par cela même, les points de contact restent multiples dans le cerveau avec d'autres sentiments plus ou moins voisins. De là des liaisons possibles qui, de proche en proche, s'étendent à des masses entières d'idées. La vibration communiquée se propageant ainsi dans tout le cerveau, le surplus passe seul dans les viscères. Il y aura donc ici beaucoup moins de place à ce que Spencer appelle fort bien « les conflagrations soudaines de l'émotion ». Le réveil spontané d'une ou plusieurs idées contraires à la passion présente retardera, dans la plupart des cas, ou en corrigera les manifestations extérieures. Au lieu d'émotionnels impulsifs, nous aurons des sensitifs réfléchis et intellectuels.

10

Il est vrai que le type impulsif peut se trouver aussi chez des hommes de grande intelligence, comme Benvenuto Cellini ou Berlioz. C'est que, chez eux, une grande émotivité viscérale et cérébrale s'allie à une intelligence également développée, surtout à une vive imagination. Sous l'empire de la passion du moment, ils retombent au rang des sensitifs incapables de se contraindre. Amoureux de miss Smithson, « je ne composais plus, écrit Berlioz, mon intelligence semblait diminuer autant que ma sensibilité s'accroître. Je ne faisais absolument rien... que souffrir ». La passion artistique avait chez Berlioz une telle violence, qu'elle envahissait non seulement tout le cerveau, mais le corps entier. Conduisant l'orchestre pour l'exécution de son tableau du Jugement dernier, le terrible *clangor tubarum* lui communiqua un tremblement convulsif, qui le contraignit de s'asseoir et de laisser reposer son orchestre pendant quelques minutes : « Je ne pouvais me tenir debout, et je craignais que le bâton ne s'échappât de mes mains... »

Sous le nom de types où prédomine « l'association par contraste », M. Paulhan décrit, avec beaucoup de finesse, les caractères chez qui la lutte des tendances n'aboutit pas à l'harmonie, ces hommes toujours « occupés à défaire ce qu'ils ont fait ou ce qu'ont fait les autres, et à vouloir essayer autre chose que ce qu'ils font »[1]. Il est des gens chez qui une idée ne peut naître, chez qui un désir ne peut surgir sans qu'une idée opposée, sans qu'un désir contraire viennent arrêter leur développement. Ce n'est plus de la réflexion et de l'examen, « c'est une lutte continuelle avec prépondérance alternative de deux tendances ou de deux groupes de tendances ». L'observation est juste, mais nous ne saurions voir là une « association par contraste ». Il semble que la vraie raison des caractères inquiets, capricieux, mobiles, contrariants, protéiformes (si fréquents parmi les sensitifs, même intelligents), c'est que leur système cérébral et nerveux toujours en agitation, mais épuisé sur un point par la passion du moment, se met à vibrer sur un autre point non épuisé encore ; si bien qu'ils sont ballottés d'un contraire à l'autre. M. Paulhan a marqué lui-même chez Flaubert la disposition au contraste et même à « l'inversion psychique », chose fréquente chez les nerveux et les sensitifs, en qui un sentiment est assez vite remplacé par un sentiment contraire, et qui, alors même qu'ils résistent à ce dernier, ne peuvent s'empêcher d'en être obsédés[2]. De là, chez Flaubert, la fascination de ce qu'il hait le plus, la bêtise et la laideur humaine ; de là le goût du bas, du vicieux et même de l'horrible. « Je suis né avec

(1) *Les Caractères.*
(2) *Ibid.*

un tas de vices qui n'ont jamais mis le nez à la fenêtre. J'aime le vin, je ne bois pas. Je suis joueur et n'ai jamais touché une carte. La débauche me plaît et je vis comme un moine. » Bouilhet lui disait souvent : « Il n'y a pas d'homme plus moral, ni qui aime l'immoralité plus que toi. Une sottise te réjouit. »

Chez Musset, nature moins forte que Flaubert, les contrastes et les métamorphoses de la passion deviennent chroniques. « Un quart d'heure après l'avoir insultée, dit Musset, j'étais à ses genoux ; dès que je n'accusais plus, je demandais pardon ; dès que je ne raillais plus, je pleurais. » — « Il obéissait, dit George Sand, à cet inexorable besoin que certains adolescents éprouvent de tuer ou de détruire ce qui leur plaît jusqu'à la passion.... L'on eût dit que deux âmes, s'étant disputé le soin d'animer son corps, se livraient une lutte acharnée pour se chasser l'une l'autre. Au milieu de ces souffles contraires, l'infortuné perdait son libre arbitre et tombait épuisé chaque jour par la victoire de l'ange ou du démon qui se l'arrachaient. » Il s'endormait le cœur plein de tendresse, il s'éveillait l'esprit avide de combat et de meurtre ; et réciproquement, s'il était parti la veille en maudissant, il accourait le lendemain pour bénir. « Comment se fait-il, dit Musset, qu'il y ait ainsi en nous je ne sais quoi qui aime le malheur ? »

On le voit, quand le sensitif intellectuel n'a point assez d'énergie volontaire, et que de plus son intelligence est surtout imaginative, il peut offrir, selon la nature de ses idées et de ses sentiments, des variétés nombreuses; mais, quoique vivant d'une vie plus complète et plus raffinée que le sensitif inintellectuel, il reste encore ou mobile au gré d'idées et passions changeantes, ou dominé par une passion unique. Encore celle-ci est-elle obligée de se manifester elle-même par des alternatives, pour ne pas user d'un coup tout le système nerveux.

CHAPITRE IV

LES INTELLECTUELS

L'intelligence peut être considérée en elle-même ou par rapport à ses objets. Dans sa nature intrinsèque et dans son fonctionnement, elle est prompte ou lente, forte ou faible, tenace ou fugitive. Mais ces qualités ou défauts tiennent surtout au tempérament et à la constitution cérébrale, qui comporte plus ou moins de rapidité, d'intensité ou de durée dans les impressions et les réactions. Par l'exercice, l'intelligence peut acquérir un fonctionnement plus rapide, plus énergique et plus durable. mais seulement entre certaines limites, qui tiennent encore à la constitution même du cerveau. Du côté des objets, au contraire, l'intelligence offre une perfectibilité que n'ont point, par elles-mêmes, les autres fonctions de l'esprit et qu'elles sont obligées de lui emprunter. Ce grand fait — le trait humain par excellence — tient à ce que l'évolution intellectuelle consiste surtout en un établissement de relations nouvelles entre les objets, toute idée n'étant qu'un ensemble

de relations perçues d'un seul regard. Celles-ci, à
leur tour, supposent que des communications nouvelles ont été frayées entre les cellules cérébrales,
que des trajets nouveaux ont mis en rapport des
parties autrefois séparées. Les cellules cérébrales
atteignent environ, d'après Meynert, le chiffre de
six cents millions, et les fibres plusieurs milliards;
d'après Beale et d'autres, il faut admettre des nombres bien plus grands encore. Selon les uns, chaque
cellule est capable de plusieurs impressions coexis-
tantes; selon d'autres, d'une seule polarisation,
qui sert de base à l'habitude et au souvenir. Ce qui
est certain, c'est que chacune peut entrer avec les
autres dans les combinaisons les plus nombreuses
et les plus variées, comme les lettres de l'alphabet,
comme les notes d'un piano. S'il y a cent touches et
qu'elles soient frappées deux par deux, vous avez
avez déjà 4,950 combinaisons possibles; frappez
trois touches à la fois, les combinaisons atteindront
le nombre de 161,950; cinq touches ensemble donneront 75,287,520 combinaisons. Si on va jusqu'aux
ensembles de cinquante notes, le total demanderait
trente chiffres, c'est-à-dire des milliards de milliards. Il faut remarquer en outre que le piano,
après qu'on en a joué, reste le même, tandis que le
cerveau a été modifié. On voit par là ce que l'expérience et le raisonnement peuvent produire, dans
quelles combinaisons nouvelles il peuvent faire

entrer les éléments de l'esprit et du caractère même.

L'exercice de l'intelligence constitue, pour ceux dont le cerveau y est prédisposé, une satisfaction telle que la tendance à penser devient en eux prédominante. Le désir de connaître, lui aussi, devient une passion. Notre activité n'est pas tout entière extérieure : comme il y a des gens avides d'exercices physiques, il y en a d'autres avides d'exercices intellectuels. « J'aimais à aimer, » disait saint Augustin ; d'autres aiment à agir, d'autres aiment à penser. Ce sont les intellectuels.

Pour exclure les intellectuels du nombre des caractères primordiaux, M. Ribot a fait observer que l'intelligence n'a qu'un développement tardif. Mais, outre qu'elle est présente dès le début de l'évolution humaine, qu'importe que sa domination exige du temps pour s'établir? Cette domination est préparée en tout cerveau fait pour comprendre et pour trouver son plaisir à comprendre. Un Victor Hugo a beau ne pas faire des vers dès le berceau, il n'en est pas moins né poète. Il y a des tendances essentielles à la perpétuité de l'espèce qui ne se manifestent pas immédiatement et qui n'en sont pas moins « caractéristiques ». A vrai dire, chez les intellectuels, l'intelligence montre dès le début sa vitalité et sa force. Elle concourt avec la sensibilité même pour former peu à peu le caractère et pour l'orienter finalement vers l'intellection. S'il y a des esprits chez qui les idées n'ont presque pas de prise, il y en a d'autres qui y trouvent tout d'abord une suprême jouissance. Un Descartes, un Pascal se montrera, dès l'enfance et l'adolescence, amoureux de toutes les choses de la pensée; chez ceux-là, on peut bien dire que l'intelligence est une faculté maîtresse. « A quoi sert le monde? » disait Ampère. « A donner des pensées aux esprits. » Voilà l'intellectuel et sa vision de l'univers. Ce même Ampère, peu de temps avant sa mort, discutait philosophie avec un de ses amis, et comme ce dernier lui conseillait de ménager ses forces et sa santé : « Ma santé! s'écria-t-il, il s'agit bien de ma santé! Il ne doit être question entre nous que de ce qui est éternel. »

Les intellectuels exclusifs, d'ailleurs rares, qui naissent avec un cerveau extraordinairement développé dans les centres affectés à l'intelligence, réalisent ces *monstra per excessum* dont parle Schopenhauer. L'excès même du développement cérébral en un sens s'accompagne chez eux d'une sorte d'atrophie dans les autres sens. Il peut aussi coïncider avec un tempérament lymphatique et apathique, comme chez Cuvier ou Gibbon. Mais cette apathie n'est pas toujours, comme semble le croire M. Ribot, la condition du vrai type intellectuel. En d'autres termes, un intellectuel n'est pas nécessai-

rement un insensible : nombreux sont les exemples
dé grandes intelligences unies à de grands cœurs.
Et c'est pourquoi nous admettons comme second
groupe l'union d'une intelligence développée avec
une sensibilité vive. Chez ceux-là, les idées ne
restent pas froides et uniquement lumineuses : elles
ont toutes chaleur et vie interne. « La lumière qui
éclaire les autres hommes me brûle, » disait Proudhon. Pascal eût pu en dire autant. N'était-il pas à
la fois un raisonneur et un passionné? Ne portait-il
pas sa flamme et sa fougue jusque dans la géométrie? M. Paulhan cite comme type intellectuel Bor-
das-Demoulin, qui, ayant donné le peu qu'il avait,
dénué de tout, mourant de faim, dépensait dans un
cabinet de lecture les quelques sous qui lui res-
taient; après avoir passé sa vie à faire de la métaphysique dans une mansarde de Paris, il mourut
sans avoir trouvé le temps d'aimer. Ce n'était pas
pour cela un apathique, mais un passionné exclusif
pour les choses de l'esprit. De même Leibnitz, qui
ne dormait souvent qu'assis sur une chaise, étudiait
de suite des mois entiers et pouvait rester tout ce
temps-là, dit Fontenelle, « sans quitter le siège ».

Ce qui est vrai, c'est que le grand développement
de l'intelligence peut, à la longue, ou émousser ou
calmer la sensibilité. Il est clair qu'un Spinosa, par
exemple, après que de longues méditations l'ont
convaincu du déterminisme des actions humaines,

de la nécessité interne qui fait, selon lui, que les
uns sont vertueux et les autres vicieux, ne pourra
plus éprouver des transports d'indignation ou de
colère à la vue du mal. Le mouvement passionné
sera bientôt réprimé par cette réflexion : il est aussi
déraisonnable de haïr un homme parce qu'il vous
fait du mal que de haïr le feu parce qu'il vous brûle.
La sérénité de Spinoza était-elle une sorte d'apathie
native, ou acquise? Là est la question. Ce qui est
sûr, c'est que l'élargissement de l'horizon intellectuel produit à la fin sur les passions le même effet
calmant que le prolongement de l'expérience chez
celui qui a beaucoup vécu. Qui ignore l'influence
de la vie sur le caractère? S'il en est qu'elle trouble
et qu'elle abaisse, il en est qu'elle élève et auxquels
elle donne la sérénité des choses éternelles :

Orages, passions, taisez-vous dans mon âme!
Jamais si près de Dieu mon cœur n'a pénétré.
Le couchant me regarde avec ses yeux de flamme,
La vaste mer me parle, et je me sens sacré.

Rien de plus variable, d'ailleurs, et de plus mul-
tiforme que les intelligences. Auguste Comte recom-
mandait d'enrichir la psychologie de nombreuses
monographies d'hommes d'aptitudes remarquables
dans les divers genres : mathématiciens, artistes,
grands capitaines, hommes politiques; et il remar-
quait que, même dans un seul de ces groupes,
il y a encore des variétés considérables. Ce qu'on

nomme l'aptitude mathématique, par exemple, loin de constituer un talent isolé et spécial, présente, selon lui « toutes les variétés que peut offrir, en général, l'esprit humain dans tous ses autres exercices quelconques, par les différentes combinaisons de ses vraies facultés élémentaires. » C'est ainsi que tel géomètre a surtout brillé par la sagacité de ses inventions, tel autre par la force et l'étendue de ses combinaisons, un troisième par « le génie du langage manifesté dans l'heureux choix de ses notations et dans la perfection de son style algébrique. » Un seul mot vrai ou faux prononcé devant Ampère le jetait souvent, au témoignage d'Arago, « dans des routes inconnues, qu'il explorait avec une étonnante perspicacité, sans tenir aucun compte de son entourage ». Il se bornait à localiser ses découvertes dans l'espace, les désignait par leur lieu d'origine : la théorie d'Avignon, la démonstration de Grenoble, la proposition de Marseille, le théorème de Montpellier. C'étaient les cadres où s'étaient passées les grandes scènes intérieures.

Parmi les intellectuels, les uns sont plus aptes à sentir et à imaginer des objets concrets, d'autres à à réfléchir et à raisonner sur des relations abstraites. On connaît l'enquête de M. Galton, en 1880, sur les diverses formes que prend l'intelligence selon la puissance variable de l'imagination. Par imagination, entendez le pouvoir de se représenter les objets sous une forme sensible, de les voir, de les entendre, de les toucher alors même qu'ils sont absents. Chez le commun des hommes et surtout des femmes, toute pensée prend une forme concrète, sensorielle et imaginative. C'est le contraire chez les esprits plus portés aux abstractions scientifiques. Je trouvai, non sans étonnement, dit M. Galton, que la grande majorité des hommes de science, auxquels je m'adressai, prétendirent que « l'imagerie mentale » leur était inconnue. C'est seulement, disait l'un d'eux, par une figure de langage que je compare mon souvenir d'un fait à une scène, à une image mentale, visible pour l'œil de mon esprit, etc. En réalité, je ne vois rien. Les membres de l'Institut de France montrèrent, en général, la même absence de représentations imagées dans leur pensée. Un métaphysicien distingué disait à M. Galton qu'il était très prompt à reconnaître un visage déjà vu autrefois, et que cependant il ne pouvait évoquer avec clarté l'image mentale d'aucun visage ; le pouvoir de reconnaître n'est donc pas identique au pouvoir de « visualiser », comme disent les Anglais. « La conclusion, ajoute M. Galton, c'est qu'une trop prompte perception de peintures mentales est en antagonisme avec l'acquisition de pensées hautement généralisées et abstraites, surtout lorsque les pas successifs du raisonnement sont marqués par les mots comme symboles; et si la faculté de voir des tableaux intérieurs a été jamais possédée par des hommes de pensée forte, elle est très apte à se perdre par manque d'usage. Les esprits les plus élevés sont probablement ceux chez qui elle n'est pas perdue, mais subordonnée et prête pour les occasions favorables. » Au reste, le pouvoir de représentation visuelle est remplacé ét suppléé par d'autres modes de représentation, auditifs ou moteurs; si bien que, selon M. Galton, des hommes qui déclaraient ne rien *voir* avec les yeux de l'esprit peuvent faire des descriptions bien vivantes de ce qu'ils ont vu ; « ils peuvent même devenir peintres du rang des peintres de l'Académie royale ». — « Je suis bon dessinateur, dit le philosophe W. James, et je prends un vif intérêt aux peintures, aux statues, etc. Mais je suis un très pauvre visuel, et je me trouve souvent incapable de reproduire devant les yeux de mon esprit des tableaux que j'ai examinés avec un soin extrême [1]. »

M. Arréat, dans sa *Psychologie du peintre*, a bien fait voir que la marque de la vocation naturelle, organique, c'est que, dès l'enfance, le peintre est un homme qui pense en images, qui analyse ses perceptions visuelles pour les dramatiser et en grossir ses émotions. Pour cela, la mémoire et l'ima-

[1] Pour notre part, nous sommes aussi un « très pauvre visuel »; nous remarquons, comme M. James, que cette pauvreté d'imagination optique croit avec les années et avec les études philosophiques.

gination visuelles sont nécessaires, et il y faut
joindre encore la mémoire motrice, qui permet de
réaliser en mouvements les images. Les grands
peintres sont, en général, aussi bons moteurs que
bons visuels; cependant Géricault n'eut pas à un
haut degré la mémoire des formes, Millet regardait
beaucoup et copiait peu. Ce sont des exceptions.
Ghirlandajo n'avait besoin, pour faire le portrait des
gens, que de les voir passer devant sa boutique.
Hans Holbein, à son arrivée à Londres, ne se rap-
pelait plus le nom d'un comte qu'il avait rencontré
à Bâle avant son départ; mais il le peignit suivant
l'idée qu'il avait de son visage, et le peignit si bien
que tout le monde reconnut ce seigneur. On sait
qu'Horace Vernet et Gustave Doré pouvaient faire
un portrait de mémoire.

Chez l'intellectuel abstrait, les idées s'associent
uniquement selon leurs rapports mutuels et leurs
affinités logiques; chez la plupart des esprits, elles
s'associent encore selon leur rapport à la sensibilité et à la volonté, selon leur affinité avec le caractère tout entier et aussi avec la disposition du
moment. Dans les seules qualités intellectuelles de
Bacon, dit Bain, il n'y avait rien qui pût faire de lui
un misanthrope; mais, étant donné l'état particulier de ses sentiments, son intelligence devait être
retenue et absorbée par la misanthropie. M. Paulhan
a remarqué que Darwin, qui cependant fut malade

toute sa vie, tira une conception optimiste de ses théories sur la concurrence vitale et la sélection naturelle : cet univers où l'on s'entre-dévore lui paraissait organisé pour le mieux. C'est que l'optimisme et le pessimisme sont des croyances invérifiables sur l'ensemble des choses. Mais, plus les vérités sont abstraites et objectives, comme celles des mathématiques, moins elles diffèrent d'un esprit à l'autre. Les esprits, au moment où ils pensent la coïncidence des triangles égaux, coïncident eux-mêmes entre eux.

Goethe est un des rares exemples de la réunion d'une intelligence abstraite avec une puissante imagination. Il avait beau être d'un tempérament trop placide et trop peu affectueux, le développement considérable de son imagination, joint à celui de sa pensée philosophique, en fit cependant un grand poète. C'est qu'en lui l'imagination se passionnait et la passion devenait imaginative. Durant sa vie entière, raconte-t-il, il fut porté « à transformer en figure, en poème, tout ce qui lui causait de la joie ou du tourment, tout ce qui l'occupait à un autre titre ». A l'en croire, « la mission du poète est la représentation ». Cette représentation est parfaite lorsqu'elle rivalise avec la réalité. « La poésie, à son plus haut degré d'élévation, est tout extérieure ; lorsqu'elle se retire au dedans de l'âme, elle est en voie de déclin. » C'est faire un peu trop bon marché du cœur, qui ne fait pas seulement l'homme éloquent, mais encore le vrai poète. Si Goethe eût été d'une insensibilité aussi olympienne qu'on l'imagine, il n'eût écrit ni *Faust* ni *Wilhelm Meister*.

Un critique allemand, M. Scherer, persuadé que l'œuvre c'est l'homme, a voulu retrouver dans le caractère de Goethe la synthèse harmonieuse de tous les grands types qu'il a dépeints : les « sensitifs » et rêveurs exaltés, tel que Werther, qui vibrent au souffle de toutes choses, n'écoutent que la voie de leur passion et finissent par rendre les autres comme eux victimes de leur propre cœur; les « actifs », comme le comte d'Egmont, et ces magnanimes qui se vouent à quelque grande cause, à l'amitié, à la patrie, au genre humain; les « négateurs » comme Méphistophélès, dont l'ironie raille tout idéal et, par là, oblige l'idéal à se transformer sans cesse; enfin les « sensitifs devenus actifs », comme Faust et Wilhelm Meister, passant d'abord de la science ou du rêve au doute et à la faute, puis des épreuves de la pensée et du sentiment à l'action, seule capable de raffermir la pensée et de purifier la volonté. — Que Goethe ait tout réuni en lui, parce qu'il a tout dépeint comme Shakespeare ou Balzac, c'est ce qui ne serait certain que si le caractère du poète était adéquat à son imagination créatrice.

Outre la division des intelligences en abstraites et en imaginatives, qui est fondée sur les objets, on a aussi proposé de diviser les intelligences, selon leur mode de procéder, en intuitives et déductives. L'intuition tient d'ordinaire à la force et à la rapidité de l'imagination : tel fut précisément Goethe, à qui Schiller écrivait : « Votre esprit agit toujours intuitivement, et vos facultés pensantes semblent avoir fait un compromis avec l'imagination, qui les représente toutes à la fois. » Tel fut encore plus Victor Hugo, qui ne combinait même pas, comme Goethe, le raisonnement avec l'intuition. Mais il y a une autre manière de penser qui fut celle de Schiller, et qu'il caractérise bien lui-même : « Mon esprit, à moi, agit plus symboliquement. » Il veut dire que les images sont pour lui des symboles d'idées ; et que les idées, d'autre part, tendent à se symboliser en images, qu'il n'est donc jamais tout entier absorbé ni dans l'image ni dans l'idée, mais que sa pensée s'attache toujours aux rapports symboliques du sensible et de l'intelligible. De là précisément le caractère philosophique de sa poésie. Il y a de même des philosophes qui pensent volontiers symboliquement, ce qui les rapproche des poètes comme Schiller. La tendance symboliste supposerait donc tout ensemble une certaine imagination et une certaine puissance de comparaison.

La faculté d'apercevoir des rapports est peut-être

celle qui caractérise le plus éminemment le génie,
mais on les aperçoit tantôt par intuition, tantôt par
déduction, ou plutôt, chez les vrais génies, ces opérations se fondent en une seule et la déduction
devient, pour ainsi dire, intuitive, tant elle est
rapide, spontanée, étendue. C'est ainsi que Descartes aperçut tout d'un coup, comme par une vision
immédiate de l'esprit, les rapports des nombres
et figures, « clef » de l'indéchiffrable énigme.
Pascal était à la fois intuitif, par la spontanéité
de son imagination passionnée, et déductif, par
la pénétration de son raisonnement qui perçait les
choses comme une flèche.

Dans certains cas, le développement de l'intelligence peut paralyser la volonté. Cet effet s'explique
par diverses causes. L'action de l'intelligence est
tout intérieure, concentrée au cerveau : la vie peut
donc finir par se retirer en quelque sorte dans la
tête, sans éprouver le besoin de se répandre au
dehors. De là ces méditatifs et contemplatifs qui
ont leur univers en eux-mêmes, n'agissent qu'avec
leur pensée, ne voyagent que d'idée en idée et vivent
absorbés dans ce panorama intérieur. Ils dépensent
trop d'énergie au dedans pour qu'il en reste à dé-
verser au dehors. Une seconde raison fait que le
développement de l'intelligence peut produire un
effet d'arrêt et « d'inhibition » sur la volonté : c'est
que l'intelligence aboutit à trop voir en toute chose

le pour et le contre. Agir, se lancer, se risquer, c'est être possédé par une seule idée et fermer les yeux au reste. Mais il est des intellectuels dont les yeux sont à toutes choses grands ouverts. A force de voir des raisons d'agir, des raisons de ne pas agir, ils s'en tiennent à la vieille maxime : Abstiens-toi. Sous ses diverses formes, le doute objectif comme le doute sur soi-même peut paralyser tout mouvement et toute activité. Au contraire, la certitude est une des plus grandes forces, et la foi, cette certitude fondée sur des raisons de sentiment, « transporte les montagnes ». Mais le doute paralysateur n'est pas un signe de vraie et définitive supériorité intellectuelle. Si un peu de science éloigne de l'action, beaucoup de science y ramène. Une intelligence supérieure deviendra, il est vrai, indifférente à une foule de petites questions qui passionnent les esprits vulgaires, mais ce sera pour reporter sa passion sur des objets plus dignes. Un grand esprit ne saurait aboutir à voir toutes les idées et toutes les actions sur le même plan : il en saisit naturellement la valeur relative et la hiérarchie. Il finira donc toujours par voir ce qu'il importe de faire. Les intellectuels ne sont indécis que quand ils ne sont pas encore assez intelligents et que les problèmes pratiques demeurent pour eux sans solution déterminée. En fait, tout problème a une solution ; si vous ne la voyez point, ce n'est pas

par excès, mais par manque de science. Là où votre
intelligence hésite et s'arrête, une intelligence plus
puissante passera outre et prendra parti. Les esprits
dilettantes, si fiers de leur supériorité prétendue,
sont en réalité des esprits à courte vue et sans pénétration. Ils croient avoir beaucoup d'idées parce
qu'ils ont des idées superficielles sur un grand
nombre d'objets, dont pas un seul n'a été appro-
fondi. Ils sont riches en idées pauvres.

L'analyse, une des opérations fondamentales de
l'intelligence, peut, elle aussi, avoir une action
dissolvante et paralysante. Stuart Mill l'avait remarqué sur lui-même. Et aussi Maine de Biran. Ce
dernier, si habitué à s'analyser, en vint même un
jour à se demander « si la coutume de s'occuper
spéculativement de ce qui se passe en soi-même,
en mal comme en bien, ne serait pas *immorale* »,
tandis que l'examen de conscience pratique serait
au contraire moral. Il compare la scène changeante
du théâtre intérieur à celle de l'histoire : le spectacle est si attachant qu'on oublie de juger et qu'on
serait bien fâché d'y rien changer. C'est ce que plus
tard Renan mettra à la mode. Une curiosité toujours en éveil tourne à l'indulgence du scepticisme,
qui finit par tout comprendre et tout absoudre :
« L'instruction *spéculative* tirée du vice même,
conclut Biran, familiarise avec sa laideur. Il ne faut
pas croire que tout soit dit quand l'amour-propre

est satisfait d'une observation fine ou d'une découverte profonde dans son intérieur. » La dissection du moi est devenue, de nos jours, le passe-temps malsain des impuissants. Trop de retour sur soi peut produire la stérilité : il n'y a de féconds que ceux qui s'oublient eux-mêmes pour se donner à autrui.

L'impuissance de l'intelligence à mouvoir la volonté n'a pas toujours des raisons purement intellectuelles, tirées de l'opposition et de la lutte des idées; elle peut provenir aussi d'un défaut natif; soit de la sensibilité, soit de l'énergie volontaire. Les plus hautes idées, si le cœur est froid par nature, perdent leur efficace et demeurent des formules sans fécondité. Que servait à un Fontenelle de pouvoir s'élever à de grandes conceptions du monde et de l'humanité? Il était incapable d'aimer ce qu'il concevait. Parfois aussi, c'est l'énergie nécessaire à la réalisation qui manque : on voit le mieux, mais on n'a pas le courage de soutenir l'effort nécessaire pour lui faire prendre vie. On tombe, comme dit Pascal, en regardant le ciel.

CHAPITRE V

LES VOLONTAIRES

I. — La volonté, considérée en elle-même et indépendamment de l'intelligence, peut être énergique,
prompte et durable. Si la tension nerveuse est
insuffisante, l'effort ne pourra être considérable,
puisque cet effort exige une décharge cérébrale
prenant ou la direction des muscles ou celle des
centres de la pensée. La promptitude de la volonté
tient aussi, en grande partie, au degré de tension
qui existe dans le cerveau et qui lui permet une
action rapide. Enfin la durée, la constance de l'effort est aussi une affaire de force cérébrale et nerveuse, plus ou moins vite épuisée.

Ce sont là, pour ainsi dire, les qualités physiologiques de la volonté et de l'activité. Mais ces
qualités ne sont encore que des effets de la constitution et du tempérament, du bon état des nerfs et
des muscles, ainsi que du bon état de la nutrition[1].

(1) Voir livre Ier.

Ce qui importe au caractère proprement dit, c'est la direction de la volonté, et ce qui détermine cette direction, ce sont les sentiments. Chez un être intelligent comme l'homme, qui n'agit plus par simple réponse immédiate et réflexe à des sensations brutes, tout sentiment enveloppe quelque idée : c'est toujours un état de l'intelligence en même temps que de la sensibilité. Réciproquement, toute idée enveloppe du sentiment à quelque degré et est d'autant plus portée à sa propre réalisation qu'elle en enveloppe davantage. Une idée pure n'entraînera jamais un acte et, comme disait Malebranche, ne soulèvera pas un fétu. Mais, d'autre part, le sentiment peut-il exister sans l'idée? Aurez-vous le patriotisme si vous n'avez pas l'idée de patrie? l'amour de l'honneur ou du devoir, si vous n'avez l'idée ni de l'honneur ni du devoir? Autant de pensées, autant de sentiments possibles et même, pour la plupart, actuels. Dans une forteresse, plus il y a de meurtrières, plus on peut tirer de coups dans les diverses directions. Si on n'a point d'ouvertures sur le dehors, on ne peut apercevoir ni l'adversaire ni l'auxiliaire. Un cerveau sans idées est un cerveau sans fenêtres et sans défense; toute idée nouvelle est une nouvelle ouverture pour l'action comme pour la pensée. On ne peut donc, en caractérisant la volonté, négliger ni ses moyens d'action sur le dehors, ni ses moyens de recevoir l'influence du dehors, c'est-à-dire la valeur et l'étendue de l'intelligence.

Toutes nos idées, grâce aux impulsions qu'elles enveloppent, aspirent à prendre vie; mais, quand c'est seulement quelque idée-force isolée qui nous pousse à agir par une sorte de fascination ou de suggestion interne, nous n'avons pas encore la volonté digne de ce nom; c'est plutôt un entraînement qu'une réaction du moi. Au contraire, quand c'est l'idée même de notre moi et de sa puissance qui se subordonne toutes les autres et leur imprime une unité, quand c'est l'idée de notre liberté qui tend à se réaliser ainsi elle-même, nous disons qu'il y a volonté réfléchie et vraiment personnelle. De plus, outre l'idée de notre puissance, nous avons celle de l'objet auquel elle s'applique : c'est cette sorte de système astronomique d'idées et d'impulsions corrélatives, gravitant autour d'un centre, qui constitue la volonté vraie, la volonté intelligente. Leibniz aimait à répéter que ce qui dans le corps est destin, devient dans l'esprit providence : *quod in corpore est fatum, in mente est providentia*. Le déterminisme subsiste toujours, mais il a la conscience de lui-même et de son but, et, grâce à cette conscience, il se dirige lui-même, si bien que ce qui eût été nécessité matérielle devient calcul intellectuel.

Il y a, d'après ce qui précède, deux manières

dont peut s'accomplir l'évolution de la volonté. On peut essayer de modifier soit la puissance même du vouloir, soit l'objet de vouloir. Puisque la force intrinsèque de la volonté est sous la dépendance étroite du système nerveux et musculaire, vous ne pouvez modifier l'énergie volontaire qu'en modifiant l'énergie organique. Pour cela, le grand moyen est l'habitude. Tout organe, nerf ou muscle, qu'on exerce se fortifie ; si donc on s'habitue à vouloir et à faire effort, le trésor d'énergie ira croissant. Une volonté originairement faible en raison d'une certaine faiblesse nerveuse peut ainsi acquérir graduellement de la force ou suppléer à l'intensité par la durée. Le second moyen d'agir sur la volonté, c'est de modifier son objet ; pour cela, il faut agir sur l'intelligence et, par son intermédiaire, sur le sentiment. Et ici encore, l'action de l'intelligence, qu'on croit si superficielle, se montre profonde.

II. — La volonté a deux fonctions, l'une d'impulsion, l'autre d'arrêt, qui se retrouvent chez les divers individus dans des proportions inégales et qui dépendent encore en grande partie du développement de l'intelligence. L'action « inhibitoire », si essentielle à toute volonté maîtresse de soi, n'est le plus souvent que le résultat d'idées multiples, accompagnées de sentiments multiples, qui produisent des impul-

sions en sens opposés, par cela même des arrêts.
Ceux qui possèdent, soit par nature, soit grâce à
l'instruction et à l'éducation, un système cérébral
complexe et riche, ont ce pouvoir d'arrêt : ils sont,
comme Descartes et Spinosa, aptes à la réflexion,
à la suspension du jugement; ils n'agissent qu'après
avoir hésité entre plusieurs motifs que la complexité
de leur organisation cérébrale fait apparaître devant
leur conscience. Ce n'est pas tout. Cette facilité à
concevoir plusieurs voies possibles d'action, résultant de ce qu'en effet le cerveau offre un grand
nombre de voies différentes à l'onde moléculaire,
subsiste après que le jugement a été formé et la
résolution accomplie : de là ce que Spencer appelle
un pouvoir persistant de corriger ses jugements et
de rectifier ses manières d'agir.

Au contraire, un cerveau simple, comme le sont
nécessairement ceux qui n'ont point été développés
par l'expérience ou par la science, réalisera le type
de la volonté *explosive*. Il sera tout ensemble irré-
fléchi avant de juger ou d'agir, et obstiné à garder
ensuite, malgré les meilleures raisons, ses opinions
ou lignes de conduite. Nous verrons plus loin [1]
comment le sauvage impulsif, précipité dans ses
inductions et entêté dans ses actions, s'oppose à
l'homme civilisé, retenu, qui s'arrête avant de

(1) Voir livre IV.

conclure et peut toujours rectifier ses jugements
par des réflexions nouvelles. Et pourquoi l'esprit
simpliste adopte-t-il si vite des croyances et des
lignes de conduite? C'est que, dans ce cerveau neuf
et vierge, aucune route n'est encore tracée; rien ne
résiste donc à l'impression qui arrive et s'ouvre une
voie. Pourquoi encore, selon la remarque de Spencer, un esprit simpliste abandonne-t-il si difficilement les croyances une fois adoptées? C'est que,
peu riche d'idées, il n'a rien ou presque rien qu'il
puisse opposer à ces croyances. Il sera donc routinier; il raisonnera toujours sur des cas particuliers; il concevra peu de vérités générales, il aura
peine à détacher les abstractions des cas concrets.
On a souvent aussi opposé, sous ce rapport, l'enfant
à l'homme, et même la masse des femmes, encore
peu éclairée, à la masse des hommes, qui l'est davantage. Si les femmes sont, en général, plus promptes
à tirer des conclusions et plus obstinées à garder
leurs croyances, c'est que de longs siècles d'une culture inférieure ont laissé, en moyenne et dans l'ensemble, le cerveau féminin à un degré inférieur de
complexité et de plasticité [1]. Même contraste entre
l'élite des hommes instruits et la foule ignorante,
qui généralise précipitamment, puis s'obstine dans
les conclusions tirées d'expériences incomplètes.

- (1) Voir plus loin, livre III.

La constance dans le vouloir, quand elle est
fondée sur des raisons, n'est plus entêtement, mais
fermeté. C'est que, dans ce cas, la décision est la
résultante non plus d'une passion ou idée isolée,
mais d'une synthèse de tous les sentiments qui sont
en rapport plus ou moins éloigné avec la décision à
prendre. Dès lors, celle-ci ne peut plus rencontrer
d'obstacle intérieur; son effet se poursuit donc tant
que l'expérience ou le raisonnement n'est pas venu
apporter dans la question des éléments nouveaux.

On voit que, le degré de complexité cérébrale et
le degré d'intelligence étant proportionnels, l'intelligence joue un rôle capital dans l'activité volontaire : ici encore, elle ne peut être reléguée parmi
les facteurs de second ordre. Notre volonté et, par
là même, notre caractère tient surtout aux rapports
réciproques de nos inclinations, qui font que les
unes sont plus intenses ou plus durables, les autres
moins, et, en conséquence, que le système des
forces intérieures aboutit à telle résultante générale ; or, l'intelligence modifie nos inclinations,
leurs rapports, leur intensité et leur durée relatives:
elle contribue donc, pour une large part, à l'évolution du caractère.

Ce qui fait ici illusion, c'est qu'on raisonne des
inclinations de l'homme d'après celles des animaux, qui sont toutes innées, relativement inva-
riables, et qui enfin demeurent aveugles en grande

partie. La vie de l'animal apparaît ainsi comme un simple développement des instincts natifs, par conséquent du caractère congénital, et on s'imagine qu'une fatalité analogue règle le caractère humain. Mais d'abord, chez l'animal même, l'instinct n'a ni l'invariabilité ni l'infaillibilité qu'on croit. Nous n'en sommes plus à ce qu'on a justement appelé la conception mystique de l'instinct, celle de Fénelon par exemple dans son traité de l'*Existence de Dieu*. Depuis Darwin, on s'est mis à étudier de plus près et par le menu ces fameux instincts implantés chez les animaux dès les premiers âges par le créateur même. Or, plus on poursuit ces études, plus on voit que les instincts varient, se forment et se déforment, se trompent et se redressent par l'expérience, se plient aux circonstances et au milieu, etc. L'instinct n'est aveugle qu'au début, lorsque ses résultats échappent encore aux animaux qu'il fait agir. Ainsi, l'insecte qui pond ses œufs en un endroit où il ne les verra jamais éclore est condamné, dit M. William James, à agir toujours aveuglément de génération en génération; mais la poule qui a déjà élevé une couvée ne peut pas, la seconde fois, se mettre sur son nid avec la même ignorance : l'idée des poussins se joint à la vue des œufs pour déterminer l'acte. Les fermiers de l'Adirondack ont raconté à M. W. James que, si une vache vêle dans les bois et que l'on mette quelque temps à la retrou-

ver, le veau devient aussi sauvage qu'un daim ; au
contraire, des veaux nés à l'étable ne montrent aucune sauvagerie à l'égard des gens qu'ils ont aper-
çus dès les premiers jours de leur existence. On
voit qu'ici l'hérédité n'impose rien de certain et que
tout dépend des impressions premières, qui développent ou l'instinct de sauvagerie ou l'instinct de
sociabilité. Ces impressions ont souvent une influence décisive. Après avoir fait son nid sur une
branche, l'oiseau retourne à cette même branche ;
la crevette revient au même creux de rocher ; le
bœuf revient au même pâturage. L'aire de l'instinct
est rétrécie par la première impression et se change
ainsi en habitude. Souvent aussi des instincts héréditaires s'atténuent et s'effacent faute d'excitants
appropriés qui les mettent en œuvre. D'autres, au
contraire, qui auraient sommeillé, s'éveillent par le
fait d'une occasion qui les excite. C'est une des
raisons qui condamnent l'indulgence des gouvernements pour toutes les excitations à la débauche et
au crime, par quelque voie qu'elles se produisent.

On croit l'homme presque entièrement dépourvu
d'instincts. Avec M. W. James nous pensons qu'il a,
au contraire, des instincts beaucoup plus nombreux
et plus variés qu'aucun autre animal ; il a même,
en un sens, tous les instincts, bons et mauvais. Et
par instincts nous entendons des impulsions d'abord
aveugles et irrésistibles, suscitées par les excitants

appropriés. M. W. James a dressé une longue liste
des inclinations naturelles à l'homme, depuis les
actes réflexes les plus simples, sucer, mordre un
objet placé dans la bouche, crier, secouer la tête
en signe de négation, etc., jusqu'aux impulsions les
plus compliquées, imitation, émulation, combati-
vité, résistance, contradiction, ressentiment, antipathie, sympathie, crainte instinctive, besoin d'acquisition et d'appropriation, jeu, sociabilité, honte,
pudeur, amours de toute sorte, etc.[1]. C'est précisément l'extrême complexité des instincts humains
qui les fait méconnaître, parce que l'un apporte
obstacle à l'autre. Un cerveau compliqué, se trouvant excité à réagir dans une multitude de directions à la fois, ne répond plus aux excitations,

(1) Dans des notes psychologiques inédites de Guyau sur son fils,
je trouve de nombreux détails qui montrent combien vite se manifestent chez l'enfant toute espèce d'instincts :

« A onze mois, il y a déjà quelque éveil des sentiments de générosité. Quand il tient un objet en main, il aime à le montrer, il vous le
présente, l'approche de vos yeux et de votre bouche.

« Mais en même temps il y a éveil de l'idée de propriété en face des
enfants du même âge. Il crie et se fâche parce qu'une petite fille de
deux ans lui a pris un chat en caoutchouc qu'on lui a donné depuis
longtemps comme jouet.

« A un an, il sait qu'il nous mécontente en touchant à son chapeau
neuf et en tirant sur la dentelle. Il ne le fait pas d'habitude, mais, quand
on le contrarie, il porte aussitôt la main du côté du chapeau : c'est
une revanche.

« Bientôt la chose s'est transformée en jeu : il fait mine de vouloir
toucher à son chapeau en souriant d'un air malin, et cela uniquement
pour nous voir faire les gros yeux. »

On trouverait mille détails analogues dans les notes de Taine, de
Darwin, etc.

comme l'animal, par des réactions simples, uniformes, faciles à prévoir. De plus, l'homme a la mémoire, la réflexion, le raisonnement. La mémoire fait qu'il se souvient et de l'acte passé et de ses conséquences ; la réflexion fait qu'il se voit agir dans le présent ; le raisonnement lui fait prévoir les conséquences de son acte. Si ces conséquences lui plaisent en vertu de telle tendance, elles lui déplaisent en vertu des tendances opposées dont elles empêchent la satisfaction. L'idée des conséquences éveillera donc toujours chez l'homme des images antagonistes de plaisirs et de déplaisirs, qui elles-mêmes éveilleront des impulsions corrélatives. A mesure que le nombre des idées s'accroît, le nombre des impulsions s'accroît aussi et, en outre, chacune d'elles devient moins aveugle, moins irrésistible, moins voisine de cet état des hypnotisés qu'on appelle le monoïdéisme et qui les met sous la suggestion fatale d'une idée exclusive. Mais aussi, tout dépendra du groupe d'idées qu'on aura fait prédominer, et dont chacune sera une porte ouverte à un des innombrables instincts latents dans l'âme humaine. L'idée définit, détermine ce qui, sans elle, serait resté obscur et inactif. Il suffit parfois d'une phrase lue, d'un mot prononcé pour faire monter à la lumière telle impulsion dangereuse qui dormait dans l'ombre. Toute idée est une suggestion, par cela même qu'elle est une définition.

III. — Ceux en qui la puissance de vouloir domine doivent se subdiviser en trois espèces : 1° volontaires ayant peu de sensibilité et peu d'intelligence : les obstinés, les têtus ; 2° volontaires ayant beaucoup de sensibilité et peu d'intelligence : les emportés, les violents ; 3° volontaires ayant beaucoup d'intelligence et peu de sensibilité : les calculateurs froids et énergiques que rien n'arrête dans l'exécution de leurs projets, les Turenne et les de Moltke. Mais c'est surtout d'après les fins poursuivies, conséquemment d'après les objets intellectuels, que les volontés doivent être classées. L'intelligence, en effet, est polarisée, et ses deux pôles sont *moi*, *autrui* ; or cette polarisation se retrouve nécessairement dans la volonté, mais elle n'aboutit pas, chez tous, à un même équilibre, à une même aimantation de la boussole intérieure. Il y a des volontés orientées surtout dans le sens du moi, d'autres dans le sens du non-moi. Ici encore reparaît l'empire de l'intelligence. Par cela même qu'un être est doué de cette faculté, il sort toujours plus ou moins de son moi, tout au moins en pensée, pour concevoir d'autres êtres et, qui plus est, l'ensemble de tous les êtres. L'impersonnalité ou, comme disent les philosophes, l'objectivité est la caractéristique même de l'intelligence. Dès que nous pensons, nous sommes ouverts au dehors, nous ne sommes plus une monade sans fenêtres : la société et l'univers entrent en nous de toutes parts. Or, à ces idées plus ou moins impersonnelles sont nécessairement attachés des sentiments, à ces sentiments sont attachées des impulsions qui, dans une certaine mesure, nous enlèvent à nous-mêmes. Un être inintelligent ne pourrait être vraiment désintéressé.

De là la grande division, à la fois psychologique et morale, des volontés égoïstes et des volontés altruistes. Au reste, ce n'est qu'une question de mesure : de purs égoïstes, comme de purs altruistes, il n'en saurait exister. Un caractère vaut par le degré d'universalité qu'il enveloppe. Napoléon disait un jour à Rœderer : « Moi, je n'ai pas d'ambition, » puis se reprenant, et avec sa lucidité ordinaire : « Ou, si j'en ai, elle m'est si naturelle, elle m'est tellement innée, elle est si bien attachée à mon existence qu'elle est comme le sang qui coule dans mes veines, comme l'air que je respire[1]. » Ce que Napoléon disait de son ambition, il faudrait que nos âmes, éprises de la vérité et du bien, pussent encore mieux le dire de leur amour désintéressé. Le plus haut développement de la nature humaine est celui où le cœur, s'ouvrant avec la pensée, s'égale à l'infini.

L'intelligence ne met pas seulement la volonté

(1) M. Paulhan. *Les Caractères*, p. 152.

en relation avec le monde des idées, mais encore
avec le monde des hommes. Il en résulte un
ensemble d'actions ,et de réactions sociales qui,
par l'intermédiaire des pensées, s'étendent aux
volontés mêmes. Les grands modificateurs de notre
caractère, ce sont les caractères des autres. L'influence du milieu social est plus forte encore que
celle du milieu matériel : il y a un air ambiant que
l'homme respire parmi ses semblables et en dehors
duquel il ne peut pas plus vivre qu'en dehors de
l'atmosphère. La société étant un organisme dont
nous sommes les membres, si le grand corps est
plus ou moins vicié ou, au contraire, plus ou moins
sain, nous sommes comme les cellules nourries
par un sang plus ou moins riche, qui prospèrent
ou déclinent avec le corps entier. Il y a cependant,
entre la cellule soumise au réflexe et l'homme
capable de réflexion, cette capitale différence que
la cellule ne peut réagir avec conscience contre les
influences délétères, tandis que la volonté intelligente juge autrui, se juge elle-même, et agit en
conséquence de ses jugements.

Le caractère n'est donc pas aussi immuable qu'il
a semblé à Schopenhauer, à Taine, à M. Ribot.
Et quoiqu'on ait pu comparer le caractère du phénomène géologique de la stratification, nous n'ad-
mettrons pas que nous soyons ici en présence de

dépôts inertes comme les terrains ou les roches,
mais bien d'un être vivant et mouvant, qui se
développe comme un germe, fleurit et fructifie,
dont les fleurs mêmes et les fruits changent en
vertu des réactions multiples et incessantes entre
l'individu, le milieu physique et le milieu social.

Dans son intéressante étude sur le caractère de
Darwin[1], M. Paulhan a essayé de montrer sur le vif
comment se développent ou s'atrophient certaines
parties du caractère par l'effet du milieu social, du
milieu matériel, de la santé, de l'âge, etc. Il y a là,
en effet, un ensemble d' « associations systématiques » et d' « inhibitions systématiques » qui
aboutit à fixer enfin chez l'individu tel type d'esprit, non tel autre. Darwin n'est d'abord qu'un éco-
lier ordinaire qui apprend beaucoup plus lentement que sa sœur. Il manifeste seulement un goût
inné des collections, coquilles, timbres-poste, mé-
dailles, minéraux : il range tout par ordre. Son
imagination, qui était grande, le porte à inventer
des mensonges de propos délibéré et toujours pour
le plaisir de faire sensation : il se vante à un de ses
camarades de produire des primevères de teintes
diverses en les arrosant avec des liquides colorés.
« Fable monstrueuse, dit-il ; je n'avais jamais expé-
rimenté la chose ! » Plus tard, cependant, la pen-

_____

(1) *L'activité mentale et les éléments de l'esprit*, Alcan, 1887.

sée scientifique ayant maîtrisé l'imagination, il
deviendra tellement sincère et scrupuleux qu'il
passera vingt-deux ans de sa vie à développer, à
critiquer, à rédiger l'*Origine des espèces*. Son imagination n'en subsistera pas moins, mais, au lieu
d'inventer des fables, il inventera des expériences
ou des doctrines. Au collège, il apprend difficilement les langues, ne peut arriver à faire des vers
latins, s'éprend pourtant d'Horace, éprouve une
satisfaction intense aux démonstrations d'Euclide.
Amoureux des promenades solitaires, si propices
aux réflexions profondes, il se laisse un jour tomber d'une hauteur de sept à huit pieds de long d'un
chemin sans parapets. Il continue de collectionner
les minéraux, mais sans but scientifique. A dix ans,
il s'intéresse beaucoup aux insectes et se décide
presque à former une collection de ceux qu'il trouvait morts, car, dit-il, « après avoir consulté ma
sœur, j'arrivai à la conclusion qu'il n'était pas
bien de tuer des insectes pour l'amour d'une collection ». Il commence des études de médecine :
l'anatomie le dégoûte, deux opérations auxquelles
il assiste l'impressionnent au point de le faire renoncer à suivre le service de l'hôpital. Les cours de
géologie et de zoologie lui paraissent si « incroya-
blement ennuyeux » qu'il jure de ne jamais lire un
livre de géologie. Beau serment, qu'il devait si peu
tenir ! Son père lui propose d'entrer dans l'Église.

Il ne demande pas mieux, et le voilà qui étudie trois années à Cambridge, mais sans enthousiasme. Ses amis de collège le trouvent affectueux, généreux, compatissant, ayant la haine de tout ce qui est faux, vil, cruel. Enfin on lui propose un grand voyage à bord du *Beagle*, en société de naturalistes non rémunérés : ce voyage décide de sa vocation. Au retour, il se retire à la campagne. Sa santé déplorable l'y obligeait presque. « Pendant quarante ans, dit-il, je n'eus jamais un jour de bonne santé comme les autres hommes. » La science occupe désormais sa vie entière. Ses seules grandes distractions sont la musique et les romans. « Je les aime tous, dit-il, même s'ils ne sont bons qu'à demi, et surtout s'ils finissent bien ; une loi devrait les empêcher de mal finir. »

On peut conclure avec M. Paulhan que le milieu social, l'éducation, le développement progressif de l'intelligence, les circonstances mêmes de la vie ont joué un rôle capital chez Darwin, malgré la force native de ses aptitudes individuelles. Mais il convient d'ajouter que ce qui eut une influence décisive, ce fut, comme Darwin l'avoue lui-même, l'énergie et la persévérance de la volonté.

IV. — Concluons qu'aucune des trois grandes fonctions mentales ne peut être reléguée au second rang dans le caractère. Les partisans de Schope-

nhauer, qui nient l'influence des idées sur le
monde, rappellent que bien des hommes mettent
en désaccord leur volonté et leur intelligence.
« On pense d'une manière et on agit d'une autre;
on écrit de beaux traités de morale qu'on ne pratique pas. » Certes, ces choses-là se sont vues;
mais, de ce que l'intelligence n'est pas à elle seule
omnipotente, de ce que la passion peut contre-
balancer son action, il n'en résulte nullement que
ces deux « facteurs », caractère et intelligence,
soient « en désaccord ». Une intelligence qui ne
trouve pas dans le sentiment et dans la volonté une
aide suffisante pour se traduire en actes, c'est précisément là une des formes possibles du caractère.
Le Dʳ Le Bon, que Platon eût pu ranger parmi ceux
qu'il appelait les « misologues », ne tarit pas quand
il s'agit de rabaisser l'intelligence, cette prétendue
maîtresse de la vie. Il faut l'entendre commenter
l'exemple fameux du chevalier Bacon, ambitieux,
égoïste, cupide et lâche, applaudissant dans un écrit
public à la décapitation de son bienfaiteur, afin
d'obtenir le poste de chancelier; puis condamné
pour concussion et essayant d'attendrir ses juges
par l'humble aveu de sa culpabilité. Et d'Alembert,
plein de bienfaisance, celui-là, de bonté et de désintéressement, mais se faisant l'esclave de Mˡˡᵉ de Les-
pinasse, allant chercher pour elle à la poste les
lettres des amants qu'elle lui donnait ouvertement

pour rivaux ! — Tout cela peut être vrai, mais qui
soutint jamais où que la connaissance approfondie
des règles logiques de l'expérimentation, de l'induction, de l'énumération, rend vertueux, ou que
la plus subtile géométrie peut empêcher un savant
de tomber amoureux d'une coquette ? Bien plus
rares sont les vrais « moralistes » qui n'ont point
conformé leur vie à leurs principes. L'exemple
de Sénèque, un prédicateur sans originalité, n'est
guère probant ; les grands innovateurs en morale,
eux, ont vécu leurs idées. Pour ne point parler des
fondateurs de religion, Socrate n'a-t-il pas conformé
sa vie comme sa mort à ses principes, et cela, selon
son propre témoignage, malgré certains penchants
de son tempérament ? N'avoue-t-il pas qu'il était
porté à l'excès vers les passions de l'amour, lui qui
vécut chaste ? Ne reconnaissait-il pas que le phy-
sionomiste Zopyre avait raison de lui attribuer bien
des inclinations grossières, qu'il avait réprimées
par sa volonté ? Et Kant, dont nous parlions tout à
l'heure, n'a-t-il pas réalisé dans sa vie entière l'im-
pératif catégorique ? « Je dormais, dit-il, et je
rêvais que la vie est beauté : je me réveillai et je
vis qu'elle est devoir. » Comment s'est-il réveillé,
sinon par l'action de l'idée ? Les exemples abondent
de l'empire souverain exercé par les convictions
morales et religieuses. Un Augustin, entraîné lui
aussi par son tempérament vers tous les plaisirs,

n'en devient pas moins, sous l'influence de l'idéal conçu et aimé, un des types de la sainteté.

On croit rabaisser l'action de l'idée en n'y voyant qu'un éclairage, lueur ou lumière. Mais éclairer, c'est rendre possible un mouvement dans telle direction et non dans telle autre ; voir, c'est savoir; savoir, c'est pouvoir ; pouvoir, c'est le commencement de faire. Dans la nuit, on va où il y a une lumière ; si j'en fais briller une de loin aux yeux du voyageur égaré dans la montagne, je puis ou le sauver en l'appelant vers la vraie route, ou le perdre en l'attirant vers le précipice. L'idéal, dit-on, n'est qu'un rayon qui illumine ; non, c'est un rayon qui attire, comme celui qui faisait monter Dante vers Béatrice.

D'où vient donc le désaccord qui subsiste parfois entre l'idée morale et l'acte ? Il vient le plus souvent de ce que l'idée n'est pas complète ni absolument démonstrative. Vous ne verrez jamais un géomètre enseigner que deux et deux font quatre et régler ses actes comme s'ils faisaient cinq ; vous ne verrez jamais un physicien enseigner que les corps sont pesants et se jeter par la fenêtre avec l'espoir de ne pas tomber. C'est qu'ici les idées sont des certitudes. Si un moraliste, au contraire, n'est pas nécessairement moral, c'est que son intelligence, si développée qu'elle soit, ne peut jamais saisir avec certitude l'harmonie du bien universel avec son bien personnel : il peut donc se laisser entraîner à choisir le second. « L'espérance éteinte étouffe le désir, dit Rousseau, mais elle n'anéantit pas le devoir ; » par là il montre bien la vitalité d'une idée qui est la plus haute de toutes, et qui, une fois entrée dans l'esprit, n'en peut plus disparaître. Et cependant, pour son compte, il ne conforma guère sa vie à cette idée du devoir. C'est que, sans parler du tempérament maladif de Rousseau, l'étude de la morale aboutit à un doute suprême, que la science positive à elle seule ne peut lever. La science humaine se demandera toujours avec anxiété, comme faisait Ernest Renan, si l'idéal est en accord final avec le réel, si nous ne sommes point dupés par la suprême ironie de la nature, qui sacrifie l'individu aux fins de la société et de l'univers. C'est pourquoi la connaissance abstraite est insuffisante sans l'amour du bien idéal. Mais, d'autre part, comment aimer un idéal que l'intelligence ne se serait pas d'abord efforcée de concevoir et de réaliser d'avance en elle-même ? Si donc le fond de notre caractère est surtout, comme nous l'avons dit, notre manière d'aimer, nous n'avons, en définitive, qu'un moyen d'élever toujours plus haut nos amours : c'est d'élever toujours plus haut nos pensées.

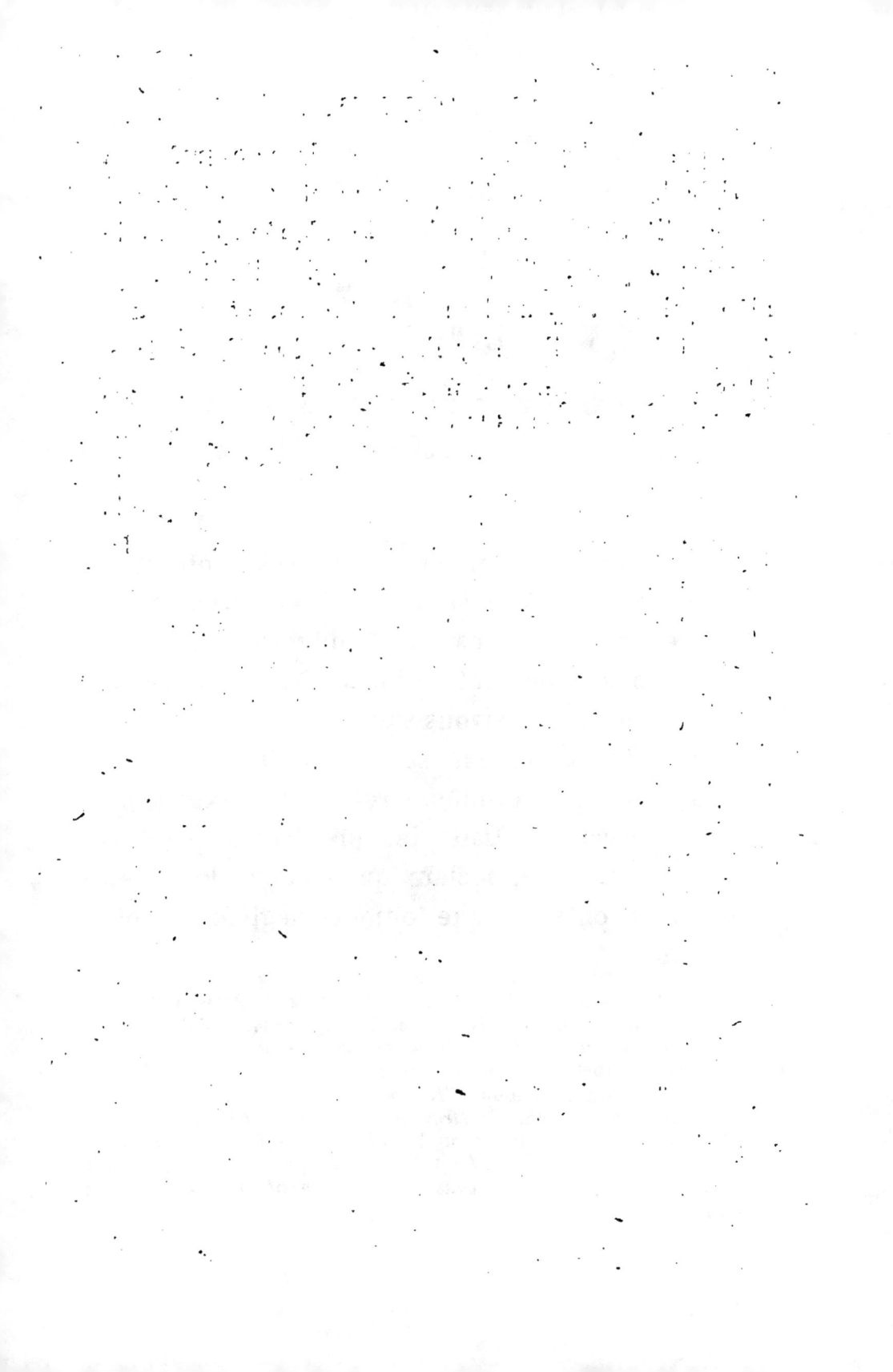

LIVRE III

TEMPÉRAMENT ET CARACTÈRE SELON LES SEXES
LA FEMME [1]

« Les âmes n'ont point de sexe, » a-t-on dit. Ce
serait vrai, peut-être, si nous étions de purs esprits.
Encore les théologiens ont-ils disserté pour savoir
si les anges n'étaient point de sexes différents.
Quant à nous, qui vivons sur terre, notre caractère
reçoit nécessairement son empreinte de notre
organisme, qui lui-même reçoit du sexe sa première direction. Dans les problèmes psychologiques, moraux et sociaux que soulève le rapport
des sexes, on a presque toujours négligé les consi-

(1) V. P. Geddes et A. Thomson, l'*Evolution du sexe*. Paris, 1892.
Babé et Cº. Alfred Russel Wallace, *le Darwinisme*. Paris, 1891. Babé
et Cº. Rolph, *Biologische Probleme*. Leipzig. 1884. A. Sabatier, *Mémoire sur la morphologie des éléments sexuels et sur la nature de la
sexualité*. Montpellier, 1886. H. Thuilié, *la Femme*. Paris, 1885; De-
lahaye. Dᵣ Gustave Le Bon, *l'Homme et les Sociétés*. Paris, 1881;
Rothschild. Ch. Secrétan, *le Droit de la Femme*. Lausanne et Paris,
1884; Alcan. L. Frank, *Essai sur la condition politique de la femme*.
Paris, 1892. Havelock Ellis, *Man and Woman*, Londres, 1894. Camp-
bell, *Differences in the nervous organisation of man and woman*,
Londres, 1893.

dérations biologiques, qui seules, cependant, nous
semblent éclairer tout le reste. Novateurs et con-
servateurs ont raisonné — ou déraisonné — comme
si le fait même du sexe n'existait pas. Ils se sont
trop contentés, en général, d'une sorte de senti-
mentalisme, soit pour, soit contre la femme. Aux
yeux des uns, la femme semble être encore, comme
pour les théologiens et pères de l'Église, une créature inférieure, cause du péché originel, « plus
amère que la mort », « porte de l'enfer », « chemin de l'iniquité », « sentinelle de Lucifer », « dard
du scorpion », « tænia du cœur humain », « vase
d'impureté » ; ce sont des litanies à rebours. Dans
leur dédain du « sexe faible, » ils auraient volontiers, comme les tribus indiennes, un oui pour les
hommes et un oui différent pour les femmes. Selon
d'autres, au contraire, la femme est une créature
supérieure, à qui s'appliquent les vraies litanies de
la Vierge-mère : siège de sapience, miroir de la
justice, vase d'élection, porte du ciel, etc. Ceux
mêmes qui, comme Michelet et Proudhon, se sont
préoccupés du point de vue physiologique, ont été
si incomplets, ils ont mêlé à la science encore
insuffisante de leur époque tant d'imaginations poé-
tiques ou romanesques, que la vraie et naturelle
relation des sexes n'en est guère éclairée.

Quant aux « anthropologistes, » ils n'ont vu là,
trop souvent, qu'une affaire de « force musculaire »

et de « poids du cerveau ». Il y a bien d'autres
éléments qui doivent entrer en ligne de compte. Le
dynamomètre, la balance et le craniomètre sont des
instruments un peu trop simples : l'esprit ne se
mesure pas au poids. Quel est un des plus petits
crânes connus ? Celui de Voltaire. Un monde peut
tenir dans une coque de noix.

En ces derniers temps, les biologistes ont introduit dans le problème des éléments de haute valeur,
qui peuvent mieux faire saisir l'opposition et l'harmonie des deux sexes, en permettant de caractériser par des traits précis leur constitution physique
et mentale. Depuis deux ans surtout, les idées relatives à la propagation de l'espèce et à l'apport exact
de chaque sexe ont fait un pas si décisif, que les
biologistes considèrent comme étant désormais
connus les actes essentiels de la fécondation. Plusieurs savants français ont l'honneur d'avoir con-
tribué à ces résultats, dont la portée n'est pas
seulement physiologique, mais encore philosophique. S'il est vrai que la morale et la science
doivent « suivre la nature », non pour accepter la
réalité telle qu'elle est, mais pour ne pas s'égarer
à l'opposé de l'idéal qu'il est possible d'atteindre,
il en résulte qu'on ne saurait demeurer indifférent
aux grandes conclusions de l'histoire naturelle sur
la genèse, les caractères et le rôle des sexes dans
le développement de la vie. Les différences phy-

siques et mentales entre l'homme et la femme
peuvent être ou exagérées ou diminuées par l'éducation, par les mœurs, par les lois ; mais, pour les
oblitérer entièrement, il faudrait, comme disent
MM. Geddes et Thomson, « recommencer l'évolution sur une base nouvelle ». Ce qui a été décidé
chez les protozoaires préhistoriques ne peut être
annulé par « un acte du parlement ». On nous
permettra donc, pour ne pas nous tenir dans de
simples généralités littéraires qui peuvent servir
d'arguments aux thèses les plus opposées, d'aborder
d'abord la question par son côté purement scientifique. Nous devons pour cela remonter jusqu'aux
origines mêmes de la génération sexuée, qui ont
d'ailleurs autant d'intérêt que d'importance : c'est
ici que la vraie méthode prescrit de reprendre la
question *ab ovo*.

CHAPITRE PREMIER

LES ORIGINES DES SEXES

Le sexe masculin s'est décerné à lui-même la palme de « supériorité »; ce qui était inévitable au temps où la force corporelle était la force supérieure. Dès l'antiquité, philosophes et savants ont soutenu que la femme était un homme non développé, et cette opinion s'est perpétuée jusqu'à nos jours. La théorie de la sélection sexuelle, telle que l'a présentée Darwin, présuppose encore dans la ligne masculine une « supériorité », un « droit d'héritage ». Pour Spencer, le développement de la femme est arrêté de bonne heure par les fonctions de la procréation, de la gestation, de la lactation. Bref, a-t-on dit, l'homme de Darwin est une femme qui a achevé son évolution, et la femme de Spencer est un homme dont l'évolution a été arrêtée. Velpeau, lui, considérait les femelles comme étant dégénérées d'une masculinité primitive. Toutes ces idées sont aujourd'hui reconnues fausses. Les récentes découvertes ont mis hors de doute ce que les natu-

ralistes appellent l'absolue « identité de valeur des
éléments masculin et féminin » dans la propagation
de l'espèce. On a même démontré que l'embryon
reçoit une portion mathématiquement égale de
substance paternelle et de substance maternelle,
que les deux capitaux de vie primitifs sont de tout
point équivalents et complémentaires; ce qui explique matériellement les faits d'hérédité.

Au début de la vie sur le globe, les premiers êtres
se reproduisaient simplement par division : chaque
moitié du parent devenait un rejeton, identique au
parent lui-même. C'était le triomphe de l'hérédité
sans mélange. Tout le monde connaît la reproduction par division artificielle, les boutures et marcottes, par exemple, qui s'opèrent sans nouvelle
union de sexes. Les saules pleureurs, a-t-on dit,
ne sont pas rares en Angleterre; cependant, comme
ils n'y fleurissent jamais, ils ont tous dû venir de
boutures, par multiplications « asexuelles ». Les
hydres, les vers de terre coupés en morceaux repro-
duisent le tout. Chez les protozoaires, la multiplica-
tion commence par une rupture presque mécanique :
la masse élémentaire du protoplasme, devenant trop
grosse, se brise; de la sorte, elle se sauve et se
multiplie tout à la fois.

Tant que dura ce mode de reproduction par simple division, il n'y avait guère de progrès possible :
le nouvel être n'était qu'un morceau du générateur,

qui en reproduisait forcément les particularités. De nos jours, les jardiniers veulent-ils conserver intacte une variété de plante remarquable, ils n'ont pas recours à la reproduction sexuelle par graines, qui mélangerait les caractères de la plante élue à ceux des plantes ordinaires ; ils ont recours à la reproduction asexuelle par bouture, qui donne des sujets identiques au *pied* dont ils sont sortis[1]. Les combinaisons nouvelles, les sélections de toutes sortes, les variations et les progrès ont été introduits par la séparation des sexes. Si les lettres de l'alphabet se reproduisaient par simple division, l'a produirait des a, le b produirait des b ; mais, sans mariages de lettres, on n'obtiendrait jamais l'*Iliade* ou l'*Odyssée*.

Pour entrevoir comment la séparation des sexes a pu se produire, il faut se rappeler que chacune des deux grandes fonctions de la vie, nutrition et reproduction, implique, au sein même du tissu vivant, des changements de deux sortes et en sens inverse, les uns intégrateurs et les autres désintégrateurs, les premiers constituant une recette, les autres une dépense[2] ; ce sont, on l'a vu, les deux oscillations du pendule de la vie. Dans la nutrition, il y a d'abord recette ou assimilation, puis dépense ou désassimilation, et selon qu'un des courants l'em-

---

(1) Voir Koehler. *Pourquoi ressemblons-nous à nos parents?* (*Revue philosophique* d'avril 1793.)

(2) Voir livre Ier.

porte, nous avons reconnu qu'on a un tempérament
d'épargne ou un tempérament dépensier; l'un où
prévaut la montée de la vie, l'autre où prévaut la
direction descendante qui aboutit à l'activité musculaire ou cérébrale. Pour la reproduction de l'espèce, il est également nécessaire, d'une part, d'ac-
cumuler les matériaux de l'existence destinée à un
autre être; d'autre part, de les séparer de soi et de
faire ainsi une dépense de sa propre substance au
profit d'autrui. Mais ces deux fonctions, quoique
solidaires, peuvent être cependant en proportions
diverses, et c'est, d'après l'hypothèse la plus probable,
ce qui a produit la distinction des sexes, entre lesquelles elles se sont partagées.

M. Geddes suppose, dans une cellule analogue
aux amibes, et qui présentait d'abord l'équilibre du
revenu et de la dépense, un excédent prolongé des
changements assimilatifs sur les désassimilatifs;
le résultat sera nécessairement une croissance de
volume, une réduction d'énergie actuelle et de mouvement, une augmentation d'énergie potentielle et
de matière nutritive en réserve. Les irrégularités de
contours tendront à disparaître et, la tension superficielle aidant, la cellule acquerra une forme sphéroï-
dale. Le résultat, très intelligible assurément, se
rapprochera de l'œuf, « gros et immobile ». Partez
encore d'une cellule d'abord équilibrée, mais en
supposant que la dépense y prédomine sur l'acqui-

sition : la mise en liberté croissante d'énergie motrice devra trouver son expression au dehors 'dans' un accroissement de mobilité et dans une diminution de volume; les cellules les plus actives se modifieront dans leur forme pour être aptes à passer au travers du fluide environnant ; elles s'allongeront en forme de fouet, présentant une sorte de tête et de queue pointue. La polarité féminine ou masculine serait donc, à l'origine, déterminée par la tendance à la conservation ou la tendance à la dépense.

Après un certain nombre de divisions, dont les dernières se font coup sur coup, les éléments masculin et féminin finissent par être réduits chacun à un demi-noyau, qui a besoin d'être complété par l'autre pour se développer. Et ces deux demi-noyaux conservent la polarisation différente qui, chez l'élément féminin, aspire à l'intégration, chez l'élément masculin, à la désintégration.

L'œuf, volumineux, bien nourri et passif, est l'expression cellulaire du tempérament caractéristique de la mère; le volume moindre, l'aspect originairement moins nourri et l'activité prépondérante du père sont résumés dans l'élément masculin. L'œuf est une des plus grosses cellules, l'élément masculin est la plus petite de toutes. L'œuf renferme dans son protoplasme une provision de nourriture, ou vitellus, destinée à l'embryon; la fabrication du vitellus constitue même, pour l'organisme maternel,

une dépense intérieure considérable. Cette réserve
alimentaire de l'œuf, avec les membranes d'enveloppe qui y sont si souvent prédominantes, fait
défaut dans l'élément masculin, presque réduit à son
demi-noyau actif et remuant. Il est comparable à
une monade, à un infusoire à fouet, très pauvre en
substance cellulaire. Son énergie locomotrice est
extrême; il se meut activement dans la plupart des
animaux et dans beaucoup de plantes; c'est comme
«une matière de protoplasme explosif,» qui, dès
que le stimulant nécessaire se présente, part avec
une extraordinaire vivacité.

Non moins remarquable est sa puissance d'endurance, analogue à celle des monades et de ces bacilles
qui font aujourd'hui le désespoir de la médecine.
Il supporte les variations les plus extrêmes de la
température; il garde sa vitalité féconde pendant
des mois et, chez certains animaux, comme les
abeilles, pendant des années. Cette endurance lui
permet d'aller sans danger à la recherche de l'œuf
en traversant des milieux qui seraient nuisibles à
celui-ci, ou d'attendre, dans des circonstances parfois défavorables, que l'œuf ait atteint sa maturité.
Suivant Rolph, cet « affamé » recherche l'œuf, grand
et bien nourri, dans le dessein de la conjugaison :
« dessein pour lequel l'œuf, précisément parce
qu'il est plus grand et mieux alimenté, a pour sa
part moins d'inclination ». L'initiative vient donc de

l'élément mâle et les spermatozoïdes sont puissamment attirés vers l'œuf. Parfois la forme de la coquille crée un obstacle, et l'œuf ne peut être accessible que par un point, une petite porte (ou micropyle). Dewitz a montré qu'autour des coquilles d'œuf des cancrelats (blattes d'Amérique importées par les marins dans nos ports), les spermatozoïdes se meuvent en cercles réguliers dont l'orbite varie toujours, si bien que, tôt ou tard, un spermatozoïde doit trouver à entrer. Dès qu'un seul a pénétré dans un œuf, la voie en est généralement fermée aux autres; la petite porte est condamnée, la membrane environnante devient imperméable. Remarquez, en outre, que le nombre des spermatozoïdes est infiniment plus considérable que celui des œufs. Aussi y a-t-il beaucoup d'appelés et peu d'élus. Nouvelle raison pour aller à la recherche des œufs, qui gardent l'expectative, et qu'une très petite fraction de spermatozoïdes arrive à rencontrer ou à pénétrer. Ces faits, presque aussi vieux que la terre, font pressentir bien des différences entre les caractères masculin et féminin. C'est déjà la force motrice, l'activité entreprenante et la recherche aventureuse qui caractérisent l'élément mâle, ce qui suppose que la vie a pris ici la direction de la dépense extérieure, non de l'accumulation interne.

Aussi voyons-nous qu'une nourriture insuffisante, en déterminant cette direction dépensière de la vie, tend à produire des individus du sexe masculin. La nutrition est un des facteurs les plus importants pour déterminer le sexe; et bien loin que le sexe féminin résulte d'un arrêt de développement, ce sont au contraire les conditions nutritives les plus favorables qui le déterminent [1].

En résumé, au seuil même de la vie animale et végétale, nous voyons qu'une petite cellule active, incomplète, incapable de se développer seule avec son demi-noyau, s'associe à une cellule constituant

---

(1) Comme exemples, il faut noter les curieuses expériences de Yung sur les têtards, qui, au moyen d'une bonne nourriture, élevèrent la proportion des femelles de 56 à 92 p. 100; — le cas typique des abeilles, qui, durant les huit premiers jours de la vie larvaire, par l'addition d'un peu de nourriture et d'une quantité double de corps gras pour les larves des reines, décident des différences si marquantes qui sépareront la reine des ouvrières; — les expériences de Siebold sur une espèce de guêpes, où augmenta la proportion des femelles du printemps au mois d'août, avec la chaleur et l'abondance de nourriture; — les chenilles des phalènes et des papillons devenant mâles quand elles sont soumises à la faim; — les expériences de Girou sur trois cents brebis, dont la moitié, bien nourrie, donna une grande proportion d'agneaux femelles, l'autre, maigrement nourrie, une grande proportion de mâles; — enfin, les pucerons de nos rosiers et arbustes fruitiers, qui, dans la prospérité de l'été, donnent une succession de femelles capables de se reproduire par parthénogenèse, tandis qu'avec le froid et la disette de l'automne les mâles reviennent. Dans la « génération alternante », tour à tour asexuelle et sexuelle, les conditions nutritives favorables déterminent la première, tandis que la seconde se produit dans des conditions moins propices. L'alternance des générations n'est, au fond, qu'un rythme entre la prépondérance de l'intégration et de la désintégration. Dans l'humanité, après une épidémie ou une guerre, les naissances masculines augmentent; le nombre des garçons varie d'après Düsing, selon les récoltes et les prix. Le nombre des naissances de garçons est plus grand dans les pays pauvres que dans les pays riches et dans les villes. — Enfin, dans les deux tiers des grossesses doubles, les jumeaux, obligés de se disputer la nourriture, sont du sexe masculin.

un individu plus nourri et plus tranquille, mais ayant d'ailleurs elle-même besoin d'être complétée. Voilà, dès le début, le contraste entre les sexes [1].

M. Armand Sabatier avait déjà trouvé que le caractère de l'élément féminin est la concentration, l'unification, la cohésion : cet élément tend à rester un et à ne pas se fragmenter, à ne pas se sectionner, tant qu'il est livré à lui-même. Le caractère de l'élément masculin est au contraire « un rôle de division, de dispersion. » Et M. Sabatier faisait à ce propos un rapprochement plein d'intérêt : dans cette fonction d'élément centrifuge, mobile et chercheur, ne reconnaît-on pas déjà ce que l'on peut appeler « l'extériorité du sexe masculin », c'est-à-dire sa « tendance générale à la vie active et voyageuse ? » Au contraire, voyez l'état d'immobilité relative, le caractère de concentration et d'intégration qui marque l'élément féminin; n'y reconnaissez-vous pas déjà ce caractère d'intimité, d'intériorité, d'union, qui distingue la mère et fait d'elle la créatrice du nid, du foyer ? « L'*indépendance* est le propre du sexe et de l'élément masculins; la *solidarité* appartient au sexe et à l'élément féminins. »

(1) Ajoutons que, selon les physiologistes, l'union des sexes a pour effet le *rajeunissement*. Après un certain nombre de divisions asexuées, les cellules sont usées, vieillies et ne peuvent pas se diviser ultérieurement, à moins de recevoir une jeunesse nouvelle par leur union avec une cellule de sexe différent.

CHAPITRE II

I. — Passez des germes aux animaux développés, vous reconnaîtrez encóre, sur toute l'échelle, que les mâles ont des habitudes plus actives, tandis que les femelles en ont de plus passives; que, sauf des exceptions dont nous parlerons tout à l'heure, les mâles tendent originairement et par nature à être plus petits; qu'ils ont une température plus élevée et se consument plus vite; que les femelles sont d'ordinaire plus grosses, d'une température moindre et vivent plus longtemps. La femelle de l'insecte qui donne la cochenille, chargée de produits de réserve sous la forme du pigment rouge bien connu, passe la plus grande partie de sa vie comme une simple galle, immobile sur le cactus. Le mâle, au contraire, à l'état adulte, est agile, toujours en mouvement, et il a la vie courte. Le mâle adulte de l'ascaride appelé *heterodora Schachtii*, qui infeste le navet, est agile, tandis que la femelle est toujours au repos et bouffie. Dans l'ordre des strepsiptères, les femelles parasitaires aveugles sont complètement passives et ressemblent à des larves; les mâles sont libres, ailés, et vivent peu. Chez les insectes, les mâles se distinguent le plus souvent par des couleurs plus brillantes, par des armes utilisées pour vaincre leurs rivaux et par la faculté exclusive de pousser leurs bruyants appels d'amour. Aussi les Grecs disaient-ils ironiquement que les mâles des cigales vivent heureux, « ayant des femmes privées de voix ». Chez les oiseaux, les mâles ont des couleurs et des ornements qui éclatent, des armes contre leurs rivaux; voyez la différence entre les magnifiques oiseaux de paradis mâles et leurs modestes femelles, entre la queue du paon et le plumage uni de la paonne, entre le chant du rossignol et la voix de sa compagne. Parmi les mammifères, rappelez-vous la crinière des lions, les cornes des antilopes, des béliers, des taureaux, etc. Chez les oiseaux et les mammifères, les mâles sont d'ordinaire plus grands que les femelles : c'est parce qu'ils ont les os et les muscles plus forts; et ils les ont plus forts parce qu'ils ont été développés par une activité extérieure plus grande. Ils doivent, en effet, exercer cette activité pendant que la femelle est empêchée par l'incubation ou la gestation. En outre, leur race a été fortifiée par les combats entre mâles, tandis que les femelles des animaux supérieurs sont affaiblies par le sacrifice maternel croissant de la gestation, de la parturition, de la lactation, des soins aux jeunes, etc.

Darwin et Spencer ont voulu expliquer toutes ces différences physiques par la « sélection sexuelle », qui a dû faire préférer, de gré ou de force, les mâles les plus robustes et les plus agiles. Mais cette explication est incomplète. La force et l'agilité ne sont pas seulement une adaptation ultérieure; elles sont un trait primordial de l'activité masculine. C'est un déterminisme interne, non externe, qui produit entre le mâle et la femelle la division des fonctions pour la perpétuité de la vie et de l'espèce, par cela même les caractères « primaires » des deux sexes.

De même pour ce qu'on appelle les caractères sexuels secondaires : moyens de défense, etc. Wallace, dans son livre important sur *le Darwinisme*, discute les phénomènes d'ornementation masculine et montre qu'ils peuvent s'expliquer par « les lois générales de la croissance et du développement ». Or, si les ornements sont le produit naturel, le résultat direct de la santé et de la vigueur surabondantes, il n'est plus besoin ici de la sélection darwiniste pour expliquer la présence de ces ornements. Inutile d'appeler à notre aide une cause aussi hypothétique que « l'action accumulée de la préférence des femelles ». Considérez d'ailleurs les bigarrures si compliquées de l'oiseau ou de l'insecte mâle, et les lentes gradations d'une variété à l'autre, vous jugerez bien difficile d'accorder à des oiseaux ou à des papillons un degré de développement esthétique qui est rare même parmi les êtres humains. L'explication de Darwin supposerait chez les animaux une sensibilité esthétique par trop subtile. L'éclat du coloris, l'exubérance du poil et des plumes, et même le développement des armes sont avant tout, dans leur origine, des « affleurements de la constitution masculine[1] ». Par exemple, le pigment coloré étant un produit de désassimilation et de combustion, sorte de cendre brillante, une plus grande richesse de coloris ne fait que manifester une activité prédominante des échanges chimiques, aboutissant à une désassimilation intense. Les couleurs brillantes sont donc, d'ordinaire, le tempérament devenu visible. Dans un sens littéral, dit M. Geddes, « c'est pour la cendre que les animaux se parent de beauté », et les mâles le font davantage parce qu'ils sont mâles, non par aucune autre raison. D'où suit cet apparent paradoxe, ou plutôt cette vérité profonde, que tous les caractères sexuels appelés secondaires sont, au fond, primaires, puisqu'ils expriment le même tempérament général qui, dans un cas, a eu pour résultat la production des éléments mas-

[1] Geddes et Thomson. L'*Evolution du sexe.*

culins, dans l'autre, celle des éléments féminins.
Chez les lucioles, les lueurs semblent d'abord de
couleur identique et d'intensité à peu près égale;
cependant, avec plus d'attention, on reconnaît que
la lueur jetée par le mâle est plus intense, et surtout que le rythme de la lumière est plus rapide, les
éclairs plus courts; chez la femelle, la lumière est
plus durable, les éclairs plus éloignés et plus vacillants. Vous avez là l'indication sensible des contrastes que présente la physiologie des deux sexes.

Lorsque les sexes se sont différenciés, chacun
d'eux a eu sa fonction dominante. Le sexe féminin
a représenté principalement la conservation de
l'espèce et de sa structure typique, qu'il a été spécialement chargé de perpétuer. L'autre sexe a représenté surtout les forces de changement. Toute variation commence par être individuelle : elle est une
originalité, une excentricité de l'individu par rapport à l'espèce; elle suppose un écart du type, donc
un mouvement plus actif et plus personnel de la vie,
une transformation de l'énergie en formes ou en
actions nouvelles. Là où domine l'activité de dépense,
les permutations de molécules qui constituent ce que
les physiologistes appellent une « variation d'organes
ou de fonctions » sont nécessairement plus probables; elles le sont moins chez les femelles passives
et au repos. De fait, l'expérience prouve que les
mâles sont plus novateurs et plus inventeurs, soit

au physique, par la plus grande variation de leurs formes; soit au moral, par la plus grande variation de leurs idées et de leurs sentiments. Il en résulte une conséquence très importante pour l'évolution des espèces. Ce sont les mâles qui ont eu le rôle d'introduire et de transmettre à la descendance la majorité des variations. L'étude des pigeons domestiques, par exemple, montre, d'après les expériences de Brooks, que le mâle a le pas sur la femelle pour déterminer la production de variétés nouvelles. Ces variétés apparaissent presque toujours chez les mâles et se transmettent par eux : or l'éleveur, ici, ne laisse pas aux femelles le soin de choisir ; ce n'est donc pas, comme le prétend Darwin, la « sélection » sexuelle, mais la constitution même du mâle qui fait que ses variations sont et plus fréquentes et plus transmissibles. Brooks conclut : « Nous considérons les cellules mâles comme étant l'origine de la plupart des changements par lesquels l'espèce est arrivée à son organisation actuelle. » C'est le mâle qui marche en tête, la femelle qui suit dans la transformation des races. Toutefois, ajoute M. Geddes, dans les progrès qui eurent pour première origine « le sacrifice reproducteur et l'amour », les femelles ont « l'honneur d'avoir ouvert le chemin ». D'une manière générale, l'élément féminin représente donc dans l'histoire des espèces animales le principe de l'unité; le masculin, celui de la multiplicité.

L'un est la tradition spécifique, l'autre est l'innovation personnelle. Les deux sont également nécessaires : point de progrès possible sans les forces qui conservent et sans les forces qui modifient.

II. — Les divergences sexuelles sont d'autant plus marquées qu'on s'élève davantage dans l'échelle de l'évolution. C'est donc dans les races humaines et dans les individus humains les plus développés qu'on peut lire le mieux les traits physiologiques qui séparent les sexes. Le tempérament d'épargne se manifeste clairement chez la femme par des signes bien connus : rondeur des tissus, activité moindre des échanges moléculaires, d'où résulte une faim moindre, ainsi qu'une moindre puissance digestive[1]. Le développement de la poitrine, du bassin et des hanches, où les lignes courbes et ovales prédominent, est une conséquence nécessaire d'un tem-

[1] N'ayant pas autant à travailler de corps et d'esprit, elle recherche d'instinct les viandes blanches, les aliments légers et sucrés; elle est plus frugivore, l'homme est plus carnivore. Chez la femme, la capacité pulmonaire est d'environ 2,500 centimètres cubes, tandis que chez l'homme elle est de 3,700. L'absorption de l'oxygène et l'élimination de l'acide carbonique sont moindres. Le sang, moins rutilant, contient moins d'hémoglobine et de globules; sa densité est plus faible. Il est plus riche en lymphe, plus pauvre en albumine. La pression artérielle est moindre, la capacité relative du système veineux est plus grande. Tous ces signes annoncent moins d'activité dans les métamorphoses chimiques. Par le côté relativement lymphatique de son tempérament, la femme est exposée aux maladies que le lymphatisme favorise : scrofules, tuberculose, cachexies; le côté nerveux l'expose à toutes les maladies nerveuses, plus rares dans la pathologie masculine, telles que l'hystérie et les névroses.

pérament en prédominance de nutrition et destiné
lui-même à la nutrition de l'espèce[1]. Ce développement, en donnant le dernier trait à la beauté de
la femme, lui ôte en même temps l'agilité. Les
anciens poètes ont fait d'Atalante, de Camille, des
femmes légères à la course; on leur a répondu que
la rapidité de la femme, sinon de la jeune fille, est
chose impossible : la femme porte proportionnellement, diraient les physiciens, plus de « poids
mort ». Mais ce prétendu poids « mort », c'est ce
qui alimentera la vie des générations.

Le tempérament d'épargne entraîne encore, chez
la femme, la prédominance des fonctions de la vie
végétative et viscérale. C'est, en effet, aux viscères
que les fonctions de réparation et de construction
physiologique sont principalement dévolues : élaboration du sang, circulation, purification du sang
par la respiration, etc. Enfin, il y a des viscères qui
ont pour objet la nutrition même de la race et dont
l'importance est notoire dans la vie féminine. En
vertu du même tempérament, le système nerveux
de la femme est plus développé dans les ganglions
qui président à la vie végétative et sensitive; il est
moins développé dans les centres qui président plus
spécialement au travail musculaire et au travail
cérébral. Il faut bien que la femme, pour faire face

---

(1) L'accroissement du besoin est aussi nécessité, chez la femme,
par celui des cerveaux dans l'espèce.

aux dépenses de la maternité, fasse réserve de forces vitales. Qu'est-ce que la dépense demandée à l'homme pour l'espèce? Bien peu de chose. Chez la femme, au contraire, cette dépense sera considérable et prolongée. Aussi, dès que la femme atteint l'âge où elle peut être mère, elle subit déjà des crises périodiques en vue de la future nutrition de l'enfant et doit, à chaque fois, abandonner une partie de sa substance. Plus tard, pour la gestation, pour l'enfantement, pour l'allaitement, puis pour l'éducation première de l'enfant, quelle série de sacrifices physiologiques et moraux, exigeant une énorme réserve de forces! C'est la raison pour laquelle l'évolution individuelle est plus précoce chez la femme, et aussi plus vite ralentie, parfois même arrêtée, si bien que son type demeure plus jeune. Mais la femme, quand sa croissance personnelle est finie, continue de croître dans la personne de ses enfants; leur vie est, au pied de la lettre, le prolongement de la sienne. La femme n'est point enfermée dans son moi : elle déborde en autrui, elle est l'humanité visible. Est-ce là une « infériorité » ou une « supériorité ».? — C'est, en tout cas, une nécessité de constitution et de fonctions physiologiques, qui exige une nature autre que celle de l'homme.

CHAPITRE III

L'explication des différences morales entre les sexes doit être également cherchée, selon nous, dans la direction générale de l'organisme. Passons en revue les traits psychologiques du caractère masculin, chez les animaux d'abord, puis dans l'espèce humaine, nous les verrons encore se déduire de la constitution même, non des hasards de la sélection naturelle ou sexuelle, qui ne fait que les accuser avec le temps et ajouter son action à celle des causes physiologiques.

L'activité extérieure suppose, parallèlement à la force de résistance corporelle, un certain courage psychique. Pour expliquer l'audace des mâles, Darwin et Spencer nous disent : — Les mâles ayant toujours combattu entre eux, et pour la nourriture et pour l'amour, les plus courageux ont dû l'emporter et ont ainsi perpétué le courage même dans leur sexe, avec le goût de la lutte. — Voilà qui est clair; mais pourquoi les mâles combattaient-ils, tandis que les femelles ne combattaient pas? Pourquoi ces deux rôles si différents, surtout dans l'amour?

Au reste, quand on dit que les femelles ont moins de courage, encore faut-il s'entendre et distinguer les cas. Le courage des mères pour protéger et défendre leurs petits est bien connu : les exemples en abondent à tous les degrés de l'échelle animale. Pour n'en rappeler qu'un, Bonnet fait le récit coloré d'un cas où une araignée, tombée à la merci d'un fourmi-lion, combattit pour sauver ses œufs aux dépens de sa propre vie. Mais, chez la femelle, le courage est d'ordre maternel, défensif, tourné vers l'intérieur, au service de l'espèce; chez le mâle, il a une tout autre direction : il est aggressif, tourné vers le dehors, au service de l'individu et de son indépendance.

Un autre trait de l'activité chez les mâles, c'est, comme on l'a vu, son caractère explosif et impatient. Ayant un besoin organique de dépense et de mouvement, ils sont semblables à des batteries chargées d'électricité. Et si leur activité est tumultueuse, elle est parfois peu durable. Du moins a-t-elle besoin d'intervalles de repos, qui lui donnent souvent un caractère de discontinuité. Au contraire, les femelles sont calmes et patientes; leur persévérance ne se décourage pas. Loin de partir comme des ressorts, elles vont doucement et sans interruption à leur but.

Darwin et Spencer ont encore voulu expliquer ces
qualités psychiques des femelles par l'influence séculaire de la sélection, qui donnait plus de chances
de survie aux êtres dont la persévérance compensait la faiblesse et qui, par leur douceur, désarmaient la force. Même dans l'humanité, on a voulu
rendre compte de la patience féminine par la longue
« oppression masculine ». Raisons superficielles.
L'impatience des mâles et la patience des femelles
sont « dans le sang », inhérentes aux fonctions
mêmes de l'un et de l'autre sexe. Depuis la femelle
de l'oiseau qui couve ses œufs pendant de si longs
jours, jusqu'à la femme qui porte son enfant dans
son sein et l'allaite pendant de si longs mois, patience
et maternité ne font qu'un.

Le désir est de l'énergie qui demande à se dépenser dans une certaine direction, parce que la pente
est plus grande de ce côté que de l'autre : un être
aura d'autant plus de désirs, d'impulsions, de passions ardentes et tournées vers le dehors, qu'il aura
plus de force à déployer, plus d'activité et de pouvoir moteur. C'est donc encore par une évolution
naturelle que les tempéraments de dépense sont
passionnés. Dans la lutte pour l'amour, disent Darwin et Spencer, ceux qui avaient le plus d'ardeur
ont le mieux réussi à propager leur race ; nous l'accordons, mais la vraie cause en est avant tout constitutionnelle.

Un autre caractère des sentiments et des amours, c'est leur plus ou moins de constance. Or la constance suppose une tendance à intégrer et à conserver; cette qualité sera donc, en général, plus développée chez les femelles. Les mâles ont d'ailleurs, nous l'avons vu, le rôle de chercher dans toutes les directions — sans quoi ils ne trouveraient pas. Attribuer leur inconstance plus grande à ce que les plus changeants dans leurs amours ont multiplié les chances de propagation pour leur race, c'est de nouveau s'en tenir à des résultats extérieurs et remplacer la causalité par la finalité.

Considérons maintenant l'orientation générale des sentiments et émotions chez les animaux. De l'aveu des naturalistes, les femelles, surtout quand elles sont mères, ont une part plus grande et plus habituelle d'émotions « altruistes »; les mâles ont des sentiments plus personnels. C'est encore là une conséquence de la direction générale imposée à l'organisme, qui, nous l'avons vu, tend chez le mâle à l'individualité, chez la femelle à la solidarité. Enfin, au point de vue de l'intelligence, les mâles, par cela même qu'ils sont plus actifs, plus remuants, plus occupés au dehors et au loin, ont acquis nécessairement un domaine d'expérience plus étendu, des associations d'idées plus nombreuses et plus complexes. Il en résulte que, pour fournir tout ensemble et à une dépense cérébrale et à une dépense

musculaire plus grandes, le cerveau est devenu
chez eux généralement plus gros. En revanche, les
femelles ont plus de finesse, plus de coup d'œil et
plus de ruse ; leur rôle n'est pas d'aller de l'avant
pour percer en quelque sorte l'obstacle, mais d'attendre, d'observer et de deviner. Leur cerveau s'est
affiné intérieurement.

Tous ces caractères différentiels s'accusent dans
l'espèce humaine. C'est là que le tempérament moral
apparaît le mieux comme l'aspect intérieur du tempérament physique. Établissez en principe une plus
grande tendance à l'intégration chez la femme, à la
différenciation chez l'homme ; ajoutez cet autre principe, non moins important, que le courant intégrateur, chez la femme, a sa direction naturelle vers
l'espèce, dont la vie lui est particulièrement confiée,
et vous verrez se développer, par une nécessité
interne, toutes les conséquences relatives au tempérament moral des sexes.

La femme, avec sa constitution en prédominance
d'épargne, ne pouvait manquer d'être avant tout
sensitive, de même que l'homme, avec sa constitution de tendance opposée, est normalement actif.
Si, de plus, on distingue avec nous une sensibilité
vive et extérieure, celle des sanguins, une sensibilité plus intense et plus intérieure, celle des nerveux,
on reconnaîtra que la sensibilité sanguine est plus

généralement le lot masculin, et la sensibilité nerveuse, le lot féminin. Enfin, si l'on distingue encore
une activité vive et explosive, celle des tempéraments « colériques ou bilieux », une activité plus
lente et plus patiente, celle des « flegmatiques ou
lymphatiques », on reconnaîtra encore que la première sorte d'activité est plus masculine, la seconde
plus féminine. Si bien qu'en résumé, l'un des sexes,
étant plutôt sanguin-colérique, est par cela même
sensitif vif et actif ardent; l'autre, étant plutôt ner-
veux-lymphatique (dans le sens où ces mots indiquent des états sains et non maladifs), est par cela
même sensitif intérieur et actif modéré. Certes,
les quatre tempéraments se mêlent dans les divers
sexes et aux divers degrés de l'échelle animale;
mais, pour tout ce qui a rapport au sexe même et
à ses fonctions propres, vous êtes sûr de voir repa-
raître les traits caractéristiques de l'élément masculin et de l'élément féminin. L'homme le plus
doux et passif, le plus féminin d'ordinaire, redeviendra actif et entreprenant en amour; la femme la
plus sanguine et la plus « colérique » redeviendra
comparativement douce, patiente, intimement sensitive, dans les fonctions de l'amour et de la maternité. Une théorie complète du tempérament doit
donc le considérer tour à tour, comme nous l'avons
fait, sous deux aspects : celui des fonctions de
nutrition et celui des fonctions de propagation.

Au point de vue de la nutrition et de la croissance individuelle, c'est-à-dire des échanges intimes de la matière vivante, un individu d'un sexe quelconque pourra offrir les traits de tel tempérament spécial ; mais, au point de vue des fonctions qui ont pour objet l'espèce, le sexe masculin manifestera presque toujours le caractère actif et ardent qui le distingue, le sexe féminin son caractère réceptif, calme, tendre et maternel.

Pour passer des principes aux applications, examinons de plus près, dans l'espèce humaine, les diversités mentales qui portent sur la sensibilité, sur l'intelligence, sur la volonté. Nous avons déjà dit que la montée de la vie, chez la femme, devant aboutir à l'organisation de l'enfant, entraîne une direction prépondérante vers les viscères ; de là un développement considérable du grand sympathique, qui, dans le système nerveux, est leur représentant. Or, nous savons que les émotions viennent en majeure partie du contre-coup des organes internes e des vibrations qu'ils envoient au grand sympathique ; le caractère de la femme sera donc particulière-émotionnel. Son système nerveux est d'ailleurs plus excitable, ses actions réflexes plus intenses, ce qui entraîne une sensibilité plus vive. Elle connaît davantage, en particulier, et l'intensité et la variété de la souffrance. Il y a des types de suprême douleur que le peuple a toujours incarnés dans une femme.

Ne confondons pas la sensibilité affective, c'est-à-dire le pouvoir d'éprouver des émotions internes, avec la perception, qui saisit les qualités des choses extérieures. Certains expérimentateurs, dont quelques-uns assez suspects (comme M. Lombroso), ont confondu les deux acceptions du mot de sensibilité, et ils ont prétendu que la femme était moins sensible parce que, chez elle, la perception est, disent-ils, moins vive et moins délicate. Nous avions toujours cru que les femmes avaient l'ouïe fine, l'odorat fin, le goût fin, le tact exquis et des yeux qui savent fort bien voir, même de côté. On prétend aujourd'hui le contraire; on nous dit que les dégustateurs hommes sont supérieurs aux femmes, — ce qui est bien possible, surtout en fait de vins; on nous dit que ce sont les hommes qui accordent les pianos, qui sont assortisseurs de fils, etc. Laissons-leur cette gloire. Nous conservons cependant des doutes sur les sens obtus de la femme, dont nous n'avons jamais rencontré un seul exemple. Mais, quand nous entendons M. Mantegazza, après avoir soutenu que les femmes ont les sens moins parfaits, ajouter que, si le suicide est plus rare chez les femmes, c'est à cause de « leur moindre sensibilité *à la douleur* », et quand M. Lombroso, de son côté, explique par la moindre sensibilité le moindre génie artistique des femmes, quelle confiance pouvons-nous avoir dans ces pré-

tendues observations et déductions scientifiques?
Tout ce qu'on peut dire, c'est que la douleur, chez
la femme, est moins explosive, moins portée aux
coups de désespoir, plus installée à demeure au
fond d'elle-même. Beaucoup restent affectées à tout
jamais, sans pouvoir refaire leur existence [1].

Schopenhauer dit : «La femme paie sa dette à la
vie non par l'action, mais par la souffrance : douleurs
de l'enfantement et soins inquiets de la famille. »
Cela est vrai, mais Schopenhauer oublie d'ajouter
que la femme paie encore sa dette par l'amour; et
l'amour, lui aussi, n'est-il point une « action », une
expansion même, mais ayant pour but de réunir

(1) Chez l'homme, la folie et le suicide ont généralement pour
causes les luttes de la vie, l'abus du travail intellectuel ou des plaisirs sensuels; chez la femme, le manque d'affection ou l'affection
contrariée. Aussi, chez l'homme, le maximum des cas de folie et
de suicide est de trente-cinq à cinquante ans, époque des grands
efforts et de la lutte; chez la femme, c'est de vingt-cinq à trente,
époque des déceptions amoureuses. M. Mantegazza a donc pris ici le
contre-pied de la vérité, et nous craignons fort qu'il ne se trompe de
même dans ses jugements sur la grossièreté des perceptions féminines.

M. Féré, lui aussi, dans son excellente *Pathologie des émotions*, commence par affirmer que « la sensibilité générale et spéciale est moindre
dans le sexe féminin », mais, à la page suivante, il nous montre que,
chez les femmes, les mouvements des organes respiratoires et circu-
latoires subissent des variations énormes sous les influences les plus
légères; que la rougeur du visage ou la pâleur apparaissent aux
moindres excitations; que, toute sa vie, la femme est sous l'influence
de conditions qui favorisent les émotions : puberté, crises mens-
truelles, grossesse, allaitement, ménopause; enfin il conclut que
« l'émotivité, comme l'excitabilité réflexe en général, est plus grande
chez la femme que chez l'homme ». Mais alors, ce qu'on avait retiré
d'une main, au nom de la Science, on le rend de l'autre, toujours au
nom de la Science.

plusieurs cœurs en un seul ? Aimer, tel est le trait
dominant de la sensibilité féminine. On l'a répété
bien des fois : pour l'homme, l'amour est la joie de
la vie, pour la femme, il est la vie même.

L'amour conjugal a chez la femme des traits particuliers ; il est moins sensuel, plus calme, plus
élevé et plus constant. En d'autres termes, il est,
comme tout le reste de la constitution féminine, à
l'état d'organisation. On accuse les femmes d'instabilité et de légèreté. Outre que leur légèreté ou
leur vanité, là où elle existe, est la plupart du temps
la faute des hommes, c'est seulement pour ce qui
est en dehors de leurs tendances naturelles que les
femmes se montrent versatiles et justifient le mot
de Shakspeare : *Frivolity; thy name is woman;*
pour tout ce qui est en harmonie avec leur sexe,
elles sont au contraire tenaces dans leurs sentiments
comme dans leurs desseins. La maternité, d'ailleurs,
suffirait seule à leur enseigner, avec la constance,
la longue espérance. Que de mois, que d'années il
faudra attendre pour que l'enfant soit devenu tel
que sa mère, à l'avance, se le représente ! Et elle
fait mieux qu'attendre l'avenir, elle le fait croître
elle-même sous ses yeux, incarné dans son enfant.

L'amour de la femme s'attache de préférence aux
qualités les plus fondamentales et les plus durables,
soit du corps, soit de l'esprit, c'est-à-dire à ce qui
fait l'essence même de la virilité. Elle se laisse géné-

ralement moins séduire par la seule beauté physique que par la puissance corporelle ou intellectuelle, surtout par les qualités morales. C'est le sentiment des intérêts permanents de la famille et de l'espèce qui explique, selon nous, le respect des femmes non cultivées pour la force du corps, celui des femmes cultivées pour la force de l'esprit ou du caractère. Spencer, comme on pouvait s'y attendre, a encore ici recours à la sélection naturelle et sexuelle : les femmes qui préféraient les hommes les plus forts, dit-il, avaient plus de chances de se survivre dans leur postérité[1]. Selon nous, le goût de la femme pour des qualités qui sont complémentaires des siennes provient avant tout d'une attraction de tempérament. En outre, si la femme a un instinct de soumission et aime à être protégée par la vigueur virile, c'est là une suite naturelle et du sentiment de sa faiblesse et de son tempérament destiné à la vie intérieure, non aux luttes du dehors. Enfin, une sorte d'instinct maternel anticipé fait pressentir à la future mère l'intérêt qu'ont les enfants à avoir des pères vigoureux de corps et d'esprit.

Le goût de plaire et le talent de plaire, qui sont encore caractéristiques chez la femme, provien-

---

(1) Spencer explique aussi par « l'admiration pour la force », qu'il exagère beaucoup, ce fait bizarre des femmes du peuple affectionnant les maris qui les maltraitent : « S'il me plaît, à moi, d'être battue ! »

draient aussi, selon Spencer, de ce que, « parmi des femmes vivant à la merci des hommes, celles qui savaient charmer étaient celles qui avaient le plus de chances de vivre ». Quoique la sélection ait pu agir en ce sens, il nous semble que l'instinct de séduire a des raisons plus profondes. Tout d'abord, la faiblesse corporelle de la femme l'oblige à employer dans la lutte les moyens qui lui sont propres. Elle ne recherche pas, elle est recherchée ; et pour être recherchée, il faut bien qu'elle plaise. En outre, tout être a un instinct qui le porte à conserver, à accroître ses avantages naturels, et la femme a le sentiment du don de beauté qui est son partage. Elle qui a l'esprit de conservation et d'organisation, comment ne l'exercerait-elle pas tout d'abord sur ce qui lui donne du prix et la fait aimer ? Parmi ses vertus natives, il faut donc placer ce que nous appellerions volontiers l'esthétique personnelle, c'est-à-dire le culte de la beauté dans sa personne, — beauté qui est d'ailleurs un héritage précieux à conserver pour l'espèce. Il y a pareillement, selon nous, un élément esthétique dans ce sentiment féminin par excellence, replié sur soi et s'enveloppant de mystère : la pudeur. C'est le respect physique de soi-même, et c'est aussi le sens de l'idéal se mêlant aux réalités les plus grossières. Il ennoblit l'amour de la femme, il excite l'homme à ennoblir et à idéaliser son amour.

Selon Spencer, la tendresse des mères pour leurs enfants (et même celle des pères), considérée dans son essence, serait l'affection pour le faible. Nous ne saurions l'admettre. Aimer son enfant, c'est d'abord aimer un prolongement de sa propre individualité ; c'est aussi aimer l'espèce entière dans un être qui la représente ; c'est enfin et surtout aimer l'enfant lui-même, pour l'homme qu'il sera un jour et dont il offre déjà l'ébauche. Et si l'amour pour l'enfant est plus profond encore chez la femme que chez l'homme, c'est que la femme a non seulement conçu son enfant, mais encore l'a nourri de son sang, puis de son lait ; elle se reconnaît donc en lui davantage. De plus, la tendance générale de son caractère à représenter l'espèce en croissance ininterrompue, avec la suite sans fin des générations toujours alimentées aux mêmes sources, lui fait mieux pressentir et entrevoir dans son enfant la grande famille humaine.

A en croire Schopenhauer, ce qui rend les femmes particulièrement aptes à soigner et à élever notre première enfance, c'est qu'elles sont elles-mêmes puériles, futiles et bornées : « elles demeurent toute leur vie de grands enfants ». — Pure boutade. Si la mère est la meilleure des éducatrices, ce n'est pas parce qu'elle est un enfant, mais parce qu'elle est une mère, c'est-à-dire qu'elle aime et qu'elle est prête à tous les sacrifices. Chacun con-

naît les statistiques qui démontrent l'énorme mortalité des enfants élevés par d'autres personnes que
leurs mères. C'est que les mères seules sont capables de s'oublier elles-mêmes : le dévouement est
pour elles non pas une « seconde nature », mais la
première. Et ce ne sont pas seulement les soins
matériels que seule la mère peut donner : seule
aussi elle est apte à la première éducation intellectuelle et morale de l'enfant. Sa parole, son exemple
sont le meilleur des enseignements pour un âge où
domine l'instinct imitateur. Plus juste et plus profond que Schopenhauer, Kant ne cessait de répéter
dans sa vieillesse : « Je n'oublierai jamais que c'est
ma mère qui a fait germer le bien qui peut se trouver
dans mon âme. » Quant à l'assimilation de la femme
à l'enfant, — lieu commun si fréquent chez les
écrivains de toute sorte, — c'est une erreur biologique autant que psychologique. Il y a sans doute
un trait commun à l'enfant et à la femme : la prédominance de la vie intégrative et sensitive, mais
sous des formes tout à fait diverses. Ici, il s'agit
d'un être non encore développé, qui n'emploie sa
puissance d'intégration qu'à son développement personnel, qu'à sa croissance physique et mentale : de
là ces sentiments égoïstes si naturels à l'enfant. Les
sentiments de la femme, au contraire, vont généralement vers autrui. Rapidement développée, elle
emploie son pouvoir intégrateur au profit de la

famille et de l'espèce; et si elle reste plutôt sensitive qu'énergiquement active et motrice, ce n'est
pas le moins du monde à la manière de l'enfant,
chez qui la pauvreté même et la simplicité dès sentiments leur donnent une vivacité artificielle et un
caractère explosif. La femme est riche de sentiments
complexes et organisés : c'est un cœur développé
et non embryonnaire.

Par une incroyable injustice, on a essayé de tour-
ner les qualités mêmes du sexe féminin, et les plus
belles, en marques d'infériorité. Parle-t-on, comme
nous venons de le faire, de l'amour maternel, ou
encore de l'amour conjugal, certains hommes de
science (qui nous paraissent interpréter à rebours
les faits scientifiques) ne craindront pas d'en tirer
argument pour rapprocher la femme des « mammifères inférieurs ». L'amour maternel, dit le Dʳ G. Le
Bon, est bien autrement développé chez certains
singes. La guenon, par exemple, ne survit jamais à
la mort de ses petits. Certains oiseaux contractent
des unions indissolubles où ils font preuve des sentiments les plus tendres, et l'amour éprouvé par la
femelle pour son compagnon est si profond qu'elle
meurt bientôt de douleur quand la mort vient le
lui enlever. D'où on insinue que les femmes « représentent les formes les plus inférieures de l'évolution humaine ». Nous dirons, tout au contraire,
que l'amour de la progéniture, chez les animaux,

15

est le représentant anticipé, sous la forme de l'instinct, de l'évolution supérieure. Parce que le sentiment maternel existe depuis qu'il y a des mères, est-ce une raison pour en méconnaître et la valeur et la beauté? Appliquez ce mode étrange de raisonnement aux « supériorités masculines », vous les verrez, elles aussi, remonter aux étages inférieurs de l'évolution. Qu'y a-t-il de plus antédiluvien que ce courage dont se targue le sexe fort? Les lions aussi sont courageux, et ils sont plus forts que nous. Les sauvages sont plus hardis et plus vigoureux que les civilisés; ce n'est pas une raison pour déprécier le courage, ni même la vigueur corporelle. Est-ce le plein jour qui est le représentant de l'aube, lumière inférieure, ou n'est-ce pas plutôt l'aube qui annonce le jour?

CHAPITRE IV

L'INTELLIGENCE CHEZ L'HOMME
ET CHEZ LA FEMME

Si la femme dépasse l'homme par les sentiments affectueux, l'homme semble reprendre l'avantage quand il s'agit de l'intelligence, ou du moins d'un certain emploi de l'intelligence.

La réserve des forces féminines ayant pour principal objet la vie de la race, on comprend que tout ce qui sert à la dépense musculaire ou cérébrale, soutien de la vie individuelle, devait acquérir chez la femme un moindre développement. C'est pour cela que, chez elle, les membres qui accomplissent les travaux extérieurs, puis les viscères thoraciques que ces travaux mettent immédiatement à contribution, sont de taille moindre. Et de même que les membres qui agissent, le cerveau qui les fait agir est resté plus petit.

Le crâne de l'homme rappelle davantage celui du singe, du sauvage et du vieillard, le crâne de la femme, celui de l'enfant. Mais la plus grande jeu-

nesse typique de la femme n'est pas le signe d'une
infériorité. Le singe *enfant* est beaucoup plus semblable à l'homme que le singe adulte. « Le progrès
de notre race, a-t-on dit, a été un progrès en jeunesse [1]. »

Le volume et le poids du crâne ne sont pas tout.
D'abord, ils sont en proportion avec le volume et
le poids du corps entier (ce dont ni M. Lebon, ni
M. Lombroso ne tiennent compte). En outre, ils
sont liés à la quantité du travail intellectuel et musculaire, non à leur qualité, qui s'exprime plutôt
par la complexité des circonvolutions et par des
caractères chimiques ou électriques pour nous insai-
sissables. M. Le Bon met les Parisiennes « bien au-
dessous des Chinoises » pour la capacité cranienne,
et il les rapproche des « gorilles ». Nous convien-
drons sans peine que les Parisiennes ne se servent
guère de leurs muscles et que, dans leur vie trop
souvent frivole ou dans leurs travaux plus délicats que pénibles, elles ne font guère de puissants
efforts cérébraux; mais il y a bien d'autres éléments
à mettre en ligne de compte. Le cerveau des Poly-
nésiens a une capacité moyenne supérieure de
27 centimètres cubes à celle des Parisiens (hommes);
cela tient à leur haute stature. Chez les femmes, a
une masse organique moindre correspond néces-

_____

(1) Havelock Ellis, *Man and woman*.

sairement une masse cérébrale moindre. Selon Sappey, les différences individuelles que présente le cerveau d'homme à homme, sous le rapport du volume et du poids, sont beaucoup plus considérables que les différences d'un sexe à l'autre. Un très grand nombre de femmes ont, selon lui, une masse encéphalique supérieure à celle de beaucoup d'hommes. M. Manouvrier a fait voir que, ni par son poids absolu, ni par son poids relatif au reste du corps, l'homme n'occupe dans la série zoologique la place que devrait lui assigner son immense prépondérance intellectuelle, si cette prépondérance se mesurait au poids du cerveau. « Par son poids cérébral absolu, l'homme se trouve placé au-dessous de plusieurs grands mammifères (tels que l'éléphant); par le poids cérébral relatif, plusieurs animaux de très petite taille l'emportent sur lui. » Le poids absolu et le poids relatif de l'encéphale, tout en étant en rapport avec le développement intellectuel, croissent, le premier en raison directe, le second en raison inverse de l'accroissement de la masse organique totale. Suivant le D' Manouvrier, le poids proportionnel du cerveau par rapport au poids et aux dimensions du corps entier est seul intéressant; or, ce poids proportionnel est plus grand chez la femme que chez l'homme. Selon Broca et selon le D' Topinard, la campagne dirigée contre la femme, au point de vue anthropologique, ne trouve

pas d'appui dans la craniométrie. « La différence
de capacité cranienne entre les hommes et les femmes
ne varie pas dans les races suivant la loi qu'on prétend, et la civilisation n'accentue pas cette différence.
L'infériorité moyenne de capacité cranienne chez la
femme est, en majeure partie, due à sa taille. Il
y a égalité entre les deux sexes pour le développement cérébral, et même on pourrait soutenir —
fait en rapport avec ce que l'anatomie comparée
indique comme constituant le véritable progrès mor-
phologique cérébral — que la femme est plus avancée
en évolution que l'homme. » (*Revue d'anthropologie*,
15 juillet 1829.) Même opinion chez le Dr Büchner.
— *Adhuc sub judice lis est.*

Toute une école d'anthropologistes pense que les
commencements des groupes sociaux furent carac-
térisés par l'équivalence des sexes, et plus tard,
dans certaines tribus, par la prévalence de la femme.
Les hommes de ces tribus, nous dit-on, ne s'occu-
paient que de chasse et de pêche ; la femme servait
comme principal agent de production. D'autre part,
étant physiologiquement destinée à perpétuer l'espèce et à soigner les enfants, la femme a pu grouper
la famille autour d'elle et obtenir même à la fin une
certaine suprématie. C'est la période du matriarcat,
dont parlent Hérodote, Denis, Cassius et Polybe. On
en retrouve les vestiges dans les mœurs des anciens
Germains et, aujourd'hui, chez quelques tribus de

l'Afrique ou de l'Océanie. Mais, une fois que la masse des hommes se différencia, et que les groupements sociaux prirent plus de consistance, la lutte, jusqu'ici dirigée contre les animaux, s'établit aussi entre les hommes, d'un clan à l'autre. Les guerres entraînèrent l'institution des esclaves, qui remplacèrent les femmes dans la production. Le sexe féminin, perdant alors quelque chose de son rôle économique, perdit aussi de son importance, de son pouvoir, de son activité intellectuelle.

Aujourd'hui, le cerveau féminin est moins susceptible d'efforts intellectuels *prolongés* et *intenses*; mais la raison en est tout à l'honneur de la femme, puisque son rôle dans la famille implique un développement en quelque sorte indéfini de la vie du cœur et de la force morale, plutôt qu'un développement de la vie intellectuelle et de la force cérébrale.

Les physiologistes ont d'ailleurs montré que les fonctions qui ont pour but la propagation et la nutrition de l'espèce sont en antagonisme avec une trop forte dépense du cerveau. Le tempérament viril est plus moteur, et la pensée implique un mouvement cérébral qui, invisible, n'en est pas moins pénible. Attaquer un problème pour le résoudre n'est pas moins ardu que d'attaquer un rocher pour le fendre ou un adversaire pour le terrasser. Il en résulte que le cerveau de l'homme, devenu plus gros et plus fort, nourri par un orga-

nisme plus robuste lui-même, est aussi plus capable
de fournir aux frais nerveux et musculaires de l'attention.

Par son côté objectif, qui représente en nous le
monde extérieur et non intérieur, l'intelligence
a un caractère impersonnel et universel, qui la rend,
plus que nos autres facultés, indépendante des individus et des sexes ; il n'y a donc aucune raison pour
que les femmes soient incapables d'apprendre, de
comprendre et de retenir les résultats acquis à la
science. Mais il y a aussi dans l'intelligence un côté
personnel : c'est l'intensité, la durée et la direction
de l'effort. Là, ce n'est plus l'intelligence toute seule
qui est en cause, mais encore et surtout l'activité,
la volonté, en tant que dirigée vers les centres cérébraux. Le même influx nerveux, en effet, peut prendre deux directions différentes selon qu'il faut agir
avec les membres ou agir avec la tête ; dans un cas,
l'innervation se dirige sur les muscles, dans l'autre,
sur les centres du cerveau ; dans les deux cas il y a
usure, et il y en a davantage quand c'est le cerveau
qui travaille. L'attention, d'ailleurs, ce grand ressort
de l'intelligence, met elle-même en jeu les muscles,
comme les physiologistes l'ont démontré. L'attention intense et soutenue exige donc un cerveau à la
fois énergique et « dépensier » ; c'est une fonction
désintégrative. S'il y avait un dynamomètre pour
mesurer l'intensité t la durée de l'effort intellectuel,

le sexe masculin, en moyenne, amènerait des chiffres plus élevés et pourrait réaliser, au moral comme au physique, une plus notable quantité de force maxima. Or, un grand effort sur un point pourra entraîner plus de pénétration scientifique, tout comme un bras puissant enfoncera plus avant une épée. En d'autres termes, toute la partie dynamique et motrice de l'intelligence, tout ce qui en elle est affaire de quantité doit dominer chez le sexe masculin, où l'énergie est plus considérable et, en même temps, plus portée à se dépenser.

Quant aux éléments *qualitatifs* de l'intelligence, ils sont plus liés à la manière de sentir qu'à la manière d'agir et de vouloir. Telle forme d'imagination et de mémoire, par exemple, sera liée à la nature des organes sensitifs et des centres cérébraux dont ils dépendent. Les objets mêmes de l'intelligence sont toujours plus ou moins sensitifs. Les rapports des objets dépendent en partie de la réalité sensible, telle qu'elle tombe sous notre observation, mais ils ne peuvent être induits ou déduits que par une activité qui s'élève de plus en plus au-dessus des sens et où l'invention joue un rôle considérable. Il faut construire tout un monde en soi-même pour le confronter ensuite avec le monde réel. Les qualités intellectuelles qui exigent un pouvoir de variation et d'innovation sont donc plus grandes chez l'homme que chez la femme. Les qualités intel-

lectuelles qui exigent une moindre influence de la
sensibilité seront, aussi plus fréquentes chez le sexe
moins sensitif. Il faut une volonté énergique et
froide pour ne pas laisser l'effort intellectuel tomber
ou s'égarer hors du chemin prescrit. Il faut en même
temps une grande puissance de réflexion pour dégager le but intellectuel à poursuivre de toutes les impressions venues des sens, de l'imagination, des
inclinations et des passions, en même temps que des
idées reçues, des préjugés, des coutumes, etc. Comment ne pas reconnaître là, de nouveau, l'audace instinctive, la témérité, parfois même la violence du
sexe fort ? Au contraire, tout ce qui exige adresse,
délicatesse, finesse, tact, tout ce qui est, pour ainsi
dire, *sentiment intellectuel*, tout ce qui dérive d'une
sensibilité plus impressionnable et plus spontanée,
est particulièrement à la portée de la femme, du
moins lorsque le sentiment ne va pas chez elle
jusqu'à la passion, ou que sa passion a pour objet
des idées désintéressées, surtout de l'ordre moral

Il y a des opérations intellectuelles qui exigen
d'une façon toute particulière la tension du cerveau
et le mouvement de ses molécules ; ce sont celles
que les anciens avaient si bien nommées « discur-
sives » : comparaison, abstraction, généralisation,
raisonnement. C'est une vraie course à l'assaut des
sommets où se révèlent les horizons. Toutes ces
opérations conviennent particulièrement à l'intelli-

gence virile. Il faut faire des voyages intérieurs, courir des aventures à travers les idées, se dépenser en un mot dans son propre cerveau comme dans une usine ou une forge brûlante. Ce travail suppose que les forces accumulées par la nutrition sont dérivées non plus vers les fonctions intégratives du cerveau, mais vers les fonctions dépensières qui transforment l'énergie potentielle en mouvements visibles ou invisibles. Il serait étonnant que la distinction du sexe fort et du sexe faible ne se retrouvât point dans des opérations qui exigent avant tout le déploiement et la direction de la force.

La femme est plus apte aux idées particulières qu'à la généralisation et à l'abstraction. Sa curiosité s'adresse surtout aux faits et aux détails. C'est que les objets particuliers sont des intégrations visibles, offrant la synthèse immédiate de ce que l'analyse scientifique décompose. Une intelligence où l'intégration domine, et qui est plutôt sensitive qu'active, sera donc en naturelle harmonie avec ce qui est individuel. L'homme a l'esprit plus déductif, la femme plus intuitif. L'intuition, c'est l'œil ouvert qui voit immédiatement un ensemble, et sans effort. Chez l'homme domine l'analyse réfléchie, qui aboutit peu à peu à la différenciation ; chez la femme, la synthèse spontanée et l'intégration. La femme la plus habile dans son art ou dans son métier saura vous montrer comment elle fait, plus rarement le démontrer ou même le décrire. L'analyse scientifique, sans être le moins du monde impossible pour les femmes, n'est point leur vocation naturelle. Leurs associations d'idées se font plutôt dans l'espace, où l'esprit embrasse des objets simultanés, que dans le temps, où s'enchaînent des séries successives; dans le temps même, leurs idées se lient plutôt par contiguïté que par causalité, la contiguïté étant encore l'objet d'une synthèse intuitive et imaginative, la causalité, d'une analyse discursive et rationnelle. Enfin, en fait de causes et d'effets, de principes et de conséquences, la femme s'attachera plutôt aux résultats directs et immédiats qu'aux conséquences indirectes et lointaines.

Une fois liées dans le souvenir, les images et idées sont ordinairement durables chez la femme. Sa réceptivité et sa tendance à l'assimilation rendent sa mémoire ordinairement moins oublieuse que celle de l'homme, surtout pour les faits, qu'elle a par cela même plaisir à raconter. En vertu de raisons analogues, elle a plus de docilité à apprendre, comme aussi plus de facilité à croire ceux qui ont obtenu sa confiance.

L'imagination de la femme est plus exaltée que celle de l'homme. Moindre est la quantité de force dépensée au dehors, plus grande est la production intérieure des images. Sensible et imaginative, il est inévitable que la femme se laisse d'ordinaire guider par ses sentiments plutôt que par des idées abstraites et générales. « La femme, dit Daniel Stern, arrive à l'idée par la voie de la passion ». Au reste, l'esprit mobile de la femme ne peut guère soutenir un raisonnement à perte de vue et ne se laisse pas facilement convaincre par les longs raisonnements d'autrui. Chez elle l'emportent ces raisons du cœur que la raison ne connaît pas. Mme de Sévigné avouait que « les raisonnements abstraits lui étaient contraires ». Elle ne voulait point « philosopher » et se bornait « à rêver bonnement, comme on faisait du temps que le cœur était à gauche ».

Une intelligence hardie et entreprenante se propose-t-elle un but difficile et plus ou moins élevé, elle ira droit à ce but sans faire attention au reste ; dédaigneuse ou impatiente des menus détails, elle fermera volontiers les yeux devant tout ce qui contrarie son dessein et ne s'embarrassera guère des objections. De là, chez l'homme, un esprit plus systématique. Or, avoir un système, même inexact et incomplet, c'est toujours une force. La science doit ses progrès à la hardiesse des théories autant qu'à la puissance et à la durée des observations. Le danger est de ne rien voir en dehors de son système. Chez la femme, au contraire, l'esprit de finesse domine plus que l'esprit de géométrie. Cette logique à outrance dont parle le démon de Dante, cette logique diabolique qui pousse les conséquences jusqu'à l'absurde

même, n'est point son fait. Si l'homme voit plus loin
et plus haut, la femme, quand ses passions ne sont
pas en jeu, voit souvent plus juste. Il y a certaines
nuances de vérités qui sont comme les modulations
enharmoniques, où il suffit de hausser, de baisser
imperceptiblement la note pour passer d'un ton à
un autre ton très éloigné : la femme est particulièrement apte à saisir ces nuances. Antipathique aux
utopies et aux chimères, elle ne perd pas de vue le
côté positif et pratique des choses. Modératrice et
modérée dans les questions où sa personnalité et
celle des siens ne sont pas en cause, son jugement
est plus circonspect, plus prudent, plus réservé.
C'est, disait Proudhon, « la Minerve protectrice
d'Achille et d'Ulysse, qui apaise la fougue de l'un et
fait honte à l'autre de ses paradoxes ou de ses roue-
ries ». Selon M. G. Le Bon, la pénétration féminine
serait de même ordre « que l'instinct qui dit au
singe si l'aliment qu'il tient à la main lui sera utile
ou nuisible, à l'abeille quelle est, parmi les formes
innombrables qu'elle pourrait donner à son alvéole,
celle qui contiendra le plus d'espace avec le moins
de dépense de matériaux ». Ayez donc de la finesse !
On vous dira que vous ressemblez aux bêtes[1]. Selon

(1) Selon nous, ces raisonnements pseudo-évolutionnistes restent
en dehors de la vraie question. Assimiler la femme à l'animal et au
« sauvage » n'est pas plus scientifique que de l'assimiler à l'enfant.
L'instinct intellectuel de la femme ne tient pas à l'infériorité de son
évolution, mais au sens et à la direction normale de cette évolution

Spencer, la pénétration féminine serait un résultat en quelque sorte adventice des longs siècles de barbarie pendant lesquels la femme, être plus faible, était obligée de recourir à l'art de deviner, et même à la ruse, pour suppléer à la force corporelle. « La femme qui, à un geste de son mari sauvage, à une intonation, à la physionomie, devinait instantanément la colère naissante, pouvait échapper à des dangers dans lesquels une femme moins habile à interpréter le langage naturel du sentiment se serait précipitée. » De là « des chances de vie supérieures ». C'est vraiment pousser le darwinisme à l'extrême, et la subtilité jusqu'à la naïveté. Qui croira que la finesse féminine soit due à ce que les femmes les plus rusées n'ont pas été tuées ou mangées par leurs maris ? Nous touchons ici aux contes d'ogres et de petits poucets. M. Spencer va jusqu'à voir dans cette sélection des âges barbares le germe du « talent psychologique » de George Eliot. Il résulte de ces origines, dit-il, « une habileté extrêmement

---

même. La femme n'est pas « restée en arrière », elle a avancé, mais dans la voie que lui imposait sa nature. Toute constitution où dominent les fonctions intégratives ou synthétiques, et qui a ainsi pour objet de fixer les résultats acquis à l'espèce, manifestera une supériorité d'instinct. Cette supériorité n'est pas pour cela une infériorité. C'est presque par tempérament que la femme est fine, adroite, psychologue, habile à tirer avantage de ses désavantages mêmes, le tout en parfaite droiture de cœur et d'esprit ; elle s'estime dans son droit en reconquérant ce qui pouvait lui être dénié ; et au surplus, si c'est elle qui remporte la victoire par ces moyens tout pacifiques, elle se sent très rassurée au sujet de tous, vainqueurs et vaincus.

remarquable à interpréter les dispositions d'esprit
des autres. Nous en connaissons un exemple vivant,
qu'aucune femme jusqu'ici n'a égalé, que peu ou
point d'hommes ont surpassé ». C'est sans doute
aussi, en France, à la brutalité de nos ancêtres sauvages que nous devons les observations psychologiques de George Sand ! Ce misogyne de Schopenhauer lui-même, après avoir doté les femmes pour
toute leur vie d'une « raison de dix-huit ans, strictement mesurée », oublie bientôt son paradoxe et
confesse que, dans les circonstances difficiles, il ne
faut pas dédaigner de faire appel, comme autrefois
les Germains, aux conseils des femmes. Les Germains en effet, nous dit Tacite, croyaient qu'il y a
« quelque chose de saint et de prévoyant qui est
inné aux femmes ; aussi ne dédaignaient-ils point
leurs avis et ne rejetaient-ils point leurs réponses [1] ».

---

[1] A certaines intuitions géniales sur l'amour, Schopenhauer a mêlé
les paradoxes les plus absurdes et les plus immoraux. Sa psychologie des femmes est une psychologie par boutades, où l'humour rem-
place la raison. Il commence par déclarer que l'homme a un ban-
deau sur les yeux pour appeler beau « ce sexe de petite taille, aux
épaules étroites, aux larges hanches et aux jambes courtes ; au
lieu de l'appeler beau, il eût été plus juste de l'appeler l'*inesthé-
tique!* » Ainsi l'humanité entière, y compris tous les artistes, s'est
trompée, et il faudra désormais dire : le sexe laid. Nous ne nous
arrêterons pas à démontrer que la prédominance des lignes courbes,
l'harmonie et la délicatesse des membres, la fraîcheur du teint, la
grandeur des yeux, la vivacité ou la douceur du regard et du sourire,
la souplesse enfin des mouvements et de la démarche ne sont point
des qualités « inesthétiques ». En outre, la femme étant faite pour
aimer et être aimée, elle a ce qui communique à la beauté son caractère aimable, c'est-à-dire la grâce, reflet de la bonté.

Il est bien difficile de déterminer, parmi les qualités ou défauts de l'intelligence, ce qui tient à la nature même de la femme, et ce qui tient aux effets accumulés d'une instruction inférieure, continuée pendant des siècles. Toutefois, la spécialité du talent nous semble être bien plutôt la suite naturelle de la tendance à la différenciation qui caractérise la nature masculine. De même pour l'originalité du talent. L'intelligence de l'homme va d'elle-même à la nouveauté. Le sexe mâle, étant partout plus « variable », présente davantage les grands écarts par rapport à la moyenne, soit en bien, soit en mal; sa courbe diverge plus. La femme, avec son esprit conservateur et stable, utilise les effets des « variations » passées plus qu'elle n'aspire à des modifications nouvelles; elle représente la part de raison et de sagesse déjà acquise, intégrée et fixée dans l'espèce; elle a donc, en général, plus de « sens commun ». En matière d'esthétique, elle sera moins portée aux innovations et aux excentricités du génie; elle aura du goût. Une originalité puissante est chose rare, jusqu'à présent, dans les œuvres des femmes, qu'il s'agisse de la littérature ou des arts, et, parmi les arts, de celui même qu'elles cultivent le plus, la musique. Les premières industries, a-t-on dit, sont nées entre les mains des femmes, les arts entre les mains des hommes.

Le génie est une dépense de forces en vue d'une

16.

adaptation nouvelle de l'homme au milieu social ou
cosmique. Il suppose la puissance et l'audace de la
volonté qui s'élance vers l'inconnu de l'avenir. Plus
ou moins révolutionnaire et conquérant, il n'a souci
ni des résistances possibles et probables, ni des
opinions reçues, ni des traditions séculaires. Que
de grands hommes ont payé leur originalité de leur
vie, comme les Socrate et les Jésus! Les hautes
vérités du domaine scientifique et moral sont le
royaume de Dieu dont parle l'Évangile et dont il
faut forcer l'entrée : *Violenti rapiunt illud*. La femme
eût-elle la puissance d'effort cérébral nécessaire à
ces conquêtes, il y a une retenue, une modestie, une
timidité naturelle qui l'arrêtent : elle sent que ce
n'est pas son rôle. « J'ai été un homme, dit Gœthe,
c'est-à-dire un lutteur. » Nous n'oublions point qu'il
a existé une Jeanne Darc; mais il a fallu les voix des
saintes pour entraîner la jeune paysanne aux batailles.

De même, dans l'ordre des sciences, les grandes
inventions, fruit des grands efforts, ne sont guère
le partage naturel de la femme. Pour les recherches
froidement scientifiques, elle manquerait peut-être
et de méthode et de rigueur. Mme Necker de Saussure prétend que les femmes arrivent de plein saut
ou n'arrivent pas; ce sont là des affirmations trop
absolues : dans leurs études, dans leurs métiers,
dans leurs occupations domestiques, les femmes
arrivent le plus souvent par application, non de

plein saut. Mais c'est qu'il s'agit de choses pratiques
et concrètes. Dans les recherches abstraites, elles
sont plus dépaysées. Si admirable que soit chez elles
la patience (quand il faut, par exemple, soulager
les maux d'autrui), nous ne savons si les lenteurs
de l'analyse scientifique seraient bien le fait de leur
nature spontanée. La rapidité même de leur observation, jointe à une trop grande simplicité d'idées,
les exciterait peut-être à des généralisations trop
promptes. Imaginatives, elles se contentent souvent
d'entrevoir les idées scientifiques sous leur forme
la plus flottante et la plus indécise. C'est encore
une femme qui l'avoue, Daniel Stern : « Rien ne
s'accuse, rien ne se fixe dans la brume dorée de
leur fantaisie. » D'autre part, les progrès de la
science exigent de vastes synthèses qui suivent l'analyse réfléchie et la complètent, en y ajoutant un
centre de perspective supérieur. Ces synthèses, qui
exigent la découverte de larges ensembles, seront
plutôt le fait de l'homme que de la femme. Elles
impliquent, en effet, une puissance d'esprit considérable, pour réduire une grande variété à une unité
qui est elle-même une nouveauté et un progrès. Ce
n'est pas que, par une instruction convenable, la
femme ne devienne capable de comprendre les
sciences[1]. Elle peut même inventer. M. Le Bon

(1) A Londres, dans son rapport de 1893, le vice-chancelier cons-
tate qu'un très grand nombre de femmes viennent de passer de bril-

demande qu'on lui cite une seule femme qui ait réussi
dans les sciences exigeant du raisonnement. Nous
lui citerons Sophie Germain, Sophie Kovalewsky,
et Marie Gaetana Agnesi, célèbre au XVIIIᵉ siècle par
ses travaux mathématiques; — pour ne pas remonter aux temps des Diotime, Pamphila, Leontia, Pan-
taclea, Argia, Nicarette, Melissa, Hypatie, etc., ni
aux Italiennes comme la philosophe Bassi, Isabelle
Sforza, Claire Mastrami, ni aux femmes jurisconsul-
tes de Bologne, Dotta, Bettina Buonsignori, et cette
Novella d'Andrea, si belle que, au dire de Christine
de Pisan, « elle devait, en donnant son cours, se
voiler la face, afin que sa beauté ne détournât point
l'attention ». Beaucoup de femmes se sont aussi dis-
tinguées dans l'astronomie, dans la physique, dans la
médecine. A l'heure présente, c'est une femme de
mérite, la doctoresse Catani, qui occupe à Bologne
la chaire d'histologie. Nous reconnaissons d'ailleurs
qu'on ne doit pas raisonner sur des exceptions.
Chaque sexe est capable, sous des stimulants particuliers, de manifester des facultés ordinairement
réservées à l'autre sexe. Spencer, mieux inspiré sur

lants examens à l'Université de Londres. Sur 452 étudiants qui se sont
tirés à leur honneur de l'épreuve des examens, il y avait 104 jeunes
filles. Les étudiantes ont remporté les premiers prix dans six des matières sur lesquelles elles ont été examinées : la science morale, la
physiologie, le français, l'anglais, l'allemand et la botanique; les étudiants ont également été les premiers dans six matières : les classiques, les mathématiques, la chimie, la physique expérimentale, la
géographie et le droit.

ce point, donne pour exemple un cas extrême, mais instructif : une excitation spéciale peut faire sécréter du lait aux mamelles des hommes et, pendant des famines, on a vu des petits enfants sauvés de cette façon. Mettra-t-on cependant cette faculté de donner du lait, qui doit, quand elle apparaît, s'exercer aux dépens de la force virile, parmi les attributs du sexe masculin? De même l'intelligence féminine, sous l'influence d'une discipline spéciale, peut donner des produits très supérieurs à ceux que donne l'intelligence de la plupart des hommes. A côté des œuvres de George Sand, de Mme de Staël ou de Mme de Sévigné, il conviendrait de citer les poèmes d'Élisabeth Browning. Mais la vigueur mentale normalement féminine est celle qui peut coexister, chez la moyenne, « avec la production et l'allaitement du nombre voulu d'enfants bien portants ». Une force et une dépense d'intelligence qui, si elles étaient générales parmi les femmes d'une société, amèneraient la disparition de cette société même, doivent être considérées comme une atteinte aux fonctions naturelles du sexe. On répondra que le génie masculin est également et doit rester une exception, et nous en convenons sans peine; mais le rôle et les occupations sociales de l'homme, si elles n'exigent pas le génie, exigent une force d'intelligence, une vigueur d'esprit scientifique, qui ne sont point nécessaires à la femme, qui même pourraient lui être nuisibles dans l'accomplissement de ses vraies fonctions. Ni physiquement, ni intellectuellement, elle n'est faite pour les rôles d'Hercule.

Par toutes ces raisons, il y a eu plutôt parmi les femmes de grands talents fins et délicats, et aussi quelques génies psychologiques, que des génies proprement créateurs, rénovateurs et « faisant école », soit dans les sciences, soit même dans les arts. On ne se figure pas bien une femme Shakespeare ou Hugo, une femme Aristote ou Descartes, une femme Beethoven ou Wagner. Celles qui se sont le plus approchées du génie créateur se sont aussi fortement rapprochées de l'autre sexe par leurs tendances d'esprit et parfois de volonté. M. Secrétan a raison de dire que, dans la femme qui fait preuve d'un talent trop « spécial », un homme est caché ; de même, il y a quelques hommes « universels » ; mais ils ne sont pas universels s'ils n'ont dans leur cœur un « cœur de femme ». C'est surtout, croyons-nous, au domaine moral que cette belle parole s'applique. Et c'est aussi en ce domaine que la femme retrouve une supériorité qui compense son infériorité scientifique. Il y a un génie moral qui est fait d'amour, de tendresse et de dévouement. Ce génie-là, les femmes l'ont montré mille fois ; il est en germe dans chaque mère.

CHAPITRE V

LA VOLONTÉ ET LES QUALITÉS MORALES
CHEZ L'HOMME ET CHEZ LA FEMME

Mme Necker de Saussure a marqué d'un trait exact le caractère dominateur et « personnel » de la volonté chez les hommes : « Leur moi, dit-elle, est plus fort que le nôtre. » Chez la femme, la tendance instinctive de la volonté est de se donner, de se dévouer à autrui. Spencer prétend que ce dévouement, qui peut aller jusqu'à l'héroïsme, aura plutôt en vue les personnes que les idées; il voit là une nouvelle infériorité intellectuelle, ou même affective, parce que, dit-il, les produits derniers de l'évolution humaine sont « le raisonnement abstrait et l'émotion abstraite de la justice, qui règle la conduite indépendamment des liens personnels, des sympathies et antipathies inspirées par les individus ». Les femmes pourraient répondre d'abord que des points de vue divers, quand ils se complètent, ne sont pas inférieurs l'un à l'autre; les abstractions, en définitive, valent seulement par le particulier, dont elles

ne sont que les signes logiques. Mais, contrairement
à la théorie de Spencer, l'histoire nous montre que
les femmes ont payé de leur personne, tout comme
les hommes, quand il s'agissait ou de la patrie, ou
de quelque grande réforme, sociale, morale, religieuse. Elles ont mainte fois donné leur vie pour des
« idées », et surtout pour des idées de justice ou de
droit. Après les martyres des religions, nous avons
eu les martyres de la Révolution française, qui mon-
taient tranquillement à l'échafaud. Si la femme
entend plus volontiers les appels faits au nom de la
pitié qu'au nom du droit pur, si elle prend parfois
plaisir à « répandre les bienfaits indépendamment
des mérites », si, dans l'ordre social, elle préfère
la générosité à la stricte justice, si elle représente
ainsi le règne de la grâce plutôt que le règne de la
loi, c'est non seulement par sa sensibilité affec-
tueuse, mais aussi par son intelligence moins
prompte à la froide analyse qu'à l'intuition des
choses en leur unité, enfin par sa nature de volonté
unifiante, moins portée à mesurer étroitement la
part de chacun qu'à embrasser tous les êtres d'une
même bienveillance. Il y a là comme une extension
de l'instinct maternel. Autre est d'ailleurs l'espèce
éternellement vivante dans une chaîne sans fin d'individus, autre est l'idée du « genre » humain, notion
vide et morte. C'est pour l'intérêt et la vie de l'espèce que la femme est faite, non pour la contem-

plation des idées pures et la découverte des lois
générales. Elle travaille pour l'humanité *in concreto*,
en la nourrissant du meilleur de son corps et de
son esprit. Enfin, quoi qu'en dise Spencer, il n'est
pas vrai que la justice abstraite soit la plus haute.
Comme la grâce est plus belle que la beauté, il y a
quelque chose de plus juste encore que la justice :
la bonté.

Dans le culte même que la femme et l'homme se
vouent l'un à l'autre, la direction des volontés semble
différente et produit une attitude différente. C'est
ce que M. Secrétan a admirablement compris. Il a
bien vu que la femme, qui est la généralité, s'indi-
vidualise dans son amour ; tandis que, par le sien,
lorsqu'il est digne de l'éprouver, « un cœur viril
s'ouvrant à toute bienveillance se replonge dans la
source de l'humanité ». Et c'est de là, ajouterons-
nous, que vient cet élargissement de la pensée produit chez l'homme par tous les sentiments dont
l'amour est le centre : pitié, charité, sympathie
universelle. La fraternité même, d'où est-elle venue?
De la maternité. Ce n'est pas comme enfants d'un
même père, mais comme enfants d'une même mère,
que les hommes se sont d'abord aimés. Et s'ils
n'avaient pas connu l'amour, ils n'auraient même
pas connu la justice.

Dans le domaine des choses matérielles, la volonté
inquiète et ambitieuse de l'homme se plaît à acqué-

rir, la femme, à conserver. Les économistes ont
remarqué que la propriété, une fois acquise, apparaît facilement à la femme comme un tout intan-
gible, dont on ne peut distraire une partie. La
femme a une sorte de vénération pour le lien interne
des choses ; elle répugne à se détacher d'une possession qu'elle a vue grandir avec les siens. Le souvenir cher, l'estime religieuse qu'elle conserve à ses
intimes s'étend au produit visible de leurs efforts.
Du reste, l'esprit d'ordre, d'harmonie, d'économie
dans les moindres dépenses, rend la femme merveilleusement apte à l'entretien de la propriété,
comme à l'administration intérieure de la famille.

Même instinct de conservation dans l'ordre social.
Spencer a voulu expliquer cet instinct par la prétendue admiration des femmes pour toute autorité,
y compris l'autorité gouvernementale; admiration
qui serait elle-même, selon lui, une nouvelle forme
du « culte pour la force ». Mais où voit-on que les
femmes aient jamais manifesté tant de goût pour les
gouvernements despotiques ? Ce qui est vrai, c'est
qu'elles n'ont pas l'esprit révolutionnaire. Les Louise
Michel sont des exceptions. Nous ne saurions davantage rattacher au culte de la force, comme le fait
Spencer, la foi religieuse plus fréquente et plus
durable chez les femmes. La vérité est qu'un tempérament qui comporte moins d'initiative ne se
plaira pas au doute: ce serait une crise et une souf-

france. Pas plus dans les questions religieuses que dans les questions scientifiques ou politiques, la femme n'aimera donc à mettre en suspicion ce qui est reçu et établi; critiquer, c'est détruire, et nous avons vu combien peu son instinct est destructif. Le respect de la force n'a ici rien à voir. Ce n'est pas la puissance attribuée à Dieu, mais bien sa bonté, qui fait l'attrait de la religion pour les cœurs féminins. Un esprit où le sentiment domine, où la tendance scientifique est moins développée et par l'effet de la nature et par l'effet de l'éducation, où, en revanche, l'idée morale est exaltée, surtout sous la forme de la pitié et de la charité, un tel esprit est naturellement porté à chercher au-dessus du monde une vivante justice et un vivant amour; un tel esprit est naturellement religieux.

Comment un caractère plus doux, plus timide, plus affectueux, moins enclin à l'action et surtout à l'action aggressive, plus retiré dans la vie intérieure et enfin plus religieux, ne serait-il pas par cela même moins fécond en crimes et délits, ces déviations de l'activité dépensière et de l'énergie extérieure[1] ?

---

(1) MM. Lombroso et Ferrero veulent nous persuader que la religion « est une puissance pour le mal *autant* que pour le bien ». Et ils donnent en preuve qu'un grand nombre de criminels (en Italie sans doute) « sont très religieux et prient le bon Dieu de faire réussir leur entreprise avant de commettre un assassinat ou un vol ». C'est confondre un peu trop sommairement superstition et religion; c'est méconnaître que les croyances religieuses sont à la fois un frein pour le vice et un excitant pour le bien.

La maternité est, comme nous l'avons vu, une école naturelle de tendresse et de désintéressement : consentir à être mère, c'est consentir à toutes les souffrances; la femme qui a pressé son enfant sur son sein, qui jour et nuit a supporté pour lui toute peine, qui par son sourire a éveillé chez lui la première grâce et le premier don du sourire, cette femme a développé en elle-même toutes les vertus fondamentales sur lesquelles la société, comme la famille, repose. Maternité et criminalité, c'est presque une contradiction dans les termes : jamais on ne pourra se figurer le crime sous les traits d'une mère avec son enfant contre son cœur. Au fait, dans le monde entier, la criminalité féminine est très notablement inférieure à la masculine. L'infanticide, l'avortement, l'empoisonnement sont les crimes les plus fréquents chez les femmes; mais, ici encore, n'est-ce pas l'homme qui, le plus souvent, est le premier et vrai coupable? Et beaucoup de ces crimes ne s'expliquent-ils pas par un sentiment d'honneur et de pudeur [1]?

(1) M. Montegazza définit la pudeur en termes prétentieusement techniques : « un extra-courant des grands phénomènes fondamentaux de l'amour ». C'est dire simplement que la pudeur est un sentiment connexe de l'amour; mais il reste à savoir quelle en est la nature et l'origine. On a voulu l'expliquer, comme tout le reste, par des considérations utilitaires, par une coquetterie déguisée qui ne se refuse que pour se faire mieux poursuivre, qui ne voile ses attraits que pour inspirer du désir de les dévoiler. Selon nous, la pudeur a sa principale origine dans l'instinct de retenue, de conservation physique et morale qui est naturel au tempérament féminin, et ainsi que dans un sentiment esthétique. (V. plus haut, p. 222.)

La proportion des femmes aux hommes con-
damnés est : en Angleterre, 20 p. 100; en Allemagne, 19; en France, 16; en Autriche, 14; en
Hongrie, 11; en Italie, 5. Sur 100 garçons dans
les écoles, il y en a 9 ou 10 punis pour larcins;
sur 100 filles, moins d'une; sur 100 garçons, 54
sont punis pour voies de fait; sur 100 filles, 17.
Vous croiriez que, là-dessus, les anthropologistes
de l'école italienne vont faire honneur à la femme
d'une supériorité morale innée. Au contraire, « la
moindre criminalité de la femme est, nous affirment-
ils sans rire, un caractère d'infériorité.». C'est,
disent MM. Lombroso et Ferrero, parce que la femme
est moralement et intellectuellement moins puissante qu'elle est aussi moins criminelle : « le crime,
comme le génie, la science, l'art, la politique, la
guerre, est surtout le fait de l'homme [1]. Ainsi, au lieu
de rattacher la moindre criminalité de la femme à
ses qualités naturelles, sensibilité, pitié, esprit de
paix et de concorde, comme aussi aux moins nombreuses occasions de vice, on en va chercher les
causes dans ses infériorités natives. C'est raisonner

(1) Lombroso et Ferrero. *La donna delinquente*. MM. Lombroso et
Ferrero sont obligés de reconnaître qu'il n'y a presque pas d'atavisme
dans la criminalité féminine; que cette criminalité n'est pas un retour
à des caractères psychologiques éteints. Ils s'efforcent pourtant de
rattacher la prostitution à l'atavisme et aux habitudes primitives de
promiscuité, comme s'il y avait besoin de remonter au delà du déluge
pour expliquer que des filles pauvres se laissent entraîner à une première faute, puis à un moyen de gagner leur vie que notre « civilisation » a érigé en moyen légal et administrativement réglementé.

comme un théologien qui, se fondant sur cette sin-
gularité statistique que, depuis dix ans, le nombre
des femmes tuées par la foudre a été deux fois
moindre que celui des hommes, en conclurait que
le sexe masculin, moins religieux, a deux fois plus
mérité les vengeances célestes.

Ce qui est vrai, c'est que la femme, étant par caractère moins portée aux « variations » et aux écarts
de la moyenne, moins excentrique pour ainsi dire,
elle est par cela même moins exposée aux grands
crimes. Mais il n'y a pas là une infériorité morale[1].

MM. Lombroso et Ferrero se rapprochent de la
vérité et font, cette fois enfin, une application exacte
du darwinisme, quand ils remarquent que la sélection sexuelle, en donnant la victoire à la grâce physique, l'a donnée aussi à toutes les qualités morales
qui s'associent à la grâce. L'influence de la beauté
sur la bonté, voilà, selon nous, un sujet à propos
duquel on pourrait écrire bien des pages. La beauté
est pour la femme un don naturel, une fonction et
presque un devoir. Elle doit charmer l'homme et
entretenir dans l'espèce la tradition du beau. En
même temps, la beauté est pour la femme le grand
moyen de l'emporter sur les autres femmes. Ce n'est

---

(1) Pendant la Révolution, et aussi dans les scènes affreuses de la
Commune, les femmes qui prirent part à des actes de la vie politique
se montrèrent plus passionnées, plus injustes et plus cruelles que les
hommes. Ce fait tient sans doute au caractère plus suggestible de la
femme, qui, mêlée aux foules, en ressent davantage les passions brutales.

pas par la force et pour la force que les femmes luttent, mais par la grâce et pour la grâce ; et c'est une loi qui se vérifie jusque dans le monde animal. Mais la grâce implique l'harmonie des lignes et des mouvements, la douceur et le calme de la physionomie, de la démarche, des gestes, en un mot toutes les expressions physiques de l'amabilité. Aussi la femme a-t-elle toujours cherché, par un art instinctif, à se parer de ces qualités visibles. Or, une loi psychologique bien connue veut que chaque état d'âme et ses signes extérieurs soient indissolublement associés : non seulement l'état d'âme produit son expression au dehors, mais l'expression, à son tour, tend à éveiller l'état d'âme. Chaque geste doux ou tendre, chaque mouvement gracieux du visage aura donc une tendance à mettre l'esprit dans une attitude de douceur, de paix et de grâce. En s'exerçant à être belle, la femme s'est exercée à être bonne.

Dira-t-on, avec Schopenhauer, que cette grâce dure bien peu de temps? «Comme la fourmi femelle, en devenant mère, perd ses ailes, de même aussi, après deux ou trois enfants, la femme perd sa beauté. » — Est-ce bien sûr? Et quand cela arrive, ne faut-il pas s'en prendre à nos habitudes modernes de vie mal réglée? Si la femme, au lieu d'être de plus en plus lancée dans la lutte pour l'existence et dans la concurrence avec les hommes, pouvait remplir avant tout sa vraie et naturelle mission d'épouse,

de mère, d'éducatrice, tout entière à aimer et à
être aimée; si ce que nous appelons notre civilisation ne l'obligeait pas, par une vie contraire à l'hygiène, de s'épuiser avant l'heure, en cumulant le
travail de la maternité avec d'autres travaux, et aussi
avec des amusements qui sont pires que des travaux,
la femme conserverait presque toute sa vie cette
jeunesse de corps et d'esprit qui est dans sa nature
même, puisqu'elle résulte d'un tempérament où les
forces de réserve l'emportent sur la dépense, et qui
ainsi rend visible aux yeux la perpétuelle jeunesse
de l'espèce. Enfin, même quand la beauté a disparu
pour l'œil des indifférents, il reste encore, pour ceux
qui vivent près d'une femme et qui l'aiment, une
grâce morale, une beauté d'expression que les années
ne sauraient flétrir. Dans une de ses nobles poésies,
Au reflet du foyer, l'auteur des *Vers d'un philosophe*
nous montre une femme debout au seuil de sa
maison, qui attend son mari, les yeux sur le chemin,
éclairée par un feu flambant dans l'âtre. Blanche
sous le ciel noir, toute droite, cette femme semblait
merveilleusement belle; en s'approchant, le poète
vit qu'elle était âgée, mais que les rayons du foyer
domestique la transformaient aux regards :

> Telle, pensai-je alors, m'apparaît cette femme,
> Telle à celui qui l'aime elle apparaît toujours :
> Sur elle il voit encore errer comme une flamme
> Le reflet immortel de leurs premiers amours.

Il regarde ses traits à travers sa pensée...
Après tout, la beauté n'est que dans l'œil qui voit,
Et lorsqu'elle pâlit, c'est que l'amour décroît.

Quand l'homme et la femme se sont longtemps
aimés, leur passé lointain reluit encore sur eux :

De leur jeunesse à deux un rayon tombe et dore,
Comme une aube sans fin, leurs fronts transfigurés [1].

(1) Guyau. *Vers d'un philosophe*, p. 83.

CHAPITRE VI

CONSÉQUENCES MORALES, ÉCONOMIQUES, JURIDIQUES, DE LA PSYCHOLOGIE DES SEXES. LE MOUVEMENT FÉMINISTE

I. — Nous avons vu quelle profonde différence de constitution et de tempérament, soit physique, soit moral, se manifeste entre les sexes dès le début de la vie. M. Geddes fait observer que les organismes qui ne sont point sexuels, comme les bactéries, n'occupent pas de place élevée dans l'ordre de la nature. Quant à la parthénogenèse, fût-elle un idéal organique, cet idéal a manqué à se réaliser[1]. Au lieu de faire des rêves sur ce qui aurait pu se produire, utilisons ce qui s'est produit et ne prétendons pas annuler le résultat d'une évolution de quelques millions d'années. La dissemblance entre les sexes ne peut ni ne doit être supprimée par le progrès des institutions et des mœurs; loin de là, dans les organismes supérieurs et dans les sociétés supérieures,

(1) Au reste, loin d'être un idéal, il est aujourd'hui prouvé que la parthénogenèse est une reproduction sexuelle *dégénérée*.

la division des fonctions ne fait que s'accuser davantage. C'est contrevenir à cette loi que de se flatter d'établir entre les sexes une identité de nature impossible, au lieu d'établir entre eux une croissante équivalence de fonctions. Les deux sexes, dans leur diversité nécessaire, sont dépendants l'un de l'autre et se valent l'un l'autre : voilà le vrai. Si, en moyenne, l'un a plus de puissance physique et intellectuelle, l'autre a plus de bonté; généralement, a-t-on dit, l'homme vaut plus et la femme vaut mieux. Le mépris de la femme est donc lui-même ce qu'il y a de plus méprisable. Et quoi de moins rationnel? L'oxygène dédaigne-t-il l'hydrogène, auquel il s'unit pour former l'eau? Le rouge du spectre dédaigne-t-il le vert, avec lequel il se fond dans la lumière blanche? Quant à la complète identification sociale et politique d'un sexe à l'autre, c'est un excès en sens contraire. Voltaire a dit :

> Qui n'a pas l'esprit de son âge,
> De son âge a tout le malheur.

Il faut également avoir l'esprit de son sexe pour n'en pas avoir tout le malheur. Ici encore la physiologie nous éclaire. Les individus auxquels on a enlevé les organes de leur sexe en perdent les qualités propres et se ressemblent dans le même avilissement de l'espèce. Il en serait ainsi dans l'ordre social et politique, si les femmes voulaient se faire hommes. Une maîtresse anarchiste, dans une école de filles près de Saint-Pétersbourg, estimant que la prépondérance des « éléments émotionnels » chez les femmes constitue pour elles un désavantage, « une entrave à leur complète identité sociale et politique avec l'homme, » avait résolu de supprimer ce trait du tempérament féminin et de vivre une vie libre de ses conséquences : c'est pourquoi elle prescrivait à ses élèves de ne pas se marier. Malheureusement pour le système — et heureusement pour l'humanité — l'entreprise d'émousser la sensibilité féminine, héritage d'innombrables générations humaines et même animales, exigerait un nombre proportionnel de générations ; or, pendant ce temps-là, les femmes seraient toujours obligées d'être, sinon épouses, au moins mères ; ce qui les enferme (et nous avec elles) dans le plus secourable des cercles vicieux.

Que les femmes cessent de se donner, autant que les nécessités de la vie le leur permettent, à leur mari, à leurs enfants, à leur maison, vous verrez bientôt des générations sans moralité, l'amour redescendu à l'état d'une satisfaction brutale des sens, le mariage déprécié pour les soins qu'il impose à la femme, la séduction et la prostitution généralisées, avec leur cortège ordinaire d'avortements, d'infanticides, d'enfants abandonnés. La femme a toujours été l'héroïne de la famille, et, tant qu'elle

sera mère, là sera toujours le principal centre
de son rayonnement. Qu'on songe aux types tradi-
tionnels de Pénélope, de Lucrèce, de Virginie, de la
mère des Gracques. Aussi l'instruction de la femme,
tout en la rendant apte aux professions qui sont en
rapport avec les capacités et avec la dignité de son
sexe, devrait-elle la préparer avant tout à la vie
domestique, à son rôle d'épouse, de mère et d'éducatrice. Il faudrait initier la femme, d'une manière
générale, à ce qui constitue le patrimoine intellectuel et moral de l'espèce. C'est surtout pour les
femmes que les études devraient être, au sens propre
du mot, des « humanités ». Par conséquent la morale,
l'éducation, l'hygiène, la littérature, l'histoire, le
droit usuel, la musique et le dessin, enfin les grands
résultats des sciences joints à leurs plus utiles
applications professionnelles, voilà ce qui répond
le mieux à leur tempérament comme à leurs fonctions. Bien que l'homme soit avant tout le sexe
actif, il se laisse encore plus guider par les sentiments que par les raisons; et comme la femme,
essentiellement sensitive, agit sur nos sentiments,
elle acquiert ainsi un considérable empire. Il faut
donc que ses sentiments soient beaux et bons .

(1) Guyau a excellemment marqué les principes qui doivent diriger l'instruction féminine : 1° la femme a moins de force en réserve
pour suffire à la dépense considérable qu'entraîne le travail cérébral
poussé au delà de certaines limites ; 2° les fonctions qui ont pour
but la reproduction de l'espèce occupent une place bien plus impor-

II. — De même que l'instruction des femmes aurait besoin d'être mieux organisée pour épargner à la fois l'ignorance aux unes et une érudition stérile aux autres, de même la condition économique et juridique de la femme est loin de ce qu'elle doit être, de ce qu'elle sera un jour. Nous ne pouvons ici entrer dans le détail de réformes qui soulèvent les plus difficiles problèmes : nous n'avons voulu que poser des principes généraux, dont on ne doit pas tirer précipitamment d'aventureuses conséquences [1].

tante dans l'organisme féminin que dans le masculin; or, ces fonctions, selon tous les physiologistes, sont en antagonisme avec une forte dépense cérébrale : la déséquilibration produite chez la femme par le travail intellectuel sera donc nécessairement plus forte que chez l'homme. Enfin, 3° les conséquences de cette déséquilibration sont encore plus graves pour l'espèce quand il s'agit de la femme. « L'instruction, remarque Guyau, est une chose excellente quand elle nous prépare au travail que nous devons faire, mais elle ne doit pas servir à nous dégoûter des seuls devoirs qui soient à notre portée et dans notre destination; elle ne doit pas non plus, en multipliant le nombre des déclassés et des mécontents, soit dans un sexe, soit dans l'autre, devenir une cause de corruption morale et de perturbation sociale, tandis qu'elle serait, dans un état de choses bien ordonné, un moyen d'amélioration et de progrès. » S'ensuit-il que la femme ne doive pas être instruite ? Loin de là, et Guyau montre au contraire qu'elle doit être le plus instruite possible dans les limites de la force dont elle dispose. Si d'une part, moins robuste que l'homme, elle ne peut fournir à une égale dépense de travail intellectuel, d'autre part, étant destinée à être la compagne de l'homme et l'éducatrice de l'enfant, elle ne doit être *étrangère* à aucune des occupations, à aucun des sentiments de l'homme, surtout de ceux qui doivent être inculqués à l'enfant. « Le cœur de la mère est sa conscience; il faut donc en effet que ce cœur soit toute la conscience humaine en raccourci. » *Éducation et Hérédité.*

(1) Pour comprendre combien la lenteur et la précaution sont ici nécessaires, voyez où aboutissent dans la pratique M. Secrétan et M. Frank, qui, selon nous, passent beaucoup trop vite de principes mal assurés scientifiquement à des applications peu justifiées.

Dans l'ordre social, la femme a commencé par être la propriété de l'homme, une sorte d'animal domestique : le Décalogue lui-même la place à côté du bœuf et de l'âne. Aujourd'hui, c'est le régime de la concurrence individuelle qui commence à s'établir entre les sexes, comme il s'est établi entre les individus : *chacun pour soi.* La lutte pour la vie met aux prises les hommes et les femmes, qui se disputent avec une âpreté croissante toutes les professions. Le salaire des femmes est inférieur de moitié environ à celui des hommes ; des industriels avides abusent du bras des femmes et s'en font une arme de concurrence redoutable contre les ouvriers de l'autre sexe pour diminuer le taux des salaires. Dans nombre d'industries et de métiers, les femmes reçoivent un salaire insuffisant pour les besoins de l'existence. Le sexe féminin vient ainsi compliquer la question sociale et introduit un nouvel élément de concurrence individualiste dans la lutte pour la vie. En même temps, la famille est de plus en plus compromise, le mariage de moins en moins recherché, la maison et les enfants de plus en plus désertés. Sans doute on ne peut pas créer, au détriment des femmes, un nouveau délit, celui de travail. La destination de la femme est la vie de famille et la maternité, mais combien ne se marient pas ! On ne saurait pour cela les réduire au rôle de non-valeurs ni les empêcher d'utiliser leurs talents.

La culture de l'esprit, comme celle de la terre, devient de plus en plus intensive et extensive; la vie moderne est obligée de ne laisser aucune force vive sans emploi; il y aurait des forces perdues pour l'humanité si la femme ne travaillait ni d'esprit ni de corps. Mais il faut que ces forces soient employées d'une manière conforme aux intérêts et aux relations naturelles des deux sexes, ainsi qu'aux intérêts des enfants et de la race. Nous ne croyons pas que notre régime d'individualisme dissolvant, contraire aux vrais besoins de la famille et de la société, doive être le dernier. Si la coopération et l'association doivent de plus en plus triompher, c'est surtout, semble-t-il, dans les rapports de l'homme et de la femme. Après avoir revendiqué l'égalité des sexes et leur libre concurrence, transition nécessaire à un régime supérieur, espérons que les réformateurs revendiqueront un jour leur union, leur « fraternité », et mieux encore !

Actuellement, les revendications des partisans de la femme ont un triple objet. Abolir la puissance maritale et fonder la famille sur le principe de l'équivalence des droits et des fonctions entre les époux, donner à la femme la libre gestion de ses biens et sa part légitime d'autorité sur les enfants; c'est la réforme familiale. Rendre accessibles aux femmes toutes les professions, libérales et industrielles; c'est la réforme économique. Enfin, recon-

naître aux femmes une part d'intervention limitée
ou tout au moins de consultation, dans le règlement des intérêts publics; c'est la réforme adminis-
trative et politique.

Dans l'ordre juridique, de grandes réformes sont
nécessaires et dès à présent possibles[1]. Nous ne
dirons pas avec Proudhon que le mariage se défi-
nisse essentiellement « l'union de la force et de
la beauté », quoiqu'il soit vrai de dire qu'en
moyenne l'homme est une nature en prédominance de force et la femme une nature en prédominance de grâce. On pourrait objecter que l'homme
n'est pas nécessairement fort et laid, la femme

(1) Dans les États de l'Est de l'Union américaine (New-York, Ken-
tucky, Kansas, etc.), au Canada, en Angleterre, depuis 1883, dans la
colonie anglaise de Victoria, etc., le mariage n'entraîne pour la femme
aucune incapacité, en ce qui concerne le droit d'acquérir, de disposer
et de contracter. Ses biens sont toujours présumés lui appartenir
comme propriété séparée. En Italie, le nouveau code civil de 1866 a
établi la séparation de biens comme régime légal du mariage, au
lieu de la « communauté de biens » du code Napoléon, qui a paru
être, en réalité, la confiscation des biens et des droits au profit d'un
seul. Le code russe n'établit aucune confusion entre le patrimoine des
époux : la femme peut administrer, aliéner, hypothéquer ses biens
sans le consentement de son mari. Le régime de communauté véritable, qui confère aux époux des droits et des prérogatives identiques,
est appliqué dans plusieurs États de l'Ouest de l'Union américaine,
comme la Californie. Le nouveau code portugais l'a mis en vigueur :
les époux ne peuvent agir l'un sans l'autre; le mari, pas plus que la
femme, ne peut aliéner ou hypothéquer les biens communs sans le
concours de l'autre conjoint. Celui des époux qui contracte sans l'as-
sentiment de l'autre ne grève que sa part de la communauté. Or,
dans aucun de ces pays, la femme ne s'est montrée inférieure à sa
tâche, ni incapable d'administrer ses biens, ni de mauvais conseil.
Tout au contraire, elle a acquis plus de valeur et d'autorité auprès de
son mari, qui se trouve disposé à plus d'égards envers elle.

belle et faible; mais nous reconnaîtrons que les
qualités masculines et paternelles d'une part et
les qualités féminines et maternelles d'autre part,
toutes également nécessaires à la race, ne se paient
pas réciproquement, les premières en faveurs et
les secondes en services; que le mariage n'est pas
un contrat d'intérêt ni de plaisir; que, dans la pureté de son idée, il doit être un dévouement mutuel et absolu, entre deux sexes qui, différents par
leurs qualités propres, doivent être au point de
vue moral en parfaite équivalence. Dévouement
pour dévouement l'un envers l'autre et dévouement
commun aux enfants, tel est le pacte conjugal le
plus conforme à la nature et en même temps le plus
voisin de l'idéal. Il ne s'agit plus, comme entre les
personnes du même sexe, de service pour service,
de produit pour produit, ce qui est le fondement de
l'ordre économique; il s'agit d'amour pour amour,
ce qui fonde l'ordre moral. La balance des droits et
des devoirs respectifs de l'homme et de la femme
doit être établie d'une manière telle qu'il y ait entre
les deux sexes « égalité de bien-être et d'honneur »,
dans l'inégalité même des fonctions; le législateur
est tenu d'assurer cette équation : on ne peut donc
admettre que la femme soit traitée « comme si son
sexe impliquait déchéance[1] »

(1) Proudhon, dans ses bons moments, a parfaitement vu que tout
ce qui tend à diminuer ou à abolir les différences qui doivent exister

Outre la conservation de l'espèce, le caractère féminin a pour objet, comme Kant l'a fort bien vu, la culture morale de la société humaine et son raffinement par la femme. Ne laissez sur terre que des hommes en lutte les uns avec les autres, vous verrez subsister, sous les formes mêmes du progrès intellectuel, une véritable barbarie de mœurs, et c'est alors, véritablement, que la théorie darwinienne de la force aura sa réalisation. La femme introduit parmi les hommes ce grand correctif de la force qui est la douceur. Par l'amour qu'elle inspire et qu'elle partage, elle fait de l'animal humain un être aimant ; elle l'adoucit, elle l'enchaîne non plus par le droit

entre les qualités respectives de l'homme et de la femme, à rapprocher la femme du type masculin, tend à détruire le mariage en lui ôtant sa raison d'être, à en relâcher les liens, à le remplacer par le communisme et par la prostitution, à atteindre ainsi la société entière dans ses sources familiales. Changez, modifiez ou intervertissez par un moyen quelconque le rapport normal des deux sexes, vous détruisez le mariage dans son essence. Peut-être pourrez-vous avoir encore des pères et des mères, comme vous avez des amants, mais vous n'aurez plus de famille, et, sans famille, « votre constitution politique sera un communisme », c'est-à-dire « la pire des tyrannies ».

C'est la nature même qui, en constituant les sexes tels qu'ils sont, a constitué le mariage. Supposons qu'elle ait voulu établir la société humaine sur un autre mode. Qu'avait-elle à faire ? Le plan qu'elle a suivi nous indique celui qu'elle a rejeté : « c'était de répartir également toutes les facultés entre les sexes, de leur donner à tous deux puissance égale et beauté égale, de rendre la femme vigoureuse, productrice, guerrière, philosophe, juge, comme l'homme ; l'homme joli, gentil, mignon, agréable, angélique et tout ce qui s'ensuit, comme la femme ». Dans ces conditions, il est clair que l'homme et la femme, ayant chacun la plénitude d'attributions que nous ne trouvons aujourd'hui que dans le couple, similaires en tout, « moins ce que je n'ai pas besoin de dire », seraient dans des relations tout autres que celles que suppose actuellement le mariage.

du plus fort, mais par le droit du plus faible et du plus aimant. C'est ce que les anciens avaient symbolisé par la déesse de la beauté désarmant le dieu de la force. Le rapport de l'homme à la femme devient ainsi un rapport de magnanimité. La persuasion fait place à la contrainte. La bonté entre dans le monde avec l'amour, par cela même la moralité, tout au moins cette douceur des sentiments, du langage et des manières qui annonce la moralité et en est l'aube. C'est la femme qui, au sein de la guerre, a introduit le principe de la paix.

L'union de l'homme et de la femme ne rentre point dans les formes multiples de la lutte pour la vie, telle que l'a décrite Darwin. Si les femmes étaient de même sexe que les hommes, si elles étaient simplement une autre espèce d'hommes, elles auraient été bientôt éliminées de la surface de la terre, comme dit le professeur Cope, par l'action des lois ordinaires de la survivance du plus fort. « Et c'est ce qui arrive, même dans notre histoire moderne pour les hommes qui possèdent des caractères féminins marqués. » Mais la femme, n'étant point du même sexe que l'homme, répond à une nécessité universelle et se trouve placée dans une position meilleure que l'homme dans la lutte pour l'existence. L'antagoniste de l'homme, qui est tout autre homme, est rayé de la liste des antagonistes de la femme, avantage qu'elle ne saurait estimer trop haut. Non seulement l'homme n'est pas un compétiteur de la femme dans la lutte contre les forces de la nature, mais il est pour elle un aide actif. Il partage avec elle ce qu'il a su tirer et de la nature et des autres hommes. La protection que l'homme assure à la femme est un équivalent pour les services qu'elle rend comme épouse, mère, éducatrice, gouvernante de la maison.

En ne tenant aucun compte des données de la biologie et de la psychologie, le politique et l'économiste se condamnent à une foule d'erreurs. L'illusion du politicien, c'est de croire que la question des sexes est essentiellement réglée selon qu'on accorde ou refuse « l'affranchissement des femmes », tandis qu'il s'agit de déterminer des droits différents qui consacrent des fonctions différentes, mais équivalentes pour la société et motivées elles-mêmes par la différence du tempérament physique ou moral. Les politiciens de l'émancipation s'imaginent que la condition actuelle des femmes est uniquement le résultat de la tyrannie masculine, des abus engendrés par la force plus grande des muscles et du cerveau. Ils croient confirmer cette vue historique en nous montrant cette tyrannie de l'homme encore vivante chez les races les plus sauvages ou les plus dégénérées. M. Geddes leur répond qu'il ne faut point se fier au témoignage peu sympathique et peu éclairé des voyageurs, « missionnaires ou

colons de race blanche ». Faut-il blâmer aussi vite
« le pauvre sauvage qui reste couché, oisif, au soleil,
des jours entiers, au retour de la chasse, tandis que
sa femme, lourdement chargée, moud et travaille
sans plainte ni cesse? » Réfléchissez aux efforts
extrêmes qu'entraîne, chez le sauvage, une lutte
incessante avec la nature et avec les autres hommes,
pour la nourriture et pour la vie; considérez la
nécessité qui en découle d'utiliser chaque occasion
de repos pour se refaire, pour pouvoir parcourir la
vie courte et précaire si indispensable à la femme
et aux enfants, et vous reconnaîtrez, dit M. Geddes,
que, « étant données les circonstances, cette gros-
sière économie domestique est la meilleure et la
plus humaine ». De même, le voyageur citadin qui
ne voit dans le laboureur « qu'une brute gloutonne,
avalant le morceau de salé pour laisser le pain à sa
femme et à ses enfants », réfléchit-il que, si le laboureur agissait autrement, « la ration future serait
encore plus maigre, par la diminution de ses forces,
la perte de son occupation ou celle de sa santé » ?
M. Geddes exagère l'esprit de justice des sauvages
et celui même de nos paysans ; mais il est certain
que, dans la question des sexes, on ne doit pas s'en
tenir à la considération superficielle et incomplète
d'un sexe isolé : en se préoccupant de l'un, il faut
toujours se préoccuper de l'autre.

Dans une récente étude publiée par la *Revue des*

revues, M. Ferrero a étudié la formation d'un
nouveau célibat qui, tout en n'ayant pas une base
religieuse, menace, à l'en croire, d'arriver aux proportions que le monachisme atteignit à certaines
périodes du moyen âge. Il s'agit de ce « troisième
sexe » formé par les filles non mariées. Dans tous les
pays du monde civilisé, le mariage devient plus difficile. Chez la femme, et dans les conditions sociales
d'aujourd'hui, « le célibat suppose presque toujours
la chasteté et la chasteté implique la suppression
absolue de la maternité, c'est-à-dire de la fonction
pour laquelle toute la femme est créée, corps et
esprit ». Un tel état de choses doit altérer profondément la psychologie des femmes, et le nombre croissant de ces femmes doit exercer une influence considérable sur la société. En Angleterre, le nombre
des femmes non mariées, des *spinsters*, est immense,
surtout dans la bourgeoisie haute et moyenne.
Presque chaque famille en a une, parfois même
deux ou trois, car lorsqu'il y a plusieurs jeunes
filles, il est difficile qu'on réussisse à en marier plus
d'une; « et toutes ensemble les vieilles demoiselles
de l'Angleterre forment une armée formidable, une
classe sociale assez puissante et curieuse, dont l'influence n'est pas à méconnaître ». La fleur de la
jeunesse mâle s'en va aux colonies; or, chaque
émigrant est un mari qui part et les femmes qui
restent à la maison voient ainsi diminuer les chances

de trouver l'homme avec qui fonder leur famille.
La suppression de l'amour et de la fonction maternelle altère sans doute la personnalité féminine
de plusieurs côtés, car une femme qui n'est ni mère,
ni épouse, est une femme incomplète; mais, par
d'autres côtés, selon M. Ferrero, cette suppression
renforce la personnalité, en rendant possibles certains développements exagérés et certaines hyper-
trophies partielles, qui peuvent dédommager des
autres imperfections. Or, supprimez la dépense physiologique et psychique de la maternité et tout ce
capital de force « reste à la disposition de la femme
pour les buts personnels ». « Avec un peu d'imagination, ajoute M. Ferrero, on pourrait comparer cette classe de femmes aux ouvrières neutres
des abeilles; elles portent dans la lutte pour la
vie une masse de forces, plus petite si vous voulez,
mais plus concentrée, qui leur assure presque toujours des victoires brillantes. » Interrogez presque
tous les commerçants et industriels anglais qui
emploient des *spinsters* : ils vous diront presque tous
qu'ils sont plus contents d'elles que des hommes;
c'est donc une formidable concurrence que ce troisième sexe va faire, fort de son infécondité, aux
hommes et aux femmes, partant un nouvel élément de perturbation dans la vie sociale. « Au fond,
dans un régime de lutte si acharnée, c'est une
supériorité que d'avoir un besoin de moins à satis-

faire, quelles qu'en soient les dernières conséquences. » Les *spinsters* riches, qui ne doivent pas
travailler pour vivre, dont l'esprit est absolument
libre de tout souci de famille, cherchent instinc-
tivement quelque chose à faire, surtout dans un
pays où l'activité est presque un besoin psychologique de la race. Or, dans cette recherche, chacune suit ses goûts; comme il y en a qui s'adonnent
à la religion, à l'art, à la littérature, il y en a un
certain nombre qui se jettent dans la politique. Une
autre curiosité psychologique de la société anglaise,
produite en partie, selon M. Ferrero, par l'influence
morale des *spinsters*, est la religion de l'animal,
avec la lutte contre la vivisection. « Les femmes
non mariées aiment en général les animaux, car
elles satisfont partiellement par cette voie les instincts maternels. » La femme a besoin d'aimer et de
protéger des êtres faibles.

Il faut à présent voir le bon côté, les services
rendus par la femme non mariée. On sait que l'Angleterre est le pays où les entreprises philanthro-
piques ont pris le développement le plus grand; la
variété de leurs formes, l'immensité et la perfection de leur organisation, les richesses dont elles
disposent sont inouïes. « Dans presque toutes ces
institutions, vous trouvez que des *misses*, de vieilles
demoiselles en sont l'âme et le soutien : souvent
elles ont conçu et fondé l'institution; presque tou-

18

jours, elles dirigent l'entreprise, elles vont chercher l'argent, elles travaillent réellement à la place des hommes, dont les noms apparaissent dans les prospectus du conseil d'administration, mais qui ont trop de choses à faire pour s'en occuper sérieusement. » Les femmes non mariées se mêlent de même à toutes les agitations en faveur de quelque classe malheureuse et en sont les apôtres lés plus enthousiastes. « Vous les trouvez dans toutes ces croisades sentimentales, dans celle pour l'abolition de l'esclavage aux colonies, comme dans celle pour la réforme des maisons de fous, ardentes, infatigables, heureuses de se dévouer pour le bonheur d'une foule de malheureux, réels ou imaginaires ; reproduisant parfois le type de Don Quichotte et parfois des grandes saintes, mais toujours sympathiques, toujours dignes d'admiration et de respect. » La conséquence est assez curieuse : c'est que nous voyons de nos jours se former par lui-même et sans influence d'idées religieuses, « ce célibat philanthropique qui avait été jusqu'ici un monopole du christianisme ». L'Angleterre est pleine de nonnes qui, sans avoir fait de vœux et tout en vivant au milieu de la société, accomplissent exactement la même fonction psychologique et sociale que les « sœurs de Marie auxiliatrices » ou les « petites sœurs des Pauvres ». M. Ferrero conclut qu'une société finit souvent, sans le savoir, par exploiter à son avantage ses propres maladies et par faire accomplir une fonction vitale même aux parties morbides de son propre organisme. C'est un phénomène pathologique que cet immense célibat de femmes; « la société anglaise en a tiré l'organisation de la charité la plus libre, la moins dépendante d'idées d'une autre espèce, et par cela même la plus merveilleuse ».

III. — Au point de vue social et économique, les femmes ont obtenu l'accès d'une foule de professions qui leur étaient autrefois fermées.

En Europe, elles sont partout admises dans les universités, sauf en Autriche et en Allemagne. Cette dernière se montre en général « réfractaire aux revendications féministes », et elle conteste même aux femmes l'aptitude et l'énergie de caractère que réclame l'enseignement des filles; dans les écoles publiques, les institutrices ne forment qu'une infime minorité.

D'après la *Revue scientifique* du 20 mai 1893, dans nos sept Facultés de médecine, 129 femmes étaient inscrites : 22 Françaises, 27 Polonaises, 68 Russes, 4 Roumaines, 2 Anglaises, 2 Serbes, 2 Bulgares, 1 Turque et 1 Allemande. Étaient inscrites : à la Faculté de droit de Paris, 2 femmes (1 Russe, 1 Alsacienne); aux Facultés des sciences, 29 femmes (23 Françaises, 2 Polonaises, 3 Russes, 1 Américaine); aux Facultés des lettres, 249 femmes :

226 Françaises, 11 Russes, 4 Roumaines, 3 Anglaises, 2 Américaines, 1 Italienne, 1 Suissesse, 1 Allemande). Enfin, 14 Françaises suivaient les cours. des Écoles de pharmacie. Ce qui porte à 403 le nombre total des étudiantes. Ce sont les études de droit qui, chez nous, attirent le moins les femmes.

Seules en Europe, la Suède et la Roumanie ont jusqu'ici permis aux femmes d'entrer au barreau. En revanche, partout, sauf en Autriche et en Allemagne, les médecins-femmes se multiplient, parce qu'elles répondent à un besoin. A Londres, il y a une école spéciale de médecine pour les femmes, qui, en 1890, comptait trente-quatre élèves. Dans le nouvel hôpital pour femmes d'Easton Road, la direction est entièrement féminine. L'Université de Saint-Andrews vient d'ouvrir ses portes aux femmes.

En Amérique, la profession d'avocat est légalement accessible aux femmes dans la Californie, l'Illinois, l'Iowa, le Massachusetts, le Minnesota, le New-York, l'Ohio, le Wisconsin, le Kansas, etc. Une loi fédérale de 1879 autorise même toute femme qui aura été durant trois ans membre du barreau de la cour suprême d'un État ou territoire à exercer comme avocat devant la cour suprême des États-Unis. Au commencement de 1891, 110 femmes, inscrites au tableau des avocats, plaidaient devant les tribunaux américains, et se chargeaient de défendre les prévenues de leur sexe. Par

une conséquence naturelle, les femmes ont pris rang
dans la magistrature ; dans le Kansas, le Wyoming,
le Missouri, la Colombie, elles occupent des sièges
de juges de paix. Mieux encore, en 1892, dans
l'État de Montana, miss Ella Knowles a été nommée
procureur général. Les femmes notaires ou gref-
fiers ne sont pas rares ; deux États, ceux de l'Ohio
et de Wisconsin, leur ont ouvert ces carrières par
des lois spéciales [1].

Les Américaines occupent de nombreuses situations dans le fonctionnarisme administratif. Comme
chez nous, elles sont admises à un grand nombre
d'emplois inférieurs dans la sténographie, la télé-
graphie, les postes [2]. On peut regarder comme
« plus étrange de les voir, au ministère de la Guerre,

---

(1) Voir dans la *Revue encyclopédique* (1893) l'excellente étude de
M. G. Lejeal sur le *Mouvement féministe*.

(2) Le nombre de femmes employées en France, dans les chemins
de fer, s'élève à 24,080 ; dans les postes, les télégraphes et la Caisse
d'épargne nationale à 8,128.

En Angleterre, le nombre des femmes employées aux postes et aux
télégraphes atteint 25,928. La proportion des femmes employées en ce
pays, relativement aux hommes, est de 20 p. 100.

En Suisse, il n'est fait aucune distinction entre les candidats hommes
et les candidats femmes. On ne demande pour se présenter aux examens des postes et télégraphes que d'être âgé de seize ans au moins,
de trente ans au plus et d'avoir une bonne santé. Les appointements
sont les mêmes pour les deux sexes.

En Espagne, 400 femmes environ sont employées aux télégraphes.

En Suède, il y a plus de femmes que d'hommes au service télégraphique, 459 femmes pour 252 hommes.

En Finlande, le tiers des employés des postes est formé par des
femmes.

En Allemagne, il y a dans le service des postes et télégraphes un

remplir des emplois qui exigent, dit-on, en France et ailleurs, des connaissances et des aptitudes spéciales, ou d'en rencontrer cinq attachées au secrétariat de la cour d'appel de Boston. Sous la présidence de M. Harrison, c'était une dame qui occupait les fonctions de secrétaire de la présidence. En 1891, dans les ministères à Washington, sur 17,039 fonctionnaires il y avait 6,105 femmes[1] ». Il n'est plus de carrières en réalité auxquelles ne puissent prétendre les Américaines. Sans parler de la médecine, qui ne comprend pas moins de 10,000 doctoresses, l'architecture et l'art de l'ingénieur comptent plusieurs notabilités féminines. On cite entre autres Mme Robling, qui prit la direction des travaux du célèbre pont de Brooklyn, que son mari malade n'avait pu achever et qu'elle conduisit « à l'admiration de tous ». L'instruction publique dans l'Amérique du Nord est en grande partie confiée aux femmes; il n'y a pas moins de 191,000 ins-

---

nombre considérable de femmes et les employés des téléphones sont presque tous des femmes.

En Autriche, la poste emploie 250 femmes et les téléphones 630.

En Hongrie, la proportion des femmes employées est de 267 femmes pour 7,713 hommes.

En Russie, il y a 874 femmes dans le service télégraphique.

En Italie et en Hollande, les femmes ne peuvent occuper que des situations inférieures.

Il y a des femmes typographes attachées au Parlement danois. L'une d'elles, Mlle E. Grundtvig, écrivain de talent, est un des leaders du mouvement féministe en Danemark.

(1) *Revue encyclopédique* (1893).

titutrices. « En général, l'Américain est peu friand
de positions officielles, à moins qu'elles ne soient
très fortement rétribuées ; il préfère la liberté qui lui
permet de se livrer aux spéculations, industrielles
et commerciales et d'arriver à la fortune. C'est là
surtout ce qui laisse en Amérique tant de fonctions
à la disposition des femmes¹. »

IV. — Au point de vue politique, le mouvement
féministe nous fournit un étonnant exemple de l'influence exercée par les idées. Il y a vingt-cinq années
seulement que Stuart Mill s'est mis à prêcher « l'é-
mancipation des femmes ». On s'est moqué de lui
au premier abord ; il ne s'est pas découragé. Il a
fini par faire conférer aux femmes de son pays les
droits civils et domestiques dont elles étaient privées ; puis sont venus, beaucoup plus contestés et
plus contestables, les droits de vote en matière
d'administration, qu'on a fini par accorder aux
femmes. La majorité actuelle du Parlement est
favorable à leur accession aux droits politiques,
et on s'attend un jour ou l'autre à voir voter les
femmes pour les élections à la Chambre des Communes. De telles réformes ne peuvent manquer
d'avoir des conséquences graves, les unes en bien,
les autres en mal, peut-être ; et c'est un philosophe,

(1) *Revue encyclopédique* (1893). Ibid

tout entier au service d'une idée, qui a préparé cette rapide révolution sociale dans un pays réputé conservateur. Déjà les femmes sont en possession du suffrage administratif pour le règlement des affaires communales, principalement des matières d'assistance et d'enseignement, en Angleterre, en Écosse, au Cap, dans les sept colonies australiennes et dans les sept provinces du Dominion canadien. Le mouvement a gagné la Suède, la Finlande et l'Islande; les quinze provinces de la Gisleithanie; la Hongrie, la Croatie, la Russie; les communes rurales des provinces orientales de la Prusse, celles de la Westphalie, du Schleswig-Holstein, du Brunswick et de la Saxe; du Wyoming et du Kansas. Les droits des femmes sont d'ailleurs plus ou moins étendus dans ces divers pays; tantôt les femmes sont électeurs et éligibles, tantôt électeurs et non éligibles; etc. Les matières communales ou provinciales où elles interviennent sont également plus ou moins nombreuses. Il y a même trois États de l'Amérique du Nord, le Massachusetts, le Rhode-Island et New-York, qui ont des femmes de police (police-matrons), attachées aux postes spéciaux où l'on conduit les femmes en état d'arrestation. Des jurys mixtes, composés d'hommes et de femmes, fonctionnent dans l'État de Wyoming depuis 1869[1].

(1) M. John Kingman, conseiller à la cour suprême des États-Unis, dit à ce sujet dans son rapport de 1892: « Quand les hommes com-

Dans ce même État, les femmes jouissent de l'égalité politique la plus absolue. Au reste, elles se
sont toujours montrées défavorables à la candida-
ture des personnes de leur sexe ; elles n'ont pas
cherché à retirer de leur vote des avantages particuliers, ni à faire augmenter le nombre des emplois
qui leur étaient réservés. Selon M. Adams, secrétaire de la Société d'histoire au Kansas, les femmes
de ce pays, où elles jouissent des droits de suffrage
municipal, se sont surtout préoccupées dans leurs
votes du bien-être de la communauté, portant leur
attention sur les questions d'intérêt matériel, récla-
mant des améliorations en matière scolaire et en
matière d'hygiène publique. Elles ont cherché à
renverser les administrations locales qui s'étaient
compromises dans des spéculations avec les sociétés
d'éclairage ou les compagnies des eaux; elles se
sont efforcées de soustraire les administrations aux
influences démoralisatrices et aux corruptions qui
sévissaient partout.

posaient seuls le jury, les tribunaux furent toujours impuissants à
faire exécuter la loi sur l'ivresse, sur le jeu, sur la débauche et sur le
désordre sous toutes ses formes... Quelques dames à chaque session
ont mis bientôt fin à cet état de choses... Les femmes qui ont fait partie du jury se sont toujours acquittées avec succès de leurs fonctions.
On n'a jamais vu, ni au civil, ni au pénal, de verdict réformé, quand
les femmes ont fait partie du jury. Elles prêtent une plus grande
attention à la marche de la procédure... Elles se laissent moins
influencer par leurs relations d'affaires et par les considérations du
dehors; elles apportent une conscience plus scrupuleuse dans l'accomplissement loyal de leur charge... Les femmes sont dispensées de
siéger dans les affaires à scandale. »

Ce qui ressort de toutes les observations impar-
tiales sur le rôle des femmes, soit dans la politique,
soit dans l'administration, aux pays où elles sont plus
ou moins émancipées, c'est l'esprit pratique et utilitaire dont elles font preuve, en même temps que
leur esprit moral et religieux. Sous ce dernier rapport, leur influence s'est montrée plus d'une fois heureuse. Quant à leur utilitarisme pratique, il n'offre
pas de grands inconvénients et a même souvent des
avantages en matière d'administration purement
locale, de contributions, d'assistance, etc. Mais cet
esprit pourrait avoir de fâcheuses conséquences
dans les questions de politique générale et dans les
questions d'enseignement. On sait ce que vaut une
politique à courtes vues, qui ne se préoccupe que
des intérêts immédiats et directs, sans apercevoir les
conséquences lointaines et indirectes. Et de même,
dans l'instruction publique, la tendance trop utilitaire aboutirait à l'abaissement de la science et de
l'art désintéressés, de la spéculation, sans laquelle
la pratique même est bientôt stérile. L'utilitarisme
va croissant parmi les hommes eux-mêmes, surtout dans les nations démocratiques, à mesure
qu'un plus grand nombre de simples et d'ignorants
sont appelés à diriger les affaires. Il est difficile de
prévoir ce qui arrivera si les femmes, à leur tour,
pèsent de leur poids dans la balance politique. Leur
influence la plus heureuse, outre la lutte contre

l'alcoolisme, serait sans doute celle qu'elles exerce-
raient en faveur de la paix. Encore ne saurait-on,
dans l'état actuel de l'Europe, accepter la paix à
tout prix.

Ajoutons qu'il est bien difficile de concilier les
devoirs d'épouse et de mère, le soin de la maison
et des enfants, la retenue, la pudeur et la modestie
de la femme, enfin le respect qui lui est dû, avec
les luttes, les agitations, les violences et le sans-gêne
de la politique. Comment cumuler les fonctions de
mère et celles de citoyen? Quant aux jeunes filles,
l'arène politique est-elle le milieu qui leur convient?
Les politiciens sont déjà une plaie ; faudra-t-il faire
encore connaissance avec les politiciennes?... Peut-
être.

En somme, il y a une mesure à garder dans les
révendications féminines, mais quelque opinion
qu'on ait à ce sujet, il est certain que la civilisation
d'un peuple peut se mesurer au degré d'humanité
et de justice dont les hommes font preuve envers
les femmes. Celles-ci, en effet, étant les plus faibles,
l'homme n'a guère, pour contenir son propre
égoïsme dans ses rapports avec l'autre sexe, que des
raisons d'affection et de moralité. Certes, la civilisation ne consiste pas à détruire la nature ni à confondre les fonctions normales de l'homme et de la
femme; mais, ces fonctions étant également néces-

-saires à l'espèce, les deux sexes doivent avoir des droits et des dévoirs, sinon toujours identiques, du moins toujours équivalents. Chacun sent d'instinct, par exemple, l'équivalence qui existe entre l'impôt du sang pour la défense extérieure et les travaux de la maternité pour la conservation et l'éducation de la race. Ici l'identité des fonctions est visiblement impossible, et elle est remplacée par une équivalence de devoirs, qui, d'ailleurs, aurait besoin d'être mieux réglée par la loi. Trouver en tout la balance équitable, assurer partout l'équation entre les devoirs et les droits : — dans la famille, par une distribution meilleure du pouvoir et des fonctions ; dans la vie sociale, par une juste extension des droits civils de la femme ; — substituer ainsi progressivement au régime de la sujétion le régime de la justice, n'est-ce pas là un des plus grands problèmes qu'auront à résoudre les sociétés futures ? On tranche beaucoup trop simplement ce problème en disant, avec M. Secrétan : « La personne, en tant que personne, est son *but* à elle-même ; toute la question est donc de savoir si la femme est une personne, ou si la femme existe exclusivement pour notre avantage et nos plaisirs. » M. Secrétan oublie la famille et la race ; il traite l'homme et la femme comme des unités abstraites, existant chacune pour soi ; il néglige non seulement la solidarité de l'individu et de la société, mais encore la solidarité des deux sexes.

L'homme et la femme, au lieu d'être des personnalités absolument indépendantes, forment déjà un tout naturel; ils doivent, de plus en plus, former un tout moral et social. L'un ne doit pas être la répétition et le redoublement de l'autre : il doit en être le complément. Et si vous y ajoutez l'enfant, en vue duquel existe l'union de l'homme et de la femme, vous aurez la véritable trinité humaine : trois personnes en une seule.

LIVRE IV

LE CARACTÈRE DES RACES HUMAINES
ET L'AVENIR DE LA RACE BLANCHE

Toutes les races sont-elles de même caractère et de même valeur au point de vue de la civilisation? La blanche, qui semble psychologiquement supérieure aux autres, est-elle désormais, comme on l'a soutenu, menacée ou d'absorption ou de recul progressif par le flot montant des races noire et jaune? Après le crépuscule des dieux, aurons-nous, dans un certain nombre de siècles, le crépuscule des blancs? Sur ce point ont été hasardés les pronostics les plus contraires[1]. Les falsificateurs de l'histoire, si fréquents outre-Rhin, avaient jadis représenté comme une lutte de « races » la guerre fratricide de la France et de l'Allemagne, deux pays analogues, en réalité, par la composition ethnique.

(1) Voir Pearson, *National life and character*, Londres, 1893. — G. Le Bon, *les Premières civilisations*, Paris, 1889; *les Civilisations de l'Inde*, Paris, 1890. — Barbé, *Revue scientifique* du 29 juillet 1893.

La vraie lutte des races que verront les siècles à
venir, peut-être même le prochain siècle, c'est,
prétend-on aujourd'hui, celle des noirs et des
jaunes avec les blancs. — Vous vous épuisez, nous
dit M. Pearson, en armements gigantesques contre
des peuples qui sont vos proches parents; vous y
dépensez votre or, vous y perdez vos forces, tandis
que le barbare rassemble les siennes pour le printemps qui va venir. Votre vieille Europe se demande
avec anxiété si tel peuple gagnera ou perdra telle
province, si la Russie avancera ou n'avancera
pas sur Constantinople, tandis que le sort même
de la civilisation européenne dans le monde sera
bientôt en question pour votre postérité. — Si,
malgré ces hardies prédictions, personne ne peut
encore rien affirmer de certain sur les destinées de
notre race, chacun doit cependant, dès aujourd'hui,
en avoir la préoccupation. Il est bon, surtout pour
le philosophe, d'élever parfois ses regards au-dessus
de l'heure qui passe et de les diriger vers les profondeurs de l'avenir : c'est souvent le meilleur moyen
de jeter quelque clarté sur les questions mêmes du
jour.

CHAPITRE PREMIER

LE CARACTÈRE DES PRIMITIFS

I. — Les anthropologistes sont loin de s'accorder sur les races humaines. Ils ont longtemps réduit les types de l'humanité à trois : le blanc, le jaune, le nègre. De nos jours, on n'admet plus que cette division selon les couleurs soit scientifique. A plus forte raison le désaccord est-il grand sur la parenté originelle des diverses races. L'origine animale de l'espèce humaine est seule démontrée par deux espèces de preuves, celles que les anatomistes tirent des « anomalies » et des organes rudimentaires. Les anomalies supposent le réveil, les organes rudimentaires la persistance d'une influence ancestrale : c'est l'atavisme. L'embryon, en particulier, traverse les diverses phases ataviques avant de se fixer dans la forme humaine. Ces preuves concourent à établir que l'homme est un primate. L'ordre des primates comprend trois sous-ordres : hommes, singes, lémuriens. Les anthropoïdes actuels ne sont qu'une famille parmi les singes et ce n'est pas d'un de ces anthropoïdes que l'homme a pu descendre. Le type des anthropoïdes et celui des hommes se rapprochent dans l'enfance, au physique et au moral, mais ils vont ensuite s'écartant l'un de l'autre; c'est la preuve que leur souche fut jadis commune, mais que l'un ne procède pas de l'autre. L'homme n'a pu descendre que d'un singe qui n'était pas un de nos anthropoïdes, ou d'un animal antérieur aux singes eux-mêmes. « Au point de vue anatomique, avoue un des esprits les plus prudents et les plus persuadés de la supériorité humaine, M. de Quatrefage, l'homme diffère moins des singes supérieurs que ceux-ci ne diffèrent des singes inférieurs. » Les anthropoïdes actuels disparaîtront tôt ou tard. Si ces vivants intermédiaires entre l'homme et les singes n'eussent pas existé de notre temps, l'homme eût paru bien autrement isolé aux yeux du vulgaire. De même les races humaines les plus inférieures disparaissent. Quand ces chaînons n'existeront plus, l'homme pourra se croire un être tout à fait à part [1]. Les anthropoïdes actuels, en somme, sont des êtres attardés dans leur développement; leurs formes ont même subi une véritable dégradation vers un type zoologique inférieur. Cette dégradation se dessine et s'accentue lorsque l'individu

---

(1) Voir Vianna de Lima, *L'Homme selon le transformisme.* Alcan, 1888.

marche vers l'âge adulte et la vieillesse. Au contraire, comme nous venons de le dire, l'anthropoïde
enfant est plus voisin de nous et rappelle mieux le
type ancestral, qu'une évolution rétrograde déna-
ture dans la suite. Comme les enfants des races
humaines inférieures, les jeunes singes apprennent
beaucoup mieux et se montrent plus intelligents;
par la suite, ils reculent. « Si l'homme, dit Darwin,
n'avait pas été son propre classificateur, il n'eût
jamais songé à fonder un ordre séparé pour s'y
placer. » Il est vrai que le pouvoir même de la
classification scientifique est précisément ce qui
caractérise l'homme. Ce dernier, se mettant en
pensée au-dessus des animaux, s'y est mis du coup
en réalité. Mais ce pouvoir de généraliser et de
raisonner n'est que le développement de fonctions
psychologiques qui, à l'état rudimentaire, sont déjà
chez les animaux.

Il existe une psychologie des espèces et des races
qu'on pourrait appeler surnaturelle et miraculeuse:
c'est celle qui consiste à expliquer les facultés propres
à une espèce ou à une race par une intervention particulière de la divinité, dotant l'être d'attributs nouveaux que n'aurait pu produire le développement
des fonctions mentales déjà existantes. M. Alfred
Wallace, tout en admettant que, sous le rapport
physiologique, l'homme descend d'un ancêtre commun aux hommes et aux anthropoïdes actuels, croit

que certaines de nos facultés mentales, par exemple
les facultés mathématique, artistique, musicale,
religieuse, n'ont pu être mises en nous que par un
acte spécial de la divinité. La raison qu'il en donne,
c'est que ces facultés ne sont en rien indispensables
à l'existence matérielle de l'homme et que, par
suite, elles échappent à la loi générale de sélection.
Cet argument suppose un utilitarisme poussé à
l'extrème; il semble que rien ne puisse exister dans
la nature sinon ce qui est strictement nécessaire à
l'existence d'un être. Mais alors, pourquoi la coquille
roulée par les mers offre-t-elle de si brillantes couleurs, des dessins si compliqués et si réguliers tout
ensemble? Est-il indispensable à la survivance des
coquilles les plus aptes qu'elles soient si bien
peintes? Et la musique du rossignol, est-elle absolument nécessaire à l'existence de l'espèce? Les
gammes et les trilles du chant de l'oiseau sont-ils le
résultat du seul besoin? N'arrive-t-il jamais aux
animaux de jouer pour le plaisir de jouer, comme
de chanter pour le plaisir de chanter? Même avec
l'explication étroite et incomplète tirée exclusivement de la lutte pour l'existence, on ne voit pas
que « la faculté mathématique » soit assez inutile à
l'homme pour supposer une grâce spéciale du créateur. Quant à la faculté religieuse, elle est le développement dernier de trois sentiments qui, à l'origine, furent essentiellement vitaux : la crainte de

l'inconnu, la curiosité de l'inconnu, enfin la représentation de l'inconnu à l'image du connu. Les
miracles sont donc inutiles pour expliquer l'évolution physique et mentale de l'espèce humaine au
sein d'une espèce antérieure.

En histoire naturelle, on nomme espèce un
ensemble d'individus semblables entre eux par des
caractères très importants; quelques naturalistes
veulent de plus une même filiation, mais c'est
un point sur lequel on n'est pas d'accord. Aussi
l'idée d'espèce reste-t-elle quelque peu flottante.
Supposons maintenant que, parmi les individus
d'une espèce, il y en ait chez qui certain trait particulier s'exagère et franchisse les limites normales
(d'ailleurs mal déterminées), ce changement constituera une variété individuelle. Si cette variété
devient héréditaire, elle constituera une race. En
1803, M. Descenet découvrit, dans sa pépinière de
Saint-Denis, au milieu d'un semis de faux acacias,
un individu sans épines. C'est de cet individu, multiplié par marcottes et boutures, que sont descendus tous les faux acacias sans épines répandus
aujourd'hui dans le monde entier. Ces individus
produisent des graines, mais ces graines mises en
terre n'engendrent que des faux acacias avec épines.
La variété ici n'a pu devenir race. En revanche, il y a
bien des plantes, des arbres fruitiers, des légumes,
dont les variétés sont devenues héréditaires : les

pruniers, les pêchers, la vigne en sont des exemples. De même, parmi les animaux, les chiens offrent environ quatre-vingts races distinctes. Les différences anatomiques vont chez eux très loin : taille, proportion et forme des muscles ; le cerveau de l'intelligent barbet est proportionnellement double de celui du dogue. En somme, l'espèce est le point de départ ; au milieu des individus qui la composent se montre par hasard la variété ; quand les caractères de cette variété deviennent héréditaires, il se forme une race ; les races primaires donnent elles-mêmes naissance, par leurs variations devenues héréditaires, à des races secondaires, tertiaires, etc. [1]. L'espèce est comme le tronc d'un arbre, dont les races sont les branches. Que l'hérédité et la sélection parviennent à fixer des variations importantes, soit de constitution, soit de tempérament, dues au milieu ou, plus souvent, aux combinaisons des germes et aux hasards de la génération, on aura ainsi des variétés douées d'attributs propres au physique et au moral. Mais, pour constituer de vraies races ou sous-races, il faut que ces variétés deviennent constantes, ou à peu près, qu'elles soient transmises de génération en génération et maintenues dans une pureté au moins relative.

On voit par quels jeux successifs du hasard

---

(1) Voir Quatrefage, *l'Espèce humaine*, ch. III.

l'homme a pu descendre d'une espèce antérieure ;
mais il est impossible de savoir si c'est par une
seule filiation ininterrompue ou par l'apparition
sporadique, au sein de cette espèce, de plusieurs
variétés semblables devenues ensuite héréditaires.
Les mêmes jeux de la nature peuvent s'être produits sur plusieurs points différents du globe :
des acacias sans épines auraient pu naître et
auraient pu être l'objet d'une sélection en divers
pays. Supposons que, dans un musée de peinture,
vous aperceviez des tableaux d'une même période
de l'art : vous trouverez que leur style les rattache
l'un à l'autre par des ressemblances frappantes,
parce qu'ils ont été les aboutissants d'un état d'âme
commun dans un milieu commun ; mais vous n'en
conclurez pas pour cela que ces tableaux aient été
tous imités l'un de l'autre et soient la continuation
directe d'un seul et même tableau, qui serait
comme leur père ou leur Adam. Ressemblance
n'implique pas toujours descendance. De même
pour l'humanité ; la loi de genèse et de développement a pu être *une* sans que l'arbre généalogique
soit *un* [1]. Il y a eu un moment où les primates se
rapprochaient de l'homme, où l'humain était en
quelque sorte dans l'air ; des essais plus ou moins
heureux ont pu se produire sur plusieurs points,

(1) Voir Gumplowicz, sa *Lutte des races*.

aboutissant à des esquisses de l'homme diversement
réussies, qui, à la différence des tableaux de nos
peintres, étaient fécondes et perfectibles. Si un
homme au plus bas degré de l'humanité a pu descendre du primate le plus perfectionné, il est également possible que plusieurs « premiers hommes »,
dans des localités différentes, soient descendus de
leurs ancêtres respectifs voisins de l'homme. La
vérité est que les idées de premier homme ou de
premiers hommes sont peu scientifiques. On ne
saurait préciser un moment où, par une sorte de
saut, un simple simien aurait atteint un degré proprement humain. Qu'est-ce qui eût établi une différence si profonde et une pareille discontinuité?
Et qui eût pu dire : voici Adam ? Intelligence
animale et intelligence humaine, c'est affaire de
degrés : de l'une à l'autre, il y a des transitions.
On ne sait même pas s'il est possible de rattacher
toutes les espèces de singes à un même tronc généalogique : beaucoup de naturalistes admettent deux
origines différentes, l'une pour l'Amérique, l'autre
pour l'Afrique. A en croire M. Gumplowicz, polygéniste décidé et intransigeant, dès le commencement de l'histoire nous rencontrons « un très grand
nombre de races humaines qui se regardent comme
étrangères par le sang et qui, parlant chacune sa
langue distincte, irréductible aux autres, profes-
sent chacune son culte à part ». Mais qu'est-ce

que la période historique de sept ou huit mille ans? Dès l'époque quaternaire, les races humaines s'étaient différenciées. Même en remontant à cette époque, on ne peut rien conclure, puisque l'humanité existait déjà depuis longtemps. On a justement comparé cette théorie polygéniste à une théorie historique qui ne remonterait pas au delà de Charlemagne et d'où on conclurait que l'histoire a commencé par la plus étonnante « hétérogénéité ». La doctrine de M. Gumplowicz, qui suppose une variété indéfinie de races humaines à l'origine, pour avoir le plaisir de les faire ensuite s'entre-dévorer ou s'entre-détruire au profit de la race supérieure, est de pure imagination.

Les monogénistes ont eu gain de cause sur la fécondité entre les races humaines actuelles les plus distantes, qui peuvent toutes se croiser. Les polygénistes l'ont emporté sur l'impuissance des milieux à produire, par eux seuls, certains caractères propres aux races particulières. Ainsi les enfants des blancs qui ont bruni sous les tropiques naissent toujours blancs, et ils restent blancs s'ils ne s'exposent pas eux-mêmes à la lumière des tropiques. Mais c'est qu'il s'agit là d'une coloration brune acquise par les parents pendant leur vie sous l'action du milieu extérieur, non d'un caractère congénital. Il faut simplement conclure de ce fait que l'exposition des parents au soleil tro-

pical brunit leur peau sans brunir les éléments ger-
minaux qui donneront à la peau de leurs enfants
la couleur héréditaire. Il n'en résulte pas qu'un
enfant brun n'ait jamais pu naître de parents blancs,
ni surtout qu'un enfant blanc n'ait jamais pu naître
de parents bruns. C'est dans les germes que le jeu
des éléments colorés a dû se produire, indépendamment de l'action directe du soleil; il y a là une question de pigments qui suppose une combinaison
fortuite, comme celle qui fait naître des fleurs à
coloris nouveau de fleurs autrement colorées. Une
fois qu'un enfant est né avec une peau plus brune
ou plus blanche que ses parents, il peut transmettre
cette particularité congénitale à sa propre descendance, surtout si elle offre un avantage et si elle se
trouve mieux appropriée au climat. La question de
l'origine une ou multiple des diverses races est
donc toujours pendante.

Au reste, les origines importent peu : en remontant assez haut dans l'échelle animale, on finit toujours par les voir se confondre. Ce qui importe au
philosophe, c'est le présent et l'avenir. Quant aux
anthropologistes, ils ont beau sans cesse invoquer
la science, ils font trop souvent entrer leurs partis
pris dans leur science encore en bas âge. Voici des
anthropologistes qui, quand il s'agit d'opposer
l'homme à l'animal, n'admettent aucune différence
essentielle et se font un plaisir de montrer l'unité

foncière des simiens et des humains ; s'agit-il, au
contraire, d'admettre l'unité des races humaines,
tout au moins leur unité mentale, ces mêmes
anthropologistes ne veulent plus voir que les oppo-
sitions : ils mesurent des crânes, des tibias, etc.,
et creusent aussi profond qu'ils le peuvent l'abîme
du nègre au blanc, après avoir comblé l'abîme
du singe au nègre. Le dédain qu'ils montrent
généralement à l'égard des psychologues n'empêchera pas ces derniers de maintenir que, si
l'espèce humaine est composée de variétés très
dissemblables, comme d'individus très différents
et par le caractère et par les aptitudes, un nègre
ou un jaune n'en sont pas moins des hommes, et
qu'ils ont droit, comme le blanc, au respect et à
la sympathie. Tous les arguments en faveur de l'esclavage fondés sur la prétendue existence « d'espèces » d'hommes différentes, outre qu'ils reposent
sur un principe biologique incertain, aboutissent
à de fausses conséquences morales. Pour les moralistes en effet, comme pour les psychologues, il
n'existe qu'une seule espèce d'âme humaine, à prendre ce mot dans sa plus grande généralité, qui
n'exclut nullement la profonde différence entre les
hommes. En fait, remontez assez haut dans l'histoire
et surtout avant l'histoire, vous verrez toutes les
races se réunir dans les mêmes occupations, dans
l'usage des mêmes instruments, dans les mêmes

coutumes, dans les mêmes croyances et jusque dans les mêmes rites funéraires. Aussi la psychologie des races doit-elle d'abord s'efforcer de reconstituer le type de caractère fondamental qui leur est commun à toutes. Et ce caractère pourra être considéré comme étant celui de l'humanité primitive, sans aucune distinction de couleur; essayons donc d'en déterminer les traits essentiels.

II. — Un crâne fuyant, des arcades sourcilières proéminentes, une mâchoire projetée en avant, des jambes courtes et, comme celles des singes, sans mollets; une station qui n'était encore qu'à demi verticale et des genoux fortement fléchis, — caractère qu'on retrouve dans les reproductions de l'homme remontant à l'âge de la pierre taillée; pour tout langage des gestes, des hurlements, des cris et interjections, spontanés ou volontaires : voilà, nous disent les anthropologistes, quel était l'homme primitif, « le futur roi de la création [1] ». On sait que l'embryon de l'homme possède une queue qui disparaît ensuite; au septième mois il est recouvert, excepté sur la plante des pieds et des mains, d'un épais revêtement de poils destinés également à disparaître. Or l'embryon, si vite transformé aujourd'hui, récapitule successivement les

(1) Voir à ce sujet le Dꭉ Le Bon, *l'Homme et les sociétés*. Voir aussi Spencer, *Sociologie*, t. I.

formes principales par lesquelles ont dû passer nos ancêtres, à travers l'immense durée des périodes géologiques. Il est donc probable que le corps des hommes primitifs était en grande partie recouvert de poils. Une gravure de l'époque de la pierre, exécutée sur un bois de renne, nous montre un jeune chasseur qui poursuit un aurochs : son corps est presque tout poilu; la colonne vertébrale frappe par sa longueur, et sa forme arquée rappelle celle du singe marchant droit sur ses jambes. Beaucoup de peuplades nègres ne sont pas encore entièrement droites et plusieurs ont une véritable toison.

Au moral, il ne faut pas se figurer une faculté toute nouvelle, la raison, descendant tout d'un coup dans une nouvelle espèce de crâne, comme le Saint-Esprit sur les apôtres. Il y a des singes intellectuellement voisins des hommes les plus inférieurs et de ce que dut être l'homme le plus primitif ou son ancêtre. La grande différence, c'est que l'homme, grâce à sa constitution cérébrale, était plus capable de réflexion et a pu intentionnellement employer des signes pour se faire un langage. La réflexion et la parole sont les caractéristiques de l'humanité dans toutes les races. Mais il ne faut pas considérer ces deux aptitudes comme toutes développées et en quelque sorte adultes dès l'origine. La période la plus ancienne de la pierre, nommée archéolithique, ne représente pas encore le vrai début de l'humanité. Sans doute, cette période a été universelle : on en a retrouvé les traces non seulement dans toute l'Europe, mais encore en Asie, en Afrique, en Amérique. Est-ce là, pourtant, l'humanité primitive ? Non, et la preuve en est dans la lenteur même des développements qui ont eu lieu pendant les divers âges de la pierre ; lenteur si grande qu'elle présuppose une période encore bien plus longue avant les premières inventions humaines et l'usage des premiers outils. Considérons quelles suites de siècles représentent les deux âges de la pierre brute et de la pierre polie ; pendant les milliers d'années qui formèrent le premier de ces âges, l'esprit humain ne fit pratiquement aucun progrès dans l'art de tailler le silex. Pendant l'âge de la pierre polie, il mit des siècles à découvrir une chose aussi simple que la substitution de la corne à la pierre dans ses armes. En Europe, durant des milliers d'années, l'homme primitif s'est borné à tailler, souvent à la perfection, l'unique outil de Saint-Acheul et de Chelles. Il n'avait pas même eu l'idée si naturelle d'attacher un silex taillé à un manche pour faire d'un ciseau une hache. De tous les outils néolithiques, la hache, une fois inventée, fut de beaucoup le plus important ; c'est par elle que l'homme remporta la plus grande victoire sur la nature. C'est probablement en faisant éclater des silex et en les polissant que nos ancêtres préhisto-

riques apprirent par hasard à allumer du feu, qui
ne fut ainsi qu'une conquête très tardive. Même au
dernier siècle, diverses populations sauvages étaient
encore incapables de le rallumer, une fois éteint.
C'est seulement depuis la substitution des métaux
à la pierre et à la corne que les progrès humains
sont devenus mesurables. Encore la capacité de perfectionnement rapide n'a-t-elle caractérisé qu'une
partie de l'espèce et ne s'est-elle manifestée que dans
les plus récentes heures de son existence.

On a soutenu que l'homme, dès le commencement, avait eu le langage articulé. Mais il est impossible, sans admettre un miracle, de se figurer un
premier homme ou des premiers hommes parlant,
au sens propre du mot. La partie même du cerveau
qui est actuellement dévolue au langage et qui, on
le sait, est très localisée, ne pouvait avoir à l'origine
ce développement. L'homme a dû se borner d'abord,
comme l'enfant même, à émettre des sons au hasard
ou des chants, ainsi que des cris et des interjections. Comme la pensée, la parole a été une lente
et progressive acquisition. Il y a des singes qui pous-
sent certains cris au moment d'un danger : leurs
compagnons comprennent parfaitement ces cris et
accourent à la défense de la communauté; est-ce
ou n'est-ce pas du langage ? Ce qui distingue surtout
la parole humaine, c'est l'emploi intentionnel de
tels sons pour se faire entendre d'un autre homme.

L'enfant qui veut un objet pousse toute espèce de sons que son larynx lui permet de produire : il dit : ma, ma, ta, ta, cha, etc. ; il s'établit bientôt entre lui et ceux qui l'entourent un langage conventionnel. Pareillement, il a dû se former autrefois une multitude de petites langues rudimentaires et différentes, servant aux familles et tribus. La sélection qui devait aboutir à l'*oratio* et à la *ratio* s'est donc accomplie au sein de grandes communautés d'individus, dont les plus intelligents ont associé avec plus d'art les cris et les gestes. On a prétendu que les langues étaient de plus en plus riches à mesure qu'on remonte vers les origines; c'est là confondre avec des langues originelles les idiomes de civilisations déjà avancées, tels que le sanscrit. Comment le langage primitif aurait-il été riche, puisque les idées primitives et les choses à exprimer étaient alors si peu nombreuses? Le langage actuel des peuplades inférieures peut nous faire entrevoir, par analogie, celui des premiers hommes. Les Tasmaniens n'ont pas de mots pour les idées abstraites et générales; ils ont bien un terme pour les principales variétés d'arbres, non pour l'arbre. Veulent-ils faire comprendre qu'une chose est dure, ils disent qu'elle est comme une pierre; longue, comme une jambe; ronde, comme une boule ou comme la lune. Un paysan illettré n'a besoin, pour la vie qu'il mène, que de trois cents

termes environ, d'après les estimations les plus
autorisées; les sauvages, eux, n'ont pas besoin de
tant de mots et, en général, ne les ont pas à leur
service. Les Boschimans, dont la langue est des
plus rudimentaires, n'arrivent pas à se comprendre
entre eux dans l'obscurité. Le geste est presque
toujours nécessaire aux sauvages comme complément de la parole. Pour dire : Veux-tu venir avec
moi? ils disent : — Toi, — puis montrent une
direction. La caractéristique de leurs langues, ce
sont les « mots-phrases », qui, en désignant un
objet, désignent aussi l'ensemble des actions dont
cet objet est le centre. Toutes les races ont passé
par là, comme elles ont passé par la période de la
pierre brute et de la pierre taillée.

Quoiqu'on puisse rapprocher les sauvages primitifs des simiens, l'homme eut cependant, dès le
début, une certaine supériorité de l'intelligence,
due à une meilleure organisation du cerveau, et
qui, en permettant mieux la réflexion, par cela
même le langage réfléchi, assurait l'empire à l'être
« sans armes » dont parle Pline. Et c'est l'intelligence qui, élevant peu à peu à sa hauteur les
sentiments eux-mêmes, a fait de l'homme un être
moral et social.

Quant à l'état des sentiments primitifs chez
l'homme préhistorique, nous pouvons nous en faire
une certaine idée· car chacun de nous, à quelque

20

race qu'il appartienne, possède encore en lui-même le vieux fonds du caractère primitif, ces aptitudes ataviques, d'une si singulière uniformité, auxquelles s'est superposée la civilisation. C'est par là, c'est dans leurs penchants primordiaux et, comme on l'a dit, dans leurs défauts ou leurs vices, que les hommes changent le moins à travers le temps et l'espace. Au contraire, les perfectionnements apportés à l'intelligence et à la moralité, au prix d'efforts si pénibles et souvent si précaires, se font dans des directions variables, qui ne sont pas « superposables chez les divers individus [1] ». C'est ce qui fait que les hommes rassemblés en foule s'entendent et sympathisent immédiatement par les côtés inférieurs et élémentaires de leur nature, tandis que, trop souvent, les penchants supérieurs les divisent. Les foules, avec leurs passions collectives, nous montrent agrandi l'homme préhistorique. L'enfant peut aussi nous en fournir une esquisse. Son développement psychique résume et reproduit, par ses traits principaux, l'état mental de nos premiers ancêtres. Nous avons tous commencé par être, sous certains rapports, de petits barbares avant d'être des civilisés. Enfin les caractères communs aux sauvages d'aujourd'hui peuvent nous faire comprendre l'homme d'autrefois. Inattention, faiblesse de vo-

---

(1) M. Le Bon, *L'Homme et les Sociétés.*

lonté comme de pensée, rêverie, idées fixes, excès
d'émotions banales et impossibilité d'émotions nouvelles, instabilité et contradictions, en un mot
défaut de synthèse et d'unité mentale, sinon sous
l'impulsion d'un égoïsme naïf, voilà ce que tous les
observateurs retrouvent, à des degrés divers, et
chez les enfants, et chez les sauvages, et chez les
êtres arrêtés dans leur développement, et chez les
hystériques, et chez certains criminels qui semblent
revenir à l'état sauvage; voilà aussi, sans doute, ce
qu'était le plus souvent le caractère des races primitives. L'homme « à l'état de nature » est, comme
l'enfant, un sensitif-impulsif. Il faut faire exception
pour les Indiens d'Amérique, qui savent se dominer
eux-mêmes et montrent une sorte de flegme stoïque ;
mais dans tout le reste de la terre, au témoignage
des voyageurs, le sauvage manifeste une grande im-
pulsivité, qui, d'ailleurs, se concilie fort bien avec la
ruse et les vengeances longtemps méditées. Les animaux eux-mêmes sont à la fois impulsifs et rusés :
veulent-ils vous ménager un tour de leur façon, le
temps n'existe pas pour eux. Le sauvage, quand il
n'a pas quelque grand intérêt à se contenir, rit,
pleure, gesticule, s'agite de tous ses membres; rien
de plus mobile que son esprit et ses sentiments.
Aussi Lubbock a-t-il pu dire : « Les sauvages sont
des enfants ayant les passions des hommes ». Quant
à leur volonté, elle a le plus ordinairement le carac-

tère explosif : elle se rapproche de l'acte réflexe et se
détend comme un ressort sous l'influence de la passion présente, pour retomber ensuite à l'état d'inertie.
Ce qui frappe tous les voyageurs chez les races non
civilisées, c'est l'habituelle incapacité de tout effort
prolongé et méthodique. Les Peaux-Rouges se
laissent exterminer plutôt que de s'astreindre à un
travail régulier qui leur donnerait l'aisance. Ils ont
d'ailleurs un attrait irrésistible pour la vie des
forêts : donnez-leur une maison, ils y installeront
leurs chevaux et iront dormir sous leur tente. Le
travail continu, l'attention persévérante, voilà la
chose héroïque pour l'homme primitif comme
pour l'enfant ; il éprouve une répugnance parfois
invincible pour cet état de concentration volontaire
que M. Ribot considère comme « artificiel et surajouté », tandis que l'état de distraction serait naturel et fondamental. M. Ribot a remarqué que les
plus constants efforts d'attention patiente ont peut-
être été faits par les femmes, obligées de soigner
leurs enfants et, de plus, astreintes à un travail
régulier, tandis que le sexe fort, après avoir chassé,
pêché, combattu, se reposait [1]. C'est surtout quand

(1). Chez les Bhils, dit Spencer, les hommes haïssent le travail, mais
les femmes sont industrieuses ; de même chez les Konkris et les Nagas ;
de même encore en Afrique. Dans le Loango et sur la Côte d'Or, bien
que les hommes soient inertes, les femmes « s'occupent d'agriculture
avec une ardeur incroyable ». Les femmes ont été partout les premières porteuses de fardeaux.

il s'agit de fixer son attention sur une idée, quelle qu'elle soit, que le sauvage montre son impuissance. D'après Burton, essayez de causer dix minutes avec un habitant de l'est de l'Afrique sur son système de numération, pourtant bien simple, vous lui causerez un mal de tête extrême. Chez certains Négritos, la stupidité est telle que, s'ils doivent faire quelque effort pour comprendre, « ils tombent de sommeil »; insiste-t-on par trop, « ils sont malades », Un sauvage de la Nouvelle-Calédonie répondait au missionnaire de Rochas, qui offrait de la viande à ses néophytes pour les faire sortir de l'apathie et les rendre attentifs : « Tu parles beaucoup, mais, vois-tu, ce qu'il nous faut, c'est ce qui emplit le ventre. » Chez les sauvages les plus inférieurs, l'inertie intellectuelle entraîne le manque de curiosité : rien ne les étonne, ou, s'ils s'étonnent, ce n'est que pour quelques instants. Lorsque Cook visita les Tasmaniens et les Fuégiens, il ne réussit pas à leur causer de la surprise en leur montrant une foule d'objets inconnus. Un sauvage s'amuse d'un miroir : il ne vous en demande pas l'explication. Les enfants des civilisés, au contraire, ont un instinct déjà très développé de curiosité intellectuelle, qui leur met sans cesse aux lèvres le mot : Pourquoi?

Comme le singe et comme l'enfant, l'homme primitif est foncièrement imitateur. Les Australiens,

les Fuégiens, beaucoup de nègres d'Afrique repro-
duisent tous les mouvements et gestes de leur inter-
locuteur à mesure qu'il parle; ce qui ne laisse pas
que d'être gênant. Bagehot rapporte, d'après le
capitaine Palmer, qu'un chef des îles Fiji suivait
un sentier de montagne escorté par une longue file
d'hommes de sa peuplade, quand il lui arriva par
hasard de faire un faux pas et de tomber; tous les
autres firent immédiatement de même. Peut-être
aussi voulaient-ils, par cette imitation servile, montrer leur obéissance et leur passivité absolues.

Un tel esprit d'imitation favorise la routine, empêche toute innovation. « Parce que même chose
fait pour mon père, même chose fait pour moi »,
disent les nègres Houssas. On connaît des peuples
noirs qui, bien qu'ayant toujours vécu de la chasse,
n'ont pas encore trouvé d'autre moyen pour se pro-
curer le gibier que de l'abattre avec des pierres.
Les Australiens ichtyophages observés par Dam-
pier, qui avaient cependant toujours habité au bord
de la mer, ne savaient fabriquer aucune sorte d'en-
gin pour la pêche, encore bien moins des radeaux;
ils passaient à la nage d'une île à l'autre. Les nègres
Boschimans sont incapables des raisonnements les
plus simples pour améliorer leur misérable condition. Décimés par la famine, ils sont entourés de
peuples pasteurs; depuis des siècles ils s'emparent
des troupeaux de leurs voisins pour les détruire et

les manger, mais pas un n'a eu l'idée d'en élever de semblables ou, simplement, de conserver ceux qu'il avait capturés. Ce trait de génie est au-dessus d'eux ; ils continuent à mourir de faim plutôt que de suivre l'exemple de leurs voisins. Ils ont des armes, qu'ils manient avec la dernière adresse, mais ils sont incapables d'y apporter la moindre amélioration : aussi a-t-on dit que leur arme — boomerang — fait partie de leur individualité immuable.

Ce qui s'est d'abord développé par sélection chez les hommes primitifs, c'est tout ce qui pouvait les aider dans la vie sauvage, tout ce qui pouvait les adapter à leur milieu. Sous ce rapport, ils ont acquis parfois des aptitudes remarquables. Un Esquimau consomme par jour un nombre incroyable de livres de viande ou de graisse, et il boit de l'huile de baleine comme nous buvons de l'eau. Ne connaissant pas l'usage du feu pour se chauffer, il se met nu dans sa hutte de neige pour avoir plus chaud : la circulation du sang devient alors plus active que sous des vêtements épais et lourds. Le Chaambi du Sahara, lui, ne dépense pas par mois le double en poids des aliments nécessaires à l'Esquimau pour un seul jour. Il peut parcourir le désert sous un soleil ardent, sans boire ni manger, pendant trois jours consécutifs : une nuit de repos et un peu de nourriture lui rendront ses forces. Les Touaregs font des voyages de six jours à jeun. Les Boschimans, dont

nous parlions tout à l'heure, manquant de tout dans
leur pays stérile, sont fréquemment réduits à l'état
de maigreur d'un squelette : on voit leurs os sous
leur peau plissée comme celle d'un cadavre. En
revanche, ils ont une faculté d'engraissement extraordinaire : on en a vu, dit M. Zaborowski, passer en
quatre jours de la maigreur la plus lugubre à l'embonpoint le plus florissant. N'ayant pas de chevaux,
comme les Touaregs, ils ont si bien développé leurs
jambes, qu'ils sautent à travers les roches mieux
que l'antilope; un cheval ne peut les suivre en montagne; dans la plaine, ils suivent eux-mêmes fort
bien un cheval au galop. Exposés souvent à périr
de soif, ils savent découvrir la présence d'une eau
souterraine à de très grandes distances : couchés
contre terre, ils distinguent au loin les vapeurs
imperceptibles qui, dans l'air sec du désert, s'élèvent
au-dessus des sols imprégnés d'humidité. Seule,
leur inteligence est restée stérile : ils en sont à l'instinct. Les nains des forêts équatoriales de l'Afrique
grimpent aux arbres avec l'agilité des singes, traversant les grandes herbes, dit Schweinfurth, et
bondissant à la façon des sauterelles; ils approchent
de l'éléphant, lui mettent leur flèche dans l'œil et
vont l'éventrer d'un coup de lance. Pas un homme
des forêts de Sumatra ne reculerait, armé de son
seul javelot, devant l'attaque par surprise d'un tigre;
amateurs de serpents, ils se glissent en rampant

auprès de leur proie venimeuse et la saisissent à
l'improviste. On peut donc dire que la loi de survivance des mieux adaptés a développé chez les
sauvages l'acuité des sens, la rapidité de la perception, l'adresse et la force, enfin les qualités mentales pratiques qui se rapprochent de l'instinct.

Au contraire, la plupart des rapports abstraits, qui
sont le fond même des lois scientifiques, échappent
aux hommes primitifs : d'ailleurs, leur état social
rudimentaire n'exige pas de connaissances générales. La numération même leur est extrêmement
difficile. Australiens, Boschimans, Papous, Hottentots ne peuvent compter au delà de cinq ; d'autres
peuplades, au delà de deux ou trois. Si un sauvage
du sud de l'Afrique vend un mouton pour deux
paquets de tabac, il n'arrivera pas à comprendre
qu'il doit livrer d'un seul coup deux moutons pour
quatre paquets. Il faudra d'abord lui donner deux
paquets, en échange desquels il livrera un mouton,
puis deux autres paquets pour le second mouton.
Peut-être aussi y a-t-il là une défiance prudente ;
les voyageurs jugent parfois les sauvages trop défa-
vorablement, parce qu'ils ne se mettent pas à leur
place par la pensée. Ainsi, on reproche à l'Esquimau qui aperçoit pour la première fois un morceau
de verre de le placer dans sa bouche, pour voir s'il
va fondre comme la glace ; mais c'est là une preuve
d'intelligence, non d'inintelligence. Un physicien à

qui on présenterait un corps inconnu le soumettrait
aux expériences déjà faites sur les corps qu'il connaît. Nul n'est obligé d'apporter en naissant la
notion du verre et de ses propriétés. On reproche
de même au Malais de recherche la chair du tigre
par conviction qu'il acquerra le courage de cet animal; mais quelque contestable que soit l'induction,
encore est-ce une induction : nos médecins en ont
fait longtemps qui n'étaient guère supérieures.
Hippocrate croyait que les qualités du lait de la
nourrice influent sur le caractère de l'enfant, et il
n'est pas encore prouvé que cette influence soit
nulle. Quant au Zoulou qui mâche et amollit de
son mieux un morceau de bois dans l'espérance
d'amollir le cœur d'un autre Zoulou auquel il veut
acheter sa vache, il est non moins subtil en sa sottise que tel contemporain qui pratique l'envoûte-
ment et perce le cœur d'une statuette. Les croyances
les plus fausses du sauvage ne sont souvent que des
déviations de l'esprit scientifique, et il y a des manières de déraisonner qui supposent une certaine
force de raisonnement. Il n'est pas donné à tous
les animaux de faire des sophismes.

Ce qui est vrai, c'est que les explications qui nous
paraissent les moins scientifiques étaient les meilleures pour l'homme primitif. Il avait la crédulité
de l'enfant; plus une raison était étrange et même
absurde, plus elle avait chance de le frapper : il

pratiquait en grand le *Credibile quia ineptum.* Il
n'en devint pas moins un animal capable de chercher et de comprendre des raisons générales et,
par un progrès nouveau, universelles : c'était déjà
un animal scientifique et métaphysique. C'est aussi
pour cette raison qu'il était, par excellence, un animal sociable, car il n'avait plus seulement, comme
les bêtes, une sociabilité d'instinct, mais une sociabilité d'intelligence. Quoique ses sympathies fussent
bornées à la tribu, elles étaient le germe de cette
sympathie universelle qui est identique à la plus
haute moralité. De là surtout résulte l'unité morale
de l'espèce humaine. Toutes les mensurations de
crânes ou de squelettes n'empêcheront pas l'homme,
à quelque race qu'il appartienne, d'être capable de
moralité, c'est-à-dire d'action consciemment désintéressée en vue d'un autre homme ou en vue d'un
groupe.

Physiologiquement, l'homme primitif était plutôt
un frugivore qu'un carnivore; on peut donc croire
avec Darwin qu'il était doux, non féroce comme le
suppose M. Le Bon. Certaines coutumes, telles que
le cannibalisme, l'abandon des vieillards, la tyrannie à l'égard des femmes, peuvent être des effets de
la misère ou des nécessités de la guerre, qui elle-
même fut amenée par la concurrence vitale. Les
loups ne se dévorent pas entre eux, ni les lions, ni
les tigres; on ne voit pas pourquoi les hommes

auraient éprouvé à l'origine ce besoin contre nature. Les mauvais traitements infligés aux femmes par un grand nombre de tribus sauvages, l'état de servitude où elles sont tenues, la coutume même de les manger dès qu'elles atteignent un certain âge, toute cette brutalité du sexe fort peut n'avoir pas existé à l'origine. L'homme était alors proche du singe; or, parmi les anthropoïdes, la famille existe déjà : femelle et mâle font preuve l'un et l'autre d'une sollicitude touchante envers les jeunes : aussi les petits aiment-ils leur père autant que leur mère. Le gorille, la nuit, s'installe au pied de l'arbre sur lequel est solidement établi le nid où dort la famille. Au reste, les jeunes anthropomorphes, comme les nouveau-nés humains, exigent des soins constants, incapables qu'ils sont de s'aider de leurs membres et de se suffire à eux-mêmes. On ne voit pas les animaux, de quelque espèce qu'ils soient, maltraiter leurs femelles; au contraire, ils les aiment et, au besoin, se dévouent pour elles. Il serait étrange que l'homme eût commencé par faire exception à la règle universelle.

C'est précisément la supériorité de l'homme sur les animaux, résultant de ce qu'il a la raison et l'expérience, qui l'a amené à différer des animaux tantôt en mieux, tantôt en pire. Aussi l'humanité sauvage offre-t-elle tous les types moraux. Les chefs Maoris de la Nouvelle-Zélande ne respiraient jadis

que la guerre. On sait que l'un d'eux, pour justi-
fier l'anthropophagie, disait à Dumont d'Urville :
« Tout être de la nature a son ennemi, et il le mange
quand il peut.. » La barbarie des Dahoméens et des
Achantis est bien connue. En revanche, Livingstone
a trouvé au cœur de l'Afrique des tribus nègres
inoffensives, très supérieures en tout, sauf pour les
outils et les armes, aux tribus arabes. Il parle en
terme touchants de son amitié pour ces noirs.
Mlle Tinné s'exprime aussi avec attendrissement
sur le compte de certaines tribus du Soudan qu'elle
avait visitées. Au reste, toutes les émotions du sauvage sont irrégulières et inconstantes : de là ce que
Burton appelle « un étrange mélange de bien et de
mal ». Le sauvage a à la fois un bon caractère et
un cœur dur, il est batailleur et circonspect, doux
à un moment, cruel, sans pitié et violent à un autre,
brave et lâche, têtu et volage, avare et prodigue ; il
aime ses enfants et, dans un accès de colère, il les
tue pour une simple maladresse. On reconnaît là
l'incohérence d'un caractère sans équilibre et sans
unité : bien des hommes civilisés ont une irritabi-
lité plus ou moins analogue.

Kant, Herbart et, plus récemment, M. Renouvier,
ont beaucoup insisté sur le penchant de l'homme à
maximer en tout sa conduite, c'est-à-dire à se former une règle de ce qu'il a fait une fois ou de ce
que ses pères ont fait. Exemples, éducation, cou-

tume, tous les genres de solidarité mutuelle érigent
un premier fait en source d'une multitude d'autres
faits semblables. Le bon et le beau, chez l'homme
qui s'est une fois conformé à un milieu, se jugeant
d'après la tradition et la coutume de ce milieu ; il
advient alors, selon la remarque de M. Renouvier,
que le vice ou le crime revêtent la forme de la vertu.
En dépit de notre civilisation et de nos contraintes
légales, nous voyons encore le crime même devenir
habitude et loi dans certains milieux particuliers,
dans certaines familles, dans certaines classes
sociales, dans les prisons, chez les brigands, etc.
Les anciens groupes humains ont donc dû, selon
les circonstances et selon les premiers exemples,
développer en eux une foule de vices érigés en vertus, comme le vol et le meurtre.

Remarquons, en outre, que plusieurs coutumes
des sauvages qui nous semblent abominables sont
des conséquences de sentiments qui ne sont point
toujours odieux. On leur reproche de manger parfois leur vieux père, mais c'est pour lui donner une
sépulture digne de lui (ainsi pensent les Capa-
nagues). On leur reproche de manger un ami mort
ou un maître, mais c'est pour « s'assimiler ses
bonnes qualités ». Bien des sacrifices humains ont
été faits dans une intention religieuse. Sans vouloir
trop relever la morale des sauvages, encore ne
faut-il pas la juger d'après nos idées et sentiments

modernes. Notre « civilisation » même est trop souvent comparable à leur barbarie. Baker voulait convertir Commoro, chef Latouka : « Si on ne croit pas
à la vie future, lui disait-il, pourquoi un homme
serait-il bon, au lieu d'être méchant quand il y
trouve son intérêt? » Commoro répondit : « La plupart des hommes sont mauvais; s'ils sont forts, ils
pillent les faibles. Les bons sont tous faibles; ils
sont bons parce qu'ils n'ont pas assez de force pour
être méchants. » Baker fut profondément scanda-
lisé; mais, chez les peuples les plus civilisés, ne
trouve-t-on pas des hommes d'État qui ont à peu
près les mêmes théories et qui les pratiquent sur
une bien plus vaste échelle?

Tenons compte aussi de l'influence perturbatrice
exercée souvent par la religion sur la morale. L'indépendance première de la religion et de la morale est aujourd'hui démontrée; elle est manifeste
chez tous les peuples sauvages et dans les plus anciennes religions. La morale a pour point de départ
certaines obligations familiales et sociales, conditions élémentaires de la vie en commun; la religion a pour point de départ la croyance à des êtres
supérieurs, quoique analogues à nous, qui interviennent d'une façon mystérieuse dans notre destinée.
Les conditions du bien moral et les hypothèses
sur la destinée ne sont point des choses identiques.
C'est seulement plus tard que la religion est dé-

venue une sanction de la morale. Dans les commencements, à côté de l'appui qu'elle pouvait prêter
à certaines règles de conduite envers les autres,
elle apportait aussi de nombreux obstacles au progrès moral et surtout scientifique. Quand une coutume, si odieuse soit-elle, quand une croyance, fût-
elle absurde, a pris un caractère sacré; elle devient
une barrière infranchissable. Elle ressemble à ces
objets qui, chez certains sauvages, sont intangibles
et qu'ils désignent sous le nom de *tabou*.

L'unité primordiale de l'esprit humain se montre,
d'une manière frappante, dans les mythologies et
coutumes religieuses. M. Letourneau, en étudiant
l'*Évolution religieuse dans les diverses races humaines*[1], traite de la mythologie des races noires,
jaunes et blanches. C'est au fond toujours la même :
animation universelle, croyance aux doubles, aux esprits cachés dans le corps des animaux, des hommes,
des êtres inanimés[2]. Puis le spectacle de la mort,
ainsi que le souvenir de l'étrange vie du rêve, de
l'évanouissement, de la catalepsie, éveille l'idée
d'une existence prolongée au delà de ses limites
apparentes. De là ce culte des morts qui se montre
de si bonne heure chez les hommes préhistoriques
et qu'on rencontre, avec peu de variantes, chez les

(1) Un vol. in-8°, Paris, Bataille, 1894.
(2) Dans l'Amérique du Sud, si un Tupis vient à heurter du pied
une pierre, il entre en fureur contre elle et la mord comme un chien.

jaunes et les noirs aussi bien que chez les blancs.

Un point établi, c'est la constitution, dès les temps préhistoriques, des rites funéraires, dont les analogues se retrouvent et chez les peuples sauvages d'aujourd'hui et dans les anciennes civilisations de l'Égypte ou de la Babylonie. Quant à l'idée de Dieu, elle n'est pas inhérente à la nature psychologique de l'espèce humaine, mais c'est un produit naturel et presque constant de son évolution mentale, lorsque celle-ci est arrivée à un certain degré. Lubbock et Moritz Wagner ont dressé une large liste de peuplades chez lesquelles toute idée de Dieu fait défaut. Livingstone dit que, chez les peuples de l'Afrique centrale, il y a absence complète de cette notion; il ajoute qu'après avoir prêché pendant dix ans à des nègres, il ne put la leur faire concevoir. Baker confirme ce témoignage par le sien. Les Hottentots auxquels les missionnaires ont voulu inculquer l'idée de Dieu ne sont parvenus qu'à croire à un être malfaisant. Certains dogmes qui leur furent sans doute enseignés, comme ceux du péché originel et de l'enfer, pouvaient d'ailleurs contribuer au résultat. Il n'en est pas moins certain que « l'esprit du mal » est beaucoup plus à la portée des esprits sauvages que « l'esprit du bien ». L'homme primitif est enclin à personnifier les causes inconnues de tous les phénomènes qui lui inspirent de la terreur, tonnerre, éclair, tremblement de terre, feu, vent, etc., ainsi que les animaux dangereux, depuis le serpent jusqu'au tigre. Terreur superstitieuse, crainte vague et irraisonnée de l'inconnu, voilà l'origine ordinaire des cultes ; avec le développement de l'esprit s'y ajoute la curiosité de l'inconnu, du mystère et de l'invisible.

Les aberrations de l'instinct moral, social, religieux prouvent elles-mêmes l'existence de cet instinct, comme les aberrations de l'esprit scientifique et du raisonnement prouvent l'existence d'un être capable de raisonner et, par cela même, d'arriver un jour à une science plus ou moins rudimentaire. L'unité morale de l'espèce humaine, quelles que soient ses origines physiologiques, est donc démontrée. Non qu'il faille entendre par là que tous les hommes, tous les peuples, toutes les races soient capables de concevoir et de comprendre une morale également élevée au point de vue philosophique et scientifique; mais la moralité n'est pas la science morale. Nul être humain n'est dépourvu d'une moralité à sa portée, cela suffit : l'homme est sacré pour l'homme.

CHAPITRE II

DIFFÉRENCES PSYCHOLOGIQUES DES RACES

Après l'unité, il est légitime de montrer les diversités qui se sont produites entre les races humaines ; nous avons marqué leur commun point de départ, comment se sont-elles de plus en plus différenciées ? — Par la sélection et par l'hérédité. D'une part, les cerveaux ont acquis peu à peu un plus grand nombre de caractères fixes : ils sont devenus plus riches d'instincts ou de tendances, et l'héritage cérébral va sans cesse en augmentant chez les races progressives. D'autre part, outre le capital déjà fixé que l'homme apporte en naissant, il possède aussi un capital mobile qui est de plus en plus considérable. Nous voulons dire que le cerveau, en même temps qu'il naît avec plus de parties fixes, a aussi plus de parties malléables et plastiques : il est à la fois plus perfectionné dès sa naissance et plus perfectible après sa naissance. Ce n'est pas tout. Si on considère la masse entière d'une race devenue supérieure, on y trouve plus de cerveaux capables de grands écarts par rapport à la moyenne : c'est-à-dire que la fécondité en talents et en génies y est plus grande. M. Gustave Le Bon et d'autres anthropologistes l'ont fort bien observé : sur mille Européens pris au hasard, il y en aura neuf cent quatre-vingt-quinze qui ne seront pas intellectuellement supérieurs au même nombre d'Hindous également pris au hasard; mais ce qu'on trouvera chez les mille Européens et ce qu'on ne rencontrera pas chez le même nombre d'Hindous, ce seront un ou plusieurs hommes doués d'aptitudes exceptionnelles. Les différences existant entre les races supérieures et les races demi-civilisées ne consistent donc pas toujours en ce que la moyenne intellectuelle de la masse est inégale dans les deux races, mais en ce que la race inférieure ne renferme pas d'individus capables de dépasser un certain niveau. M. Lebon croit avoir reconnu, après des recherches effectuées sur un nombre considérable de crânes appartenant à des individus de races différentes, que les races supérieures possèdent toujours un certain nombre de crânes d'une vaste capacité, alors que les races inférieures n'en possèdent pas. On peut dire, par conséquent, que la perfectibilité croît avec la perfection déjà acquise et fixée dans le cerveau. En outre, cette puissance de progrès devient de plus en plus rapide à mesure que les progrès déjà accomplis sont plus considérables : le mouvement social est un mouvement accéléré, dont la vitesse moyenne s'accroît à mesure qu'on se rapproche du but. De là est résultée une distance croissante entre les races. On pourrait les comparer à des coureurs sur le champ de la civilisation : ceux qui sont en avant ont le pouvoir de courir d'autant plus vite que leur avance est déjà plus grande; il en résulte que les retardataires, par rapport à leurs concurrents, sont de plus en plus en retard. En d'autres termes, dans les sociétés civilisées, les cerveaux aptes aux idées générales et à l'association des rapports abstraits se sont multipliés à mesure qu'ils étaient et plus utiles et plus utilisés. Il en est résulté des races de plus en plus intellectuelles, où ont disparu une foule d'instincts et de talents inférieurs, comme l'acuité des sens ou les ruses presque animales des sauvages, tandis qu'augmentait, et dans la moyenne et chez les hommes supérieurs, le pouvoir de s'élever aux sommets de la science, de l'art, de la moralité. Ainsi, fils ou non d'Adam et d'Ève, il est clair que, dans la grande famille humaine, des familles secondaires se sont peu à peu différenciées.

C'est surtout dans la race noire que la sélection s'est exercée, à travers de longs siècles, en faveur des plus forts, des plus capables de bien se nourrir, des plus capables aussi de l'emporter sur les autres, soit par le courage, soit par la violence et la férocité. Dans la race blanche, la sélection a fini par

s'exercer, sous bien des rapports, en un sens différent; il était impossible que ces deux évolutions
aboutissent aux mêmes formes cérébrales et mentales. Que les noirs soient ou non de la même
souche humaine, les hérédités accumulées en ont
fait une race actuellement inférieure. Tandis que
l'Européen a, en moyenne, un cerveau de 1,534
grammes, le nègre d'Afrique en a un de 1,371, l'Australien, de 1,228. Chez le nègre, la masse cérébrale
se groupe surtout vers l'occiput; chez le blanc, vers
les lobes frontaux, « cette fleur du cerveau », disait
Gratiolet. Le nègre présente la saillie en avant des
mâchoires et des dents, le « prognathisme »; et si
l'appareil de la mastication est chez lui très développé, en revanche, l'arrêt de développement cérébral produit un angle facial plus petit. Chez le nègre,
selon Gratiolet, les sutures craniennes du front et
des côtés se soudent les premières, ce qui implique
un arrêt de développement; chez le blanc, c'est
l'inverse.

Le caractère nègre, selon Speke, Baker, etc., a
pour traits dominants la sensualité, la tendance à
l'imitation servile, le défaut d'initiative, l'horreur
de la solitude, la mobilité, l'amour désordonné du
chant et de la danse, le goût invincible du clinquant
et de la parure. C'est un être aimant et un être de
plaisir, léger, bavard, imprévoyant, paresseux. Le
nègre a d'ailleurs ses qualités : il est sensible aux

bons traitements, susceptible d'un grand dévouement, mais capable aussi de haïr et de se venger
avec cruauté. Bref, ce sont les qualités et les défauts
de l'homme primitif, plus ou moins altérés par les
siècles, par les milieux, par le hasard des circonstances, par les traditions et coutumes, par les rites
des religions. La race nègre, depuis son apparition,
n'a élevé aucun monument d'art ou de littérature ;
l'état de ses connaissances est demeuré rudimentaire. Là même où le nègre a subi le contact des
esprits les plus cultivés et reçu une éducation libé-
rale, il n'a pas encore exécuté de travail génial dans
un département quelconque de l'activité intellectuelle. Sous le rapport religieux, on sait que les
noirs sauvages en sont restés au fétichisme le plus
grossier; ils croient que tous les objets, y compris
les rochers et les fleuves, sont animés et peuvent
exercer sur leur sort une influence favorable ou
défavorable. C'est pour se rendre propices les âmes
des morts et les innombrables divinités dont ils peu-
plent la nature, qu'ils font des sacrifices humains :
au Dahomey et chez les Achantis, ce sont de véritables massacres.

La supériorité générale de la race jaune sur la
noire est bien connue. Au reste, la race jaune n'est
pas plus homogène que la race noire et la race
blanche; elle aussi présente, surtout dans la forme
des crânes, de notables variations. L'Asiatique pro-

prement dit est dolichocéphale, jaune de teint, de tempérament bilio-nerveux ou, selon l'expression ancienne, mélancolique; il a les cheveux et les yeux noirs; fort intelligent, il est porté à la religiosité. Il est généralement avare. Mais, en Asie, on trouve également un type brachycéphale, au visage large, au nez concave, à la taille moyenne ou petite, jauni par le climat, lui aussi; c'est le *Touranien*, proche parent des Celto-Slaves. Il est intelligent, mais moins capable que le dolichocéphale de s'élever au-dessus de la moyenne, d'une volonté moins énergique, plus conservateur et plus routinier. Il s'est répandu en masses compactes sur l'Asie et en Chine, où il s'est mêlé aux Asiatiques dolichocéphales. La sous-race sino-japonaise, mélange d'Asiatiques dolichocéphales et de Touraniens à crâne large, a l'industrie patiente, la ténacité appliquée surtout aux petites choses, la sobriété, la constance au travail; ses défauts sont la sensualité et, dans certains cas, la férocité. Sous le rapport de l'intelligence, il doit manquer quelque chose à la race jaune. Les Chinois, en effet, à plusieurs reprises, ont rencontré par hasard de grandes découvertes : presse à imprimerie, poudre à canon, boussole; mais ils n'ont rien su achever, ils n'ont tiré de rien aucune grande conséquence; leur esprit reste toujours à moitié chemin. Ils ont graduellement perfectionné l'art de la poterie, mais,

pour leur en faire perdre le meilleur secret, il a
suffi de la destruction d'une ville où ce secret était
conservé. Admirable en son genre, le Chinois est
invinciblement utilitaire et positif. Ne lui deman-
dez pas les grands essors, les grandes idées, les
vues désintéressées et universelles : il représente
la perfection du terre-à-terre. Les vastes synthèses
ne sont point son fait : le détail l'absorbe. Obser-
vateur attentif, travailleur ingénieux et adroit, il
fera, si on veut, jusqu'aux ouvrages de femme avec
la plus minutieuse habileté : il coudra, il brodera,
il repassera le linge. Ce qu'il aura vu faire une fois,
il l'aura bientôt reproduit, car il est surtout imitateur. Toute la pratique, toute la technique, tout ce
qui est mécanisme n'aura bientôt plus pour lui de
secrets. On sait que les Chinois et Japonais sont
les plus habiles et les plus soigneux des agricul-
teurs : ne laissant pas un pouce de terrain inutile,
ils ont fait de leur pays un jardin propre et régulier, séparé en une multidude de propriétés. Quant
à leur art, il est resté dans l'enfance, et encore
a-t-il décliné. Leur théâtre est méprisable ; ni leurs
romans, ni leur poésie n'ont inspiré autre chose
aux Européens qu'un faible intérêt de curiosité.
M. Pearson leur a opposé, sous ce rapport, un
peuple européen, la Russie. En Europe, nous ne
connaissons pas plus la langue russe que nous ne
connaissons le chinois ; la Russie a été déprimée

pour un temps par la conquête étrangère, puis absorbée par les difficultés politiques ; cependant la littérature russe, depuis Gogol et Lermontoff jusqu'à Tourguenef et Tolstoï, est en train de faire le tour du monde « en éditions à bon marché ». Voilà le contraste d'une race jeune et féconde avec une race vieillie, impuissante pour ce qui dépasse un certain niveau.

Au point de vue métaphysique et religieux, la population jaune s'est montrée plus stérile que les autres. Point de grandes conceptions du monde et de la destinée humaine : les spéculations sur l'infini laissent froid le positivisme chinois ou japonais. Si l'évolution religieuse n'a pas débuté autrement chez les « jaunes » que chez les « nègres » et les « blancs », elle s'est vite terminée par un arrêt de développement. Le jaune actuel est trop positif. Son utilitarisme religieux se montre dans deux coutumes curieuses : le moulin à prières, ce chef-d'œuvre de l'économie du temps, et la méthode perfectionnée pour faire des dons à un mort : on écrit sur un papier la liste des dons les plus généreux, puis on se borne à brûler le papier sur la tombe. C'est de la munificence à peu de frais. Si la civilisation chinoise couvrait le globe, il serait à craindre qu'elle ne remplaçât tout effort d'invention scientifique par quelque moulin à équations : ce serait le triomphe des procédés mécaniques et des

recettes utilitaires. Les Japonais semblent supérieurs aux Chinois; ils ont moins d'éléments touraniens; ils sont plus flexibles et plus plastiques;
mais leur réalisme foncier est le même. Ils appli-
queront merveilleusement les inventions occiden-
tales; il est douteux qu'ils deviennent eux-mêmes
de grands inventeurs.

Les qualités générales de la race dite blanche
sont trop connues pour qu'il soit besoin de les
rappeler. La race blanche (ou plutôt européenne,
selon les plus récentes hypothèses), contient
d'ailleurs elle-même des éléments très divers ;
chez elle aussi on trouve une masse de brachy-
céphales analogues aux Touraniens : les Celto-
Slaves, ayant moins d'initiative et moins d'esprit
d'entreprise ; mais on y trouve aussi des dolichocéphales germano-scandinaves et des dolichocéphales méditerranéens, qui ont offert au plus haut
degré les qualités intellectuelles ainsi que volontaires. Déjà, chez nous, un écrivain remarquable,
Gobineau, prétendait que le centre de l'histoire est
toujours là où habite, à un moment donné, le
groupe blanc le plus pur, le plus intelligent et le
plus fort; ce groupe résidât-il, par un concours de
circonstances politiques invincibles, au fond des
glaces polaires ou sous les rayons de feu de l'équateur, c'est de ce côté que le monde intellectuel
inclinerait. « C'est là que toutes les idées, toutes

les tendances, tous les efforts ne manqueraient pas de converger, et il n'y a pas d'obstacles naturels qui pussent empêcher les denrées, les produits les plus lointains d'y arriver à travers les mers, les fleuves et les montagnes [1]. »

(1) *Essai sur l'inégalité des races.*

CHAPITRE III

INFLUENCE DE L'ÉDUCATION ET DU CROISEMENT SUR LE CARACTÈRE DES RACES

Les races aujourd'hui inférieures peuvent être modifiées par deux moyens, l'un psychologique, l'autre physiologique : l'éducation et le croisement. L'éducation produit des résultats après un certain nombre de générations, mais son influence a des limites qu'il ne faut pas méconnaître. Nous avons vu que les races inférieures et les races supérieures ont acquis chacune, par leur évolution en sens divers, des qualités et tendances fort différentes. Toutes les aptitudes qui se rapprochent des instincts de l'animal, notre civilisation les a fait disparaître, et il n'est aucune éducation qui pût tout d'un coup nous les rendre. Si on nous transportait chez les Esquimaux, pourrions-nous avoir l'énorme puissance digestive de leur estomac ? Et les Esquimaux, à leur tour, pourraient-ils acquérir, sinon après des siècles, l'énorme puissance digestive de nos cerveaux aryens ? Il y a, sinon inégalité primitive, du

moins inégalité consécutive d'aptitudes et disparité
actuelle entre les races humaines. Les cerveaux sont
des concentrations de pensées comme les soleils des
concentrations de lumière, et il y a des soleils de
diverses grandeurs. Le travail des siècles ne peut
pas être remplacé, pour les enfants des races inférieures, par un simple entraînement de quelques
années. Il serait sans doute désirable que le premier
enfant venu des Boschimans n'eût besoin que de
s'asseoir quelque temps sur les bancs de nos écoles
pour devenir égal en aptitudes à nos propres enfants;
mais la solidarité des générations à travers le temps
s'y oppose. Le jeune sauvage pourra, étant données
ses capacités, avoir autant et plus de mérite moral
que les autres, selon la bonne volonté qu'il aura
apportée au travail, mais, en général, il n'aura pas
les mêmes talents. Quand on voit, en Afrique, un
énorme chameau s'agenouiller à la voix d'un petit
enfant, ce n'est pas en vertu d'un dressage immédiat,
portant sur un animal sauvage : cet acte exprime,
comme on l'a dit avec raison, la somme de tous les
efforts faits de temps immémorial pour domestiquer
l'espèce. De même, lorsqu'un homme descend d'une
famille de race inférieure, dépourvue de toute culture ancestrale, il est généralement impossible de
l'élever du premier coup au-dessus d'un certain
niveau. Pendant les années où il a pu observer de
près la mission égyptienne, M. Mismer déclare que,

toujours, la capacité d'un élève se trouvait en rapport étroit avec la culture générale de ses ancêtres
et avec les facultés constituant le privilège de sa
race. « L'enfant d'une race inculte est obligé de tout
apprendre, là où celui d'une race civilisée ne fait
que se souvenir[1]. » L'enfant des races inférieures
peut cependant s'assimiler avec assez de rapidité
l'instruction la plus élémentaire, qui roule géné_
ralement sur des choses simples et ayant rapport à
la vie sensitive. Tant que vous vous adressez à ses
sens, à sa mémoire, à son imagination reproductive,
vous obtenez des résulats. Voulez-vous dépasser un
certain niveau, arriver aux notions les plus abstraites,
aux combinaisons de logique ou d'invention scientifique, le développement s'arrête. M. Souffret a
connu un jeune Touranien de douze ans qui s'exprimait en plusieurs langues, arabe, turc, français,
avec la plus grande correction, mais qui n'a jamais
pu retenir aucune notion d'histoire naturelle[2]. Et
cependant ce Touranien était déjà d'une race relativement supérieure. Les faits de ce genre, si souvent observés, tiennent à ce que l'instruction première s'adresse à des facultés encore demi-sensitives
ou demi-imaginatives, à une intuition plus ou moins
spontanée et voisine de l'instinct; or, ces facultés

---

[1] *Le monde musulman. Souvenirs de la Martinique et du Mexique
pendant l'intervention française*. Paris, Sandoz.

[2] *La disparité des races humaines*. Paris, Alcan.

représentent l'héritage commun de toutes les races
humaines, y compris celles qui sont aujourd'hui
au-dessous des autres. Mais le surplus exige des
cerveaux déjà façonnés par les siècles : c'est l'héritage particulier de la civilisation, c'est le résultat
de la sélection sociale en faveur des têtes les mieux
douées. Une loi physiologique veut que les types
d'organisme les moins développés demandent moins
de temps pour arriver à leur forme complète; Spencer
a montré que cette loi s'applique aux races humaines.
Un cerveau plus volumineux, plus lourd et plus
complexe demande plus d'années pour son entière
formation ; aussi l'homme arrive-t-il moins vite à
maturité que les autres mammifères, l'homme civilisé que le sauvage, le blanc que le nègre. De même,
la puberté arrive plus tôt chez les races inférieures.
C'est la preuve d'une nature moins plastique, ayant
une rigidité et une immutabilité prématurées. Selon
M. Reade, dans l'Afrique équatoriale, les enfants
nègres ont « une précocité absurde ». Burton dit que
les Africains de l'ouest sont d'une vivacité d'esprit
remarquable avant l'âge de la puberté, comme si
cette époque physiologique, de même que chez les
Hindous, troublait leur cerveau. Chez les Australiens, la vigueur mentale semble décliner après
l'âge de vingt ans et paraît à peu près éteinte vers
l'âge de quarante. Loin de s'extasier devant les
facultés précoces et les prodiges des jeunes nègres,

il faut au contraire en concevoir de l'inquiétude. « Le noir, a-t-on dit, ne gagne pas en vieillissant. » Toutefois, l'expérience prouve deux choses : la première, c'est que l'intelligence des sauvages est, au fond, de même essence que la nôtre, puisqu'elle est susceptible de la même éducation fondamentale.; la seconde, qu'une série plus ou moins longue de générations est nécessaire pour faire acquérir au cerveau la même capacité, à l'intelligence la même étendue que chez les races civilisées.

Remarquons en outre que, parmi les sauvages, il n'y a pas seulement des primitifs, mais encore des dégradés, beaucoup moins éducables. Si pauvre qu'ait été le développement des sauvages à travers les siècles, ils en ont eu un cependant. Par exemple, leurs préjugés et leurs superstitions, en s'accumulant, sont devenus innombrables. Parfois les circonstances défavorables du milieu ont augmenté progressivement leur férocité ; certaines tribus, qui n'étaient pas cannibales à l'origine, le sont devenues à mesure que la nourriture se faisait plus rare. Dans plusieurs pays, on trouve aujourd'hui à l'état sauvage des tribus qui eurent autrefois une certaine civilisation. Quelques-unes possèdent encore des instruments dont elles ne savent plus faire l'usage qu'en faisaient leurs aïeux. Les Tasmaniens avaient des baguettes destinées à faire du feu et ignoraient même le but de cet instrument, conservé par tradi-

tion. Dans les coutumes religieuses et sociales d'un
grand nombre de tribus actuelles de l'Australie, les
observateurs ont reconnu des usages divers qui ne
purent naître qu'à une époque où ces populations
avaient atteint un certain degré de développement
bien supérieur à celui qu'elles présentent de nos
jours. La déchéance est aussi fréquente dans les races
que le progrès. On peut même ajouter qu'en général
une race qui n'avance pas recule. Elle a donc un chemin plus long et plus pénible à faire pour remonter.

Les missions chrétiennes ont rendu l'immense
service d'adoucir les mœurs. Sous le rapport religieux, elles n'ont pas toujours réussi ; elles ont souvent porté chez les noirs des préjugés nouveaux et
des superstitions nouvelles. D'autre part, comment
enseigner aux sauvages une « morale indépendante »
et philosophique, qui serait au-dessus de leur com-
préhension ? Le problème de la moralisation des
sauvages dans leur propre pays est un des plus
difficiles à résoudre. Mais, quelle que soit la religion
qui se répandra le plus, on n'en prévoit pas moins le
moment où tous les peuples sauvages auront acquis
un certain degré de civilisation relative. Les fameux
Maoris, ces anciens cannibales, en sont un des plus
récents exemples. Aujourd'hui, les voyageurs nous
représentent leur pays comme un paradis terrestre [1].

(1) Quand le christianisme pénétra chez eux, il y a quatre-vingts
ans, la population était près de trois fois supérieure. Leur grand

II. — Le second moyen de civiliser les races, qui est le croisement, amène aussi le psychologue et le moraliste devant les plus graves problèmes. On a depuis longtemps observé que le mélange de deux races a des effets psychologiques tout opposés, selon qu'elles sont égales ou inégales. Dans le premier cas, vous avez en présence deux constitutions cérébrales qui diffèrent sans doute sur certains points, mais qui coïncident sur un très grand nombre d'autres. Elles n'ont pas seulement en commun le fond encore barbare et presque animal qu'on retrouve jusque sous les caractères civilisés; elles partagent aussi un grand nombre de tendances

nombre les obligeait à batailler opiniâtrément, et leurs perpétuelles guerres de tribu à tribu faisaient de la vigueur physique la première des qualités. Aujourd'hui, leurs mœurs sont très douces; leur organisation sociale donne à chacun sa part dans la richesse commune. Point d'ivrognerie habituelle, grâce à la proscription des liqueurs fortes; ni mendicité, ni prostitution. Pas d'emprisonnement pénal : l'amende et la restitution. Ni fort, ni prison, pas un être moralement dégradé. Les Maoris se mettent rarement en colère et, s'ils sont irrités, leur plus grosse insulte est de s'appeler chat, bœuf, chien ou mouton. M. Frédéric Moss, dans la *Forthnightly Review*, nous montre la population se rendant aux offices, les hommes avec des vêtements confectionnés à la dernière mode d'Angleterre, les femmes couvertes de dentelles en imitation, de bijouterie fausse et de fleurs artificielles, les uns et les autres sans souliers. Le dimanche se passe presque tout entier en prières. En somme, le résultat moral et religieux est des plus remarquables; mais par une loi qui semble partout se vérifier, depuis que la paix et la civilisation ont répandu leurs bienfaits sur les farouches Maoris, ils se sont mystérieusement atrophiés : leur population s'est réduite des deux tiers, et eux-mêmes semblent envisager comme une conclusion fatale l'extinction de leur orgueilleuse race. — L'auteur de cette étude, en Anglais pratique, invite ses compatriotes à mettre la main sur ces îles fortunées, d'un climat tempéré et sain, qui sont situées, comme on sait, aux antipodes de la France.

supérieures, produits de la civilisation : elles ne se
séparent donc que par les plus hauts rameaux de
l'arbre et s'épanouissent librement, nourries de la
même sève circulant dans le même tronc. Aussi
le croisement produit-il dans la race nouvelle un
nouvel équilibre de facultés, qui ne diffère de
l'ancien que par une plus grande richesse. Par
exemple, qu'un Breton s'allie à un Normand, la
volonté persévérante et la pensée méditative du
premier ne contredira point la volonté entreprenante et la souplesse d'esprit du second : il
pourra même en résulter un caractère mieux tempéré et plus harmonieux. Qu'un Breton s'allie à
un Gascon, la distance est déjà plus grande, mais
cependant ce ne sont encore que deux variétés
d'une même race. Ernest Renan nous a longuement
décrit l'état d'esprit qui, en sa personne, serait,
selon lui, résulté de ce mélange. Il prétend que
l'équilibre n'était pas parfait dans sa tête, qu'il
oscillait assez souvent du rêve à l'ironie, du sérieux
breton à la bouffonnerie gasconne. Peut-être, en
effet, son esprit devait-il en partie à ce mélange ce
qu'il eut de paradoxal : pendant que, comme dans
Don Juan, le Breton chantait sa romance à l'idéal,
le Gascon l'accompagnait de ses arpèges moqueurs.
Malgré ces contrastes, et même à cause d'eux, la
fusion des races put amener ici un alliage rare et
précieux. Mêlez à l'or un peu de cuivre et d'étain,

l'or acquerra des qualités de résistance qui lui man-
quaient. Difficiles à apprécier chez les individus, les
effets du mélange des races sont grossis chez les
peuples et y deviennent visibles. Les variétés de la
race blanche se sont fondues dans tous les pays de
l'Europe et ont ensuite débordé en Amérique. Les
mélanges qu'elles ont produits peuvent être plus ou
moins heureux et plus ou moins homogènes, mais
l'harmonie fondamentale des composants est telle,
que le fond ethnique perd son importance devant
l'influence croissante des éléments historiques, c'est-
à-dire scientifiques, religieux, juridiques et politiques. L'Europe et l'Amérique blanche ne sont
qu'une grande famille. Le centre de gravité peut se
déplacer d'un peuple de blancs à l'autre, il ne change
pas l'équilibre général de la race.

Supposons maintenant des races très distantes :
l'une est restée barbare ou, depuis longtemps, s'est
arrêtée et comme figée à un degré de civilisation
inférieur; l'autre, représentant les plus hauts sommets de la civilisation moderne, est toute tournée
vers l'avenir. Si elles se mélangent, quels seront les
résultats pour le caractère ? La psychologie des races
mêlées s'éclaire par leur physiologie. Darwin a
démontré que, dans les croisements trop accusés,
c'est la « loi de régression » qui l'emporte, de manière à ramener à la surface les traits inférieurs,
souvent disparus depuis des générations lointaines.

La théorie mécanique des croisements est du reste bien établie : deux forces contraires tendent à s'annuler, si bien qu'une troisième force, même originairement faible, peut finir par l'emporter sur la résistance des deux autres, à mesure que celles-ci se rapprochent du point de neutralisation mutuelle. De là, dans les croisements, ce qu'on a appelé la « loi d'incohérence », qui se traduit par un double effet : désharmonie au sein de l'individu et dissemblance entre les divers individus, rapprochés tantôt d'une souche, tantôt de la souche opposée. La déséquilibration se retrouve souvent au moral comme au physique. La fusion, en effet, ne peut avoir lieu que dans les parties communes, ou tout au moins harmoniques ; or, ces parties sont ici peu nombreuses. Par exemple, qu'est-ce qu'un Boschiman ou un Australien a de commun avec l'Européen ? Les instincts les plus primitifs de l'espèce humaine. Unissez un Boschiman à une femme européenne, la lutte des éléments antagonistes, au lieu d'exister entre divers individus, sera transportée au sein d'un seul et même individu. Vous aurez un caractère divisé contre lui-même, incohérent, qui obéira tantôt à une impulsion, tantôt à l'impulsion opposée, sans pouvoir adopter une ligne fixe de conduite. Les hystériques, en qui la personnalité tend à se dédoubler, nous offrent l'image de ce désordre intérieur : ce n'est plus un caractère, ce sont deux ou

trois caractères en un seul. Quand des races se
mélangent, celle qui est trop inférieure n'emprunte
souvent à l'autre que ses vices, beaucoup mieux en
harmonie que les qualités avec ses propres tendances
ancestrales. Les Arabes disent : Dieu a créé le blanc,
Dieu a créé le noir, le diable a créé le métis. On
prétend aussi que les tendances sympathiques, les
instincts de dévouement à la famille et à la race, se
trouvant partagés entre des lignes contraires, tendent
à s'annuler pour laisser place à l'amour de soi. Le
métis, a-t-on dit, ne peut aimer une race ; il faudrait
qu'il en aimât et défendît deux, trois, dix : toutes
ces forces se neutralisent, et il ne reste plus qu'une
force active, l'égoïsme. Il faut cependant ici faire
la part de l'exagération. Comment distinguer les
effets imputables au mélange des sangs et ceux qui
proviennent de deux éducations contradictoires,
celle du père et celle de la mère ? Le plus souvent,
c'est quelque aventurier européen qui épouse une
femme de race noire ou jaune ; l'influence du père
n'est pas toujours bonne ; l'influence de la mère,
dont la religion est toute différente, ajoute un élément perturbateur. Comment se reconnaître au
milieu d'un problème si complexe, à la fois physique
et mental ? L'union de l'Anglais et de l'Hindou actuel,
dit Bagehot, donne un produit qui n'est pas seulement entre deux races, mais entre deux morales ;
« ceux qui ont cette origine n'ont pas de croyance

héréditaire; pas de place marquée pour eux dans le monde ; ils n'ont aucun de ces sentiments bien arrêtés qui sont le soutien de la nature humaine ». Comment en auraient-ils, avec un père chrétien, une mère vichnouvite ? De même pour l'union de l'Espagnol avec le nègre et l'Indien.

C'est au mauvais résultat produit par le croisement de races trop inégalement développées que le Dʳ G. Le Bon attribue l'existence tourmentée des républiques hispano-américaines et la fréquence de leurs révolutions. Pareillement, selon lui, ce ne sont pas les prouesses guerrières des barbares qui furent la principale cause de la chute de l'empire romain; ce fut, outre l'accroissement énorme des taxes, le déclin de la race dominante et la montée de races encore inférieures dans le sein de l'empire ; ce fut le brusque mélange des anciens Romains avec les étrangers. — Oui, mais ce n'était pas seulement un mélange physiologique, c'était encore et surtout un pêle-mêle psychologique et moral.

Voici donc tout ce qu'il est permis de conclure : dans l'état actuel des races, il y a des limites, tenant à l'organisation et à l'orientation cérébrales, que les races inférieures ne sauraient franchir assez vite, soit par l'éducation, soit par les croisements, pour rejoindre. à temps les races supérieures. Celles-ci forment, jusqu'à nouvel ordre, une aristocratie naturelle au sein de l'humanité.

CHAPITRE IV

Nous avons vu le passé et le présent des races, ainsi que les lois de leur évolution; reste à savoir si on peut en tirer quelques prévisions sur leur avenir. Le problème des races ne prend-il pas, à une époque de transition comme la nôtre, une forme des plus complexes et des plus graves?

Trois hypothèses sont possibles. Ou le mélange final des populations blanche, jaune et noire; ou leur coexistence parallèle en trois groupes à peu près fermés, analogues aux castes; ou enfin la prédominance de l'une d'elles et la disparition des deux autres. Il y a, sur l'avenir de notre race européenne, des prophètes optimistes et des pessimistes. Écoutez les premiers : ils vous diront que les blancs, parmi lesquels la race européenne forme déjà un tiers de la population du globe, tendent à se propager par toute la terre, aux dépens des hommes de couleur. La race océanienne disparaît

à vue d'œil devant la race européenne. Les Indiens
d'Amérique vont chaque jour déclinant, même là
où le gouvernement anglais et celui des États-Unis
les protègent. Dans les îles Sandwich, au temps
du grand voyageur Cook, c'est-à-dire vers la fin
du siècle dernier, la population était d'environ
300,000 hommes ; aujourd'hui elle arrive à peine
à 40,000. Dès la naissance, le cerveau du blanc se
trouve en avant sur celui des autres races : sensibilité plus vive et plus délicate, intelligence toute
prête pour la science et pour l'industrie, volonté
énergique, capable de se maîtriser, à la fois très
individuelle et douée d'instincts largement sociaux.
Dans de telles conditions, l'avantage ne peut manquer de rester à la race blanche. Celle-ci accapare
bientôt toutes les ressources de la contrée; les races
inférieures se trouvent de plus en plus privées de
leurs anciens moyens d'existence. En outre, elles
sont décimées par les maladies, par les vices qu'elles
reçoivent de la civilisation et qui, souvent, sont
leurs seuls emprunts de quelque importance. —
Sans doute, répondent les pessimistes, les races
inférieures disparaissent devant les blancs; mais
cette loi ne se vérifie que sous les climats tem-
pérés, où les blancs ont tous leurs avantages dans
la lutte pour l'existence. Sous le rapport physique,
ils se trouvent alors adaptés au milieu extérieur;
sous le rapport moral, ils ont les supériorités dues

au caractère et à la civilisation. Mais en est-il de
même dans les régions tropicales? Ici, le tempérament se modifie et, avec lui, le caractère. Deux
effets surtout sont sensibles : le sang s'appauvrit,
les nerfs s'usent. D'où une intelligence moins vive,
une volonté moins capable d'effort. De plus, l'acclimatation est souvent impossible. Un voyageur
américain voyait récemment à l'œuvre les émigrés
allemands qui se sont établis au Brésil. Après une
expérience de deux ans, dit-il, vous trouvez le
colon allemand assis à l'ombre d'un figuier planté
par son prédécesseur portugais. Pour faire son
ouvrage, il a loué un nègre. Revenez quelques
années après; d'ordinaire, il ne restera que le nègre:
le colon allemand sera mort de la fièvre ou reparti.
Le long de l'Amazone, selon un autre voyageur, les
familles de race blanche pure commencent généralement à disparaître vers la troisième génération :
elles deviennent alors victimes de la scrofule, et le
mal est sans remède. Au Guatémala, il ne reste que
peu de sang espagnol; au Mexique, en comparaison
du chiffre de la population, les Européens ne sont
qu'une poignée. Les limites des races, qu'on croyait
indéfiniment mobiles, semblent donc immuables et
se confondent avec les limites mêmes des zones ter-
restres.

Aussi les territoires ouverts dans l'avenir à l'émi-
gration européenne sont-ils, selon M. Pearson, très

restreints. Que reste-t-il d'habitable à la race blanche? Un peu de place dans l'Amérique du Nord, dans l'Argentine, dans l'Asie centrale, dans quelques îles de l'Océanie, sur les bords de la Méditerranée et au nord du Cap. Il est probable que les Sino-Japonais envahiront la Malaisie; ils entrent déjà pour moitié dans la population de la plupart des grandes villes. Probablement aussi ils nous préviendront dans l'Asie centrale. En Chine seulement, ils sont déjà 400 millions; un peu après le milieu du prochain siècle ils seront 800 millions. Comment arrêter ce flot montant des races colorées, qui menace d'engloutir les « îlots blancs »? Le mouvement qui existe en Asie existe aussi en Afrique. Une population nègre double en quarante ans. Pourrons-nous résister à ce qu'on a justement nommé « la puissance imbécile du nombre » ? En 1842, l'Angleterre s'empare du Natal, où on ne comptait que cinq nègres par mille carré : attirés par le climat, les Européens accourent; mais les noirs d'accourir aussi — sans compter les Chinois et les Hindous — grâce à la sécurité que leur offrait le gouvernement des blancs. Aujourd'hui, pour un blanc, il y a treize hommes de couleur. Avant cinquante ans, les Européens auront été absorbés dans la masse.

Ainsi la loi de la population, qui tend à amener une natalité stationnaire chez les nations les plus

civilisées, vient compliquer la loi de l'acclimatation
et agir dans le même sens. Ajoutez-y maintenant le
jeu des lois économiques. Sur les marchés industriels, nous sommes, selon M. Pearson, vaincus
d'avance. Les Hindous, au nombre de 300 millions,
sont en train de redevenir une société industrielle,
qui, au lieu d'être un foyer d'importation, deviendra
uniquement foyer d'exportation. Dans une récente
étude sur l'Inde contemporaine[1], M. Em. Barbé
nous montre les fabricants anglais, fatigués des
grèves si fréquentes en Angleterre, retransportant
l'industrie des cotonnades dans son berceau primitif, l'Inde. Ils trouvent là-bas des bailleurs de
fonds, des ouvriers, des contremaîtres, des comp-
tables, voire d'excellents ingénieurs-mécaniciens,
le tout pour des salaires qui sembleraient dérisoires
à l'Européen. Aujourd'hui, un fils de capitaine anglais
en est réduit à considérer « comme une bonne
aubaine de débuter comme conducteur de locomo-
tive à 30 roupies — 60 francs par mois ». Bientôt,
on se passera de lui tout à fait : les natifs font le
service et le font bien, pour 8 à 10 roupies par
mois. Dans cette lutte imprévue de la colonie et de
la métropole, un premier résultat est déjà acquis :
décadence irrémédiable du conquérant dans sa conquête elle-même. Les créoles, capitans à la pre-

(1) *Revue scientifique* du 29 juillet 1893.

mière génération, sont devenus plantons d'administration à la seconde, mendiants à la troisième.

Les 400 millions de Chinois sont également en
passe de devenir grands producteurs; ils profitent,
eux aussi, des leçons que nous avons bien voulu
leur donner. Apparaissent-ils quelque part, l'ouvrier blanc ne peut lutter contre eux. A Victoria,
en Australie — où M. Pearson était ministre de
l'Instruction publique — les Chinois ont récemment entrepris la fabrication des ameublements; en
cinq ans, ils ont tué la main-d'œuvre blanche et
sont restés seuls maîtres du terrain. La Chine et
le Japon sont à la veille d'une révolution économique. Demain ou après-demain, ils auront le com-
bustible à bon marché en le tirant de leurs mines
de charbon; ils auront les transports à bon marché,
par chemins de fer et bateaux à vapeur; enfin ils
auront fondé des « écoles techniques » où la science
occidentale deviendra la possession de l'Orient.

Aux prévisions de M. G. Le Bon, de M. Pearson,
les journaux anglais de l'Inde ont répondu que les
ouvriers orientaux finiraient par avoir nos besoins
et, par conséquent, deviendraient aussi exigeants
pour les prix que les ouvriers occidentaux. L'auteur des *Civilisations de l'Inde* réplique à son tour
que le caractère psychologique de la race hindoue
est trop stable pour pouvoir être modifié assez vite.
Il y a longtemps que les Chinois sont établis, en

Amérique et en Australie, dans les centres les plus
civilisés; malgré le luxe qui les entoure, la tasse de
thé et la poignée de riz continuent de suffire à leurs
besoins journaliers. Quand un ouvrier hindou a
gagné les cinq ou six sous nécessaires à sa subsis-
tance, l'appât des sommes les plus élevées est sur
lui sans action. M. Le Bon remarque, en outre, que
l'immense chemin de fer transsibérien, qui avance
à pas de géant, réunira bientôt la Chine à l'Europe :
les transports de Shangaï, qui demandent quarante-
cinq jours actuellement, s'effectueront en dix-huit
par la voie russe. Chine, Japon et Inde, en atten-
dant les nègres, nous enlèveront alors tous nos
débouchés en dehors de l'Europe et essaieront de
nous inonder nous-mêmes de leurs marchandises.
Que deviendra l'industrie européenne, quand elle
n'aura plus devant elle, comme jadis, les larges
horizons, les longs espoirs et les vastes pensées?
Que deviendra, du même coup, le caractère de la
race blanche en Europe? L'affaissement de qui
n'a plus rien à attendre ni à espérer, l'indifférence
aux inventions et aux progrès, remplaceront, dit
M. Pearson, la superbe confiance de races qui,
en ce moment, ne cessent de soupirer après des
mondes nouveaux à conquérir. » Dès qu'une race
s'abandonne, faute de stimulants à son activité
indéfinie, la voilà qui cesse d'être créatrice, non
seulement dans l'industrie, mais, par contre-coup,

dans la science même, dans la littérature, dans les arts. Nous serons refoulés, bloqués, assiégés dans notre vieux continent; et nous y étoufferons.

Aurons-nous la consolation d'avoir passé aux autres races, avec la suprématie sur le globe, la grande tâche de réaliser une civilisation de plus en plus élevée? Le Chinois ou le Japonais, par exemple, deviendra-t-il notre égal? Fera-t-il avancer la haute science, la morale, l'art? On peut sans doute l'espérer, mais nous avons vu que c'est une espérance aléatoire; jusqu'ici, la population jaune a dormi d'un long sommeil sur ses premières inventions. Quant aux noirs, nous avons vu aussi qu'ils sont encore loin des jaunes eux-mêmes. Comment donc ces trois tronçons de l'humanité, comme ceux d'un serpent, arriveront-ils à se rejoindre?

La guerre récente entre la Chine et le Japon a montré que les Chinois, au point de vue militaire, étaient beaucoup moins à craindre qu'on ne pensait; mais, s'ils imitent les Japonais, comme ils ne tarderont pas à le faire, ils deviendront à leur tour redoutables. Quant aux Japonais eux-mêmes, ils profitent de leurs emprunts à nos sciences et à notre civilisation, mais sont-ils pour cela modifiés dans leur fond? La chose est douteuse.

— Ce qu'on dit aujourd'hui des races de couleur, a-t-on objecté, les enfants de l'Hellade et du Péloponèse auraient pu le dire des Germains et des

peuples errant sans lois, sans gouvernement, sans
tradition, sans histoire, dans les profondeurs de la
Scythie et de la Germanie. Qu'est-ce qu'ont produit,
pendant les dix siècles du moyen âge, et les Germains et les Slaves? Qu'ont produit les Anglo-
Saxons? Eurent-ils des inventeurs, des poètes, des
savants, des philosophes, une flotte puissante, des
colonies? Dans l'histoire de la Grèce, supprimez
deux siècles; en quoi les Grecs l'auraient-ils emporté sur les autres nations? Ou plus simplement,
supprimez une seule ville, Athènes, et voyez quel
vide! — Rien de plus vrai, et personne n'a le droit
de fermer entièrement l'avenir aux races de couleur. Mais il faut reconnaître que les peuples appelés barbares par les Grecs et les Romains étaient
en réalité leurs plus proches parents et, pour ainsi
dire, leurs cousins germains. Les noirs sont aussi
nos cousins, mais tellement éloignés aujourd'hui,
que les différences de constitution physique et mentale sont devenues énormes. Tout autre est une
race jeune, comme l'étaient les anciens Germains,
tout autre une race vieillie et figée dans son antique
civilisation, comme est la Chine. Les Germains,
c'était l'avenir; la Chine, le passé. Les Germains
étaient peu nombreux et faciles à absorber dans le
grand monde latin, avec lequel ils ne pouvaient
mettre en balance leur bas degré de civilisation; les
Chinois, au contraire, ont une civilisation complète

23

en son genre, au-dessus de laquelle, moralement,
ils ne conçoivent rien. Transformer cinq cents millions d'hommes qui se trouvent parfaits comme ils
sont, c'est une tâche difficile. Il est hasardeux de
s'attendre à ce que les Chinois ou même les Japonais
révèlent désormais une originalité puissante, une
élévation intellectuelle et morale, un sens de l'idéal
qu'ils n'eurent jamais dans le cours de leur inter-
minable histoire. Ce sera déjà un beau résultat pour
eux que de s'élever, comme fait le Japon, à ce niveau uniforme et trivial de connaissances et d'applications scientifiques qui, pour les peuples héritiers
du renom européen, serait une stagnation. Plusieurs races humaines, a dit ingénieusement
M. Zaborowski, sont aujourd'hui dans la situation
de ces vieillards qui ont assez d'esprit pour voir
combien tout change et s'améliore autour d'eux,
mais qui ont dépassé l'âge où l'on peut soi-même
acquérir et changer. Les Sino-Japonais prendront
notre industrie et nos armes de guerre, peut-être
nos codes; mais ils pourront bien rester foncièrement Chinois ou Japonais.

La disparition où la diminution des éléments
supérieurs de l'humanité est donc à craindre. Supposez que, dans l'Inde ancienne, on n'eût pas établi
le régime des castes, si sage pour l'époque; où
serait aujourd'hui la poignée de blancs qui avait
soumis les noirs établis sur le sol — ces noirs que

les légendes hindoues symbolisent sous le nom de singes et contre lesquels les Aryas soutinrent leurs luttes gigantesques? On aurait bientôt vu se diluer les quelques gouttes de sang blanc dans l'océan noir; la substance cérébrale des Aryas, si précieuse pour l'avenir du globe, aurait perdu toute sa valeur en devenant une quantité négligeable au sein d'une masse inerte et routinière. La future situation de la race européenne par rapport aux Africains et aux Asiatiques peut devenir plus ou moins analogue. Il y a eu des temps, avant nous, où la civilisation fut menacée, malgré sa confiance arrogante en sa propre force. L'empire d'Occident fut conquis et brisé; l'empire d'Orient fut réduit en servitude; les Tartares occupèrent pour des siècles les trois quarts de la Russie; les Turcs envahirent la moitié de la Hongrie et assiégèrent Vienne au xviiᵉ siècle. Aujourd'hui, plus de la moitié de la terre n'a qu'une civilisation nulle ou incomplète; n'est-ce pas un danger pour l'autre moitié, alors même que ce danger ne prendrait pas la forme d'une conquête militaire? Supposez seulement nos classes industrielles réduites à ce niveau de corvée journalière, accomplie sans plainte, qui est le secret du succès chinois; supposez nos classes aisées admettant le millionnaire chinois ou japonais à partager leur vie et à épouser leurs filles; nos écrivains s'efforçant de plaire à la masse des lecteurs chinois ou japo-

nais ; est-ce que « ces petits changements n'impli-
queront pas déjà par eux-mêmes une graduelle
détérioration de la vie nationale » ? M. Pearson
croit que le rôle historique de l'Angleterre est de
préparer la belle mort de la race blanche, son
« euthanasie », en organisant, créant et trans-
portant sur le monde entier, comme elle le fait,
paix, lois et ordre ; par là, elle fournira aux autres
races tous les éléments de notre absorption finale
dans l'universelle médiocrité.

Telles sont les prévisions pessimistes, et à coup
sûr il y a là un sujet de grande inquiétude. Examinons pourtant s'il faut aller jusqu'à la désespérance.
L'avenir de la race blanche, par rapport aux races
de couleur, est avant tout une question d'acclimatation. Il s'agit, en effet, de savoir si les blancs
pourront vivre et se propager dans les pays chauds,
ou si les races de couleur pourront seules y pros-
pérer et y faire souche. Or, il y a déjà eu une invasion blanche partie, selon les uns, des massifs du
Bolor et de l'Hindoukoh, ou, selon l'opinion la plus
probable, du nord-ouest de l'Europe, et qui, en
tout cas, a pu arriver d'un côté jusqu'à l'extrémité
de la presqu'île du Gange et à Ceylan ; de l'autre,
jusqu'en Islande et au Groënland. Les localités
chaudes et sèches sont parfaitement accessibles à la
civilisation. C'est dans une région chaude et sèche,
l'Égypte, que se développa la plus antique civilisa-

tion dont l'histoire ait gardé le souvenir ; c'est dans des régions chaudes et sèches que prirent naissance les civilisations babylonienne, assyrienne et phénicienne. Spencer a remarqué que, de la région sans pluie qui s'étend à travers le nord de l'Afrique, Arabie, Perse, Thibet et Mongolie, sont parties toutes les races conquérantes de l'ancien monde ; si le type tartare, et peut-être l'égyptien, était inférieur, les types aryen et sémite étaient supérieurs.

Il est des régions funestes aux hommes de toutes les races, comme le vaste estuaire du Gabon. Sans aller aussi loin, on connaît les Maremmes et les marais de la Corse. En France, les étangs de la Dombe et l'embouchure de la Charente, aujourd'hui assainis en partie, n'étaient guère moins dangereux. A latitudes égales, les régions chaudes de l'hémisphère austral sont généralement bien plus accessibles aux races européennes que les régions de l'hémisphère boréal. Boudin a montré que la mortalité moyenne des armées de France et d'Angleterre est environ onze fois plus forte dans notre hémisphère que dans l'hémisphère opposé, et il en a trouvé la cause dans le plus ou moins de fréquence ou de gravité des fièvres paludéennes. Au nord de l'Équateur, ces fièvres remontent en Europe jusqu'au 59° degré de latitude. Au sud, elles ne dépassent qu'assez rarement le tropique et s'arrêtent souvent en deçà. Taïti, qui n'est qu'à 18 degrés de l'équateur géogra-

phique et presque sous l'équateur thermal, en est
exempte. Il est possible d'assainir peu à peu les pays
fiévreux et, par là, d'y rendre l'acclimatation moins
difficile. D'autre part, les progrès de la médecine
microbienne réservent certainement des surprises,
des découvertes inattendues. Il suffirait d'une connaissance exacte des germes qui produisent les
maladies des pays chauds, ainsi que d'une vaccina-
tion appropriée, pour permettre aux Européens
d'habiter des pays jusque-là inhabitables pour eux.
En outre, s'ils arrivent à une extension lente et
progressive de leur race, s'ils font « la tache
d'huile », ils pourront acquérir des immunités
analogues à celles que la race nègre a acquises. La
manière tout opposée dont les noirs et les blancs
supportent, les uns les fièvres miasmatiques, les
autres la phtisie, en est la preuve. Vaccinés contre
les fièvres, les noirs ne le sont pas contre la phtisie,
qui fait chez eux de bien plus grands ravages
qu'ailleurs. Il est donc probable que la race européenne, avec les progrès incessants de la médecine
et de l'hygiène, pourra s'acclimater bien loin en
dehors de sa zone habituelle.

On a aussi montré dans la religion musulmane un
des moyens de conquérir à la civilisation le continent
noir. La polygamie musulmane permet d'hybrider
les populations indigènes avec très peu d'immigrants;
or la loi du « retour au type » — une des grandes

lois de l'hérédité, qui fait que la race croisée avec les hybrides les plus voisins les absorbe rapidement — peut donner le moyen de ramener au type blanc les hybrides acclimatés des premiers colons. Quoi qu'il en soit, il est probable que la science trouvera des ressources pour étendre au loin la race blanche. Si on n'aboutit qu'à acclimater une race plus ou moins mêlée, il en résultera simplement ce fait que les régions trop chaudes demeureront l'apanage d'une humanité plus médiocre, mais cependant civilisée et progressive, tandis que les régions tempérées auront en partage l'aristocratie directrice de l'humanité entière. Au Cap, il y a cinquante ans à peine, les Basoutos étaient plongés dans la plus complète sauvagerie ; maintenant, ils ont des milliers de charrues, leur pays est admirablement cultivé et arrosé ; leur instruction moyenne est supérieure à celle de mainte population européenne ; et, dans les examens, nombre de Basoutos réussissent beaucoup mieux que les élèves de la race blanche. Faut-il s'en plaindre? De même dans les États esclavagistes de l'Union. Avant la guerre de Sécession, la loi punissait d'une amende élevée et de cinquante coups de fouet l'enseignement de la lecture aux nègres. Aujourd'hui ces mêmes nègres ont établi vingt-quatre mille écoles, qui comptent un million et demi d'élèves, près du cinquième de la population. Ces Africains méprisés ont fait, en vingt-cinq ans, ce que bien des nations européennes sont encore loin d'avoir réalisé.. Faut-il donc rétablir les coups de fouet, pour la plus grande gloire de la race supérieure?

Au point de vue économique, il sera possible de se défendre. Les Chinois s'étaient entourés d'une muraille; nous y avons fait une brèche par la force, dans cette guerre imprévoyante et égoïste des Anglais et des Français à la Chine : maintenant, on voit les blancs élever à leur tour une muraille contre l'invasion jaune. Les États-Unis ont commencé. Les « ouvriers à cinq sous par jour » ont soulevé la protestation jalouse des ouvriers à cinq francs, et la question d'intérêt a primé le reste. Le territoire de l'Union est désormais interdit à tout émigrant de Chine. De même pour le territoire de l'Australie. Ce protectionnisme d'un genre nouveau risque d'aller en s'étendant : ce sera le protectionnisme des races au lieu d'être celui des peuples[1]. Il donnera le temps,

---

(1) Le protectionnisme contre les races de couleur aura toutefois pour limites le besoin même que l'Occident finira par avoir de l'Orient. La population de l'Europe prenant une extension croissante, les États européens ne pourront plus produire la noúrriture nécessaire à une population dont les besoins mêmes iront croissant toujours. Déjà, sauf la Russie, les États de l'Europe ne se suffisent pas : l'Angleterre ne pourrait vivre que cent quatre-vingt-sept jours par an avec sa production; l'Italie deux cent quatre-vingt-neuf jours, etc. Pour éviter de mourir de faim, M. Le Bon nous prédit que les barrières douanières seront abaissées et il demande ce que deviendra la vieille Europe avec ses 130 milliards de dettes et ses impôts écrasants? La lutte économique entre l'Orient et l'Occident aura lieu, dit-il, « entre couches moyennes à peu près égales par leur niveau mental, très inégales par leurs besoins ». Et il en conclut que le succès final sera forcément du côté où les besoins seront les plus faibles.

d'une part, à la race blanche de se multiplier elle-
même, d'autre part, à la race jaune de s'élever peu
à peu à un degré plus voisin de la race blanche. On
sait avec quelle étonnante rapidité le Japon déjà se
modernise, au moins dans de certaines limites ; il
y apporte même une sorte de fièvre.

Dans presque tous les États du Nord, la loi défend
le mariage entre blancs et noirs. Dans le Massachusetts, autrefois si ardent contre l'esclavage, on
ne permet aux noirs que les situations considérées
comme avilissantes. Dans certaines localités, des
heures spéciales pour le bain sont assignées aux
nègres. A Brooklyn, dans les solennités où se réu-
nissent les vétérans de la guerre de Sécession, les
nègres, qui jadis ont combattu avec le Nord contre
l'esclavage, n'ont pas le droit de prendre place à
côté des blancs, leurs anciens compagnons d'armes.
Mourir ensemble, cela passait encore ; mais, pour
vivre côte à côte, il faut avoir « montré patte blanche. » A Pittsburg, dans une des principales écoles,
le premier rang appartenait à une jeune fille, que rien
dans son extérieur ne distinguait des blanches de
pur sang ; elle fut dénoncée comme étant de « sang
mêlé », et sans preuve, sans information, sans délai,
dut être rendue à sa famille. A Ellenville, petite
localité de l'État de New-York assez fréquentée et
théâtre d'une vive spéculation sur les terrains, les
noirs habitent un bout du village et les blancs

l'autre bout. Entre eux, s'étendent des terrains
encore inoccupés. Or, la spéculation ne dépasse
pas une certaine ligne, persuadée que le village ne
s'étendra jamais dans la direction des noirs. Voilà
donc, dans ces mêmes États qui ont failli briser
l'Union plutôt que de tolérer l'esclavage, voilà la
situation que l'on fait aux esclaves trente ans après
que Lincoln est mort pour la cause de l'affranchissement et de l'égalité civile des noirs.

Il se passe aux États-Unis des scènes dont les
Américains ne se vantent pas. Les nègres ont tant
de goût pour les femmes blanches qu'il leur arrive
assez souvent de satisfaire leur passion par la violence; souvent alors, en vertu de la loi de Lynch,
la populace les enduit de poix, les allume comme
des cierges et force les noirs de la contrée à venir
voir flamber leur camarade.

C'est le mouvement ascendant de la population
noire et jaune qui est le principal danger. Pourtant,
les Anglo-Saxons et les Russes peuvent lutter sous
ce rapport avec la Chine même. On a calculé qu'au
siècle prochain il y aurait par toute la terre un
milliard d'Anglo-Saxons. La Russie, en 1879, avait
96 millions d'âmes; elle en a aujourd'hui 115 millions; augmentation en huit ans : 19 millions d'âmes.
C'est presque la population de l'Europe ; l'augmentation représente plus du tiers de la population
allemande. En vingt-quatre ans, la Russie s'accroîtra

d'un chiffre de population supérieur à celui de tout l'empire germanique. Les autres pays d'Europe pratiquent déjà le malthusianisme et, à mesure qu'ils auront une population plus dense avec une aisance croissante, ils le pratiqueront de plus en plus. Même en Allemagne, on en voit les symptômes. Il n'y en a aucun en Russie, où d'ailleurs les territoires non remplis abondent. Tandis qu'il naît un soldat en France, a-t-on dit, il naît un régiment en Allemagne, un corps d'armée en Russie. Ce dernier pays semble appelé à être, en Asie, notre barrière contre les invasions possibles de la race jaune. C'est en Asie que sont ses vrais intérêts et que seront aussi ceux de l'Europe de demain, sinon d'aujourd'hui. La Russie le comprendra peut-être, au lieu de vouloir jouer un rôle d'apparat sur le vieux théâtre de l'Europe. La Russie renferme cent millions d'hommes sans culture, et par conséquent, dit M. G. Le Bon, sans besoins, encadrés par une petite élite d'esprits cultivés; elle est le seul peuple européen qu'on puisse soulever aujourd'hui au nom d'un idéal religieux; elle est le seul qui ait une force d'expansion énorme. Les Allemands sont bloqués chez eux, comme nous le sommes nous-mêmes. Les Russes voient devant eux l'Asie.

Ce qui arrivera forcément un jour, c'est l'alliance de toutes les puissances européennes contre les menaces des jaunes et des noirs: elles seront unies

par la nécessité en face de l'ennemi commun. Supposez une guerre décisive qui réduisît l'Angleterre
au second rang ; il est probable, comme le remarque
M. Pearson, que l'Hindoustan se formerait en
empire séparé. Supposez que la Russie fût mutilée
et démembrée, ce serait pour la Chine ou le Japon
l'occasion de s'unir en une puissance de premier
ordre. Au contraire, que les nations d'Europe, qui
ont des intérêts en Asie, s'unissent pour y maintenir la prééminence européenne, ce sera un pas
vers le maintien de la paix en Europe même. Cette
fédération pour un dessein unique, mais d'importance majeure, réagira sur l'Occident : les puissances
alliées dans l'est seront portées à des compromis
sur les petites dissensions de l'ouest.

III. — L'avenir immédiat est sans doute enveloppé de ténèbres, mais il faut reporter ses regards
vers le lointain. A ce point de vue, nous pouvons
reprendre courage, car la question des races vient,
si nous ne nous trompons, aboutir à un dilemme.
Ou les races de couleur se rapprocheront assez de
la race blanche, sous le rapport du tempérament
et du caractère, pour que le mélange par croisements progressifs donne un type moyen élevé et
perfectible ; ou, au contraire, l'abîme ira se creu-
sant entre les races colorées et la race blanche,
comme le pensent ceux qui croient à une inégalité

progressive. Mais, dans cette dernière hypothèse, la race blanche deviendra de plus en plus supérieure aux autres. S'il en est ainsi, jaunes et noirs auront beau nous menacer, la race blanche trouvera dans sa science même et dans sa puissance d'invention des ressources capables de balancer la force du nombre acquise par les races inférieures. Elle restera l'élite durable de l'humanité, invincible et respectée. Dès aujourd'hui, le perfectionnement de l'intelligence étant devenu incomparablement plus utile à l'homme que n'importe quelle modification organique, l'influence de la sélection se porte de plus en plus vers ce côté. Or, dans toutes les prophéties pessimistes, on ne tient pas assez compte de l'élite intellectuelle, qui pourra trouver des moyens toujours nouveaux pour assurer et maintenir sa supériorité[1].

En appelant l'attention, comme nous venons de le faire, sur les destinées de notre race, ce ne sont pas

---

(1) A une condition toutefois, c'est que nos démocraties ne se découronnent pas peu à peu de cette élite en nivelant tout : en abaissant, par exemple, le niveau de l'enseignement sous le prétexte d'une égalité mal comprise, en ouvrant les carrières libérales à ceux qui n'ont reçu qu'une instruction inférieure ; en admettant dans leurs Universités une foule de plus en plus envahissante et de moins en moins choisie. Si ce mouvement, mal à propos appelé démocratique et qui, en réalité, est la perte de la démocratie, s'accentuait en Angleterre et en Allemagne comme en France, si, de plus, triomphait une forme de socialisme utilitaire, inspirée par l'égoïsme des classes, c'est alors que nous deviendrions vraiment les équivalents intellectuels des Chinois, par cela même, nous ne pourrions plus lutter avec des races plus nombreuses et ayant des besoins moindres.

des idées de découragement que nous avons voulu répandre; tout au contraire, nous avons voulu faire comprendre que de notre effort même et de notre courage dépend l'avenir. Pendant la première moitié de ce siècle, on s'est bercé d'une sorte de fatalisme optimiste, sous le nom de progrès. Il semblait qu'il n'y eût rien à faire, qu'à espérer et attendre. L'âge d'or était devant nous, l'humanité y arriverait par la « force des choses », comme l'astre que son mouvement oblige d'atteindre le parhélie. La liberté produirait l'égalité, l'égalité produirait la fraternité : ce serait un embrassement universel. Dans la dernière moitié de ce siècle, il a fallu renoncer à cet optimisme béat, à cette sorte de quiétisme humanitaire. Rien ne se fera sans nous; et le progrès général n'aura lieu que si nous l'assurons par notre progrès personnel, par notre force de caractère et d'intelligence. La liberté, à elle seule, n'engendre pas l'égalité; l'égalité des droits civils et politiques, à elle seule, n'engendre pas la fraternité. Nous voyons s'exalter sous nos yeux les luttes des classes, les luttes des peuples, les luttes des races. L'instruction même, qui devait être le remède à tous les maux, n'empêche pas la criminalité d'aller croissant, ainsi que les suicides et la folie; elle change la forme des vices, elle ne les supprime pas lorsqu'elle n'est point en même temps une véritable éducation du caractère. La science, qu'on avait presque divinisée, ne se montre, séparée de la morale, que trop humaine — quand elle n'est pas inhumaine. Ce n'est donc point seulement de notre intelligence et de notre science, c'est encore et surtout de notre volonté et de notre moralité que dépend notre sort futur. La volonté est l'élément essentiel du caractère, chez les races comme chez les individus ; sans elle, l'intelligence même aurait bientôt arrêté son essor. L'empire est donc à la race qui aura eu, avec l'intelligence la plus haute, la volonté la plus énergique et la mieux réglée. Si le mouvement de démoralisation ne s'arrête pas en France, en Angleterre, en Allemagne, nous passerons à un rang inférieur. Si nous savons nous relever et nous unir, si l'Amérique, de son côté, comprend sa mission véritable, la race européenne conservera l'hégémonie. Ce qui est certain, c'est qu'il ne faut pas se flatter d'atteindre un millénium en laissant couler le temps, ni sous l'impulsion de quelque force aveugle, fût-elle personnifiée sous le nom de Progrès. A nous de prévoir et de préparer l'avenir : il sera ce que nous l'aurons fait nous-mêmes.

CONCLUSION

L'ACTION DES RACES ET L'ACTION DES CARACTÈRES INDIVIDUELS

A notre avis, quand on étudie l'action des races et même des groupes sociaux à travers l'histoire, on reconnaît que cette action a traversé trois périodes, et c'est là une des grandes lois psychologiques qui, selon nous, régissent l'histoire même.

Plus les races et les sociétés sont primitives, plus elles ont une action déterminante sur les individus qui les composent ; Hippocrate nous dit que les Scythes ont un type de race, non des types personnels. De même, les Romains trouvaient les plus grandes ressemblances entre les Germains de leur temps. On a souvent cité la parole d'Ulloa : « Qui a vu un indigène d'Amérique les a tous vus. » Humboldt la confirme d'après sa propre expérience. Sans doute, depuis qu'on observe les sauvages de plus près, on aperçoit de mieux en mieux leurs différences individuelles. Même chez les animaux, les chiens par exemple, il y a une grande diversité

24

de caractères : les uns sont ardents, les autres
indolents, les uns étourdis, les autres prudents, les
uns affectueux, les autres égoïstes ; à plus forte
raison quand il s'agit d'hommes. Il n'en est pas
moins vrai qu'il existe entre les membres d'une
même tribu sauvage une uniformité *relative*, qui
en fait des exemplaires semblables d'un même
modèle.

Les différences du volume des crânes existant
entre individus de même race croissent avec la
civilisation. Il y a des peuplades où ces différences
crâniennes sont nulles, tandis que, chez les Parisiens modernes, elles vont jusqu'à 600 centimètres
cubes, chez les Allemands jusqu'à 700. Selon Waitz,
la ressemblance physique des individus, dans les
races peu avancées, a pour parallèle leur ressemblance morale, leur absence d'individualité psychique. L'homogénéité des caractères, dit-il, au
sein d'une peuplade nègre est incontestable. Tous
les individus ont les mêmes qualités générales et
les mêmes défauts. Dans l'Égypte supérieure, le
marchand d'esclaves ne se renseigne pas sur le
caractère individuel de l'esclave qu'il veut acheter ;
il demande seulement quel est son lieu d'origine.
Une longue expérience lui a appris que les différences entre individus de la même tribu sont insi-
gnifiantes à côté de celles qui dérivent de la race.
L'esclave est-il de la tribu des Nubas ou des Gallas,

il sera fidèle ; est-il un Abyssinien du Nord, il sera
traître et infidèle ; est-il de Fertit, il sera sauvage
et prompt à la vengeance ; la majorité des autres
tribus donnera de bons esclaves domestiques, mais
peu utilisables pour le travail corporel [1]. On comprend d'ailleurs que, outre l'identité de race, nous
avons ici une identité de milieu moral, c'est-à-dire
de religion, de genre de vie ; il n'est donc pas étonnant que les individus d'un même groupe et d'un
même milieu soient du même moule par le caractère comme par la constitution.

Mais, d'autre part, les milieux physiques étant
différents et les communications mutuelles étant
peu fréquentes à l'origine de la civilisation, les
divers groupes humains, presque fermés alors,
devaient finir par se différencier les uns des autres,
pour suivre chacun sa ligne propre. La même
raison qui établissait alors des ressemblances très
grandes entre les individus d'un seul groupe ethnique rendait donc dissemblants les groupes eux-
mêmes, en les isolant les uns des autres. Jusque
dans des temps aussi voisins de nous que le moyen
âge, les diverses provinces de France avaient leur
physionomie tranchée : un Picard ne ressemblait
guère à un Auvergnat ; en revanche, les Picards se
ressemblaient entre eux, et tous les Auvergnats.

[1] Waitz, *Anthropologie der Naturvoelker*, I, 75 et suiv.

La seconde période, antithèse de la précédente, est celle où les différences de constitution physique et de caractère moral vont diminuant entre les diverses races ou peuples, mais augmentent entre les divers individus d'une même race ou d'un même peuple. M. Durckheim[1] fait remarquer, par exemple, que les Anglais, en général, ressemblent plus aujourd'hui aux Français qu'autrefois, mais qu'un Français ressemble moins à un autre Français, un Anglais à un autre Anglais. Les différents types provinciaux, dans une même nation, tendraient aussi à devenir moins disparates : un Lorrain ressemble plus aujourd'hui à un Provençal qu'autrefois. Les différences tendent donc à passer surtout dans les individus, dont les caractères se font moins originaux. La race pèse d'un moindre poids sur les membres d'une nation.

A notre avis, l'humanité approche aujourd'hui d'une troisième période, synthèse des deux précédentes, où les ressemblances croissantes n'empêcheront pas les différences croissantes. Toutes les similitudes provenant de la vie sociale augmentent avec la civilisation ; les mêmes idées scientifiques, les mêmes croyances morales et religieuses, les mêmes institutions civiles et politiques se répandent par le monde entier. Les peuples d'une même

---

[1] Voir *la Division du travail social*. Paris, Alcan.

civilisation tendent donc à se ressembler de plus en plus sous ce rapport. En même temps l'uniformité croissante d'instruction et d'éducation tend à faire passer tous les individus dans un même moule social. Enfin les mélanges et croisements des familles, des peuples, des races, tendent aussi à généraliser partout un seul et même type d'homme. Les ressemblances iront donc bien en augmentant, et non pas seulement entre les races ou les peuples (comme l'admet M. Durckheim), mais, du même coup, entre les individus. Seulement, à notre avis, ce résultat n'empêchera point l'accroissement parallèle des différences, soit entre les individus, soit entre les peuples. De ce que les cerveaux ont aujourd'hui un plus grand nombre de parties communes, il n'en résulte pas qu'ils ne puissent aussi avoir un plus grand nombre de parties différentes ; tout au contraire, en élevant d'abord, par l'instruction, les cerveaux à un certain niveau plus ou moins uniforme, on leur permet de manifester mieux ensuite leurs ressources propres et leur originalité personnelle. C'est, du moins, ce que devrait produire une éducation qui, au lieu de considérer l'esprit comme un simple vase à remplir, le considérerait comme un outil à forger et à perfectionner. Les conquêtes de la science passée rendent plus rapides et plus faciles des conquêtes nouvelles pour la science à venir ; il en est de même des acquisitions intellec-

tuelles et morales pour chaque individu. Le temps
passé sous la civilisation mûrit tous les cerveaux,
mais les mûrit diversement, comme sous le soleil
les grappes d'un certain raisin deviennent dorées
et les autres noires : si elles ne se ressemblent pas,
elles peuvent se valoir et trouver toutes leur emploi.
Cette même loi s'applique aussi, croyons-nous, aux
différentes nations : leurs caractères (que nous
étudierons dans un travail ultérieur) pourront à la
fois s'harmoniser par la base, au point de vue
moral et social, et se différencier de plus en plus
par le sommet. Des traits plus délicats signaleront
les physionomies nationales ; mais, de même que
dans l'art tout se nuance et se subtilise, de même
la civilisation intellectuelle et morale admettra des
différences de détail qui, pour être moins grossières,
n'en seront pas moins utiles au progrès commun.
L'accroissement de l'action collective n'empêchera
pas non plus l'accroissement simultané de l'action
individuelle. Par son intelligence et ses inventions,
par ses sentiments et sa volonté, l'individu verra
son rôle augmenter avec les siècles.

FIN

TABLE DES MATIÈRES

LIVRE III
TÉMPÉRAMENT ET CARACTÈRE SELON LES SEXES
LA FEMME 189

LIVRE IV
LE CARACTÈRE DES RACES HUMAINES ET L'AVENIR
DE LA RACE BLANCHE 287

CHAPITRE II

CHAPITRE III

CHAPITRE IV

CONCLUSION

L'ACTION DES RACES ET L'ACTION DES CARACTÈRES INDIVIDUELS

SAINT-CLOUD. — IMPRIMERIE BELIN FRÈRES.

LIBRAIRIE FÉLIX ALCAN, 108, Boulevard Saint-Germain, Paris (6°)

BIBLIOTHÈQUE DE PHILOSOPHIE CONTEMPORAINE

FOUILLÉE (ALF.), membre de l'Institut. **La Liberté et le Déterminisme.** 6° édition. 1 vol. in-8°... 10 fr. »

— **Critique des systèmes de morale contemporains.** 6° édition. 1 vol. in-8°... 10 fr. »

— **La Morale, l'Art et la Religion d'après Guyau.** 9° édition, augmentée. 1 vol. in-8° avec biographie, portrait et autographes de GUYAU........... 5 fr. »

— **L'Avenir de la métaphysique fondée sur l'expérience.** 2° édition. 1 vol. in-8°... 7 fr. 50

— **L'Évolutionnisme des idées-forces.** 6° édition. 1 vol. in-8°... 10 fr. »

— **La Psychologie des idées-forces.** 3° édition. 2 vol. in-8°...... 20 fr. »

— **Morale des idées-forces.** 4° édition. 1 vol. in-8°.......... 10 fr. »

— **Tempérament et caractère.** 6° édition. 1 vol. in-8°....... 7 fr. 50

— **Le Mouvement positiviste et la conception sociologique du monde.** 4° édition. 1 vol. in-8°.................................. 7 fr. 50

— **Le Mouvement idéaliste et la réaction contre la science positive.** 3° édition. 1 vol. in-8°.................................. 7 fr. 50

— **Psychologie du peuple français.** 5° édition. 1 vol. in-8°...... 10 fr. »

— **La France au point de vue moral.** 5° édition. 1 vol. in-8°..... 10 fr. »

— **Esquisse psychologique des peuples européens.** 5° édition. 1 vol. in-8°. 10 fr. »

— **Nietzsche et l'Immoralisme.** 4° édition. 1 vol. in-8°....... 7 fr. 50

— **Le Moralisme de Kant et l'amoralisme contemporain.** 2° édition. 1 vol. in-8°... 7 fr. 50

— **Les Éléments sociologiques de la morale.** 2° édition. 1 vol. in-8°..... 7 fr. 50

— **La Propriété sociale.** 4° édition. 1 vol. in-18............ 3 fr. »

— **La Philosophie de Socrate.** 2° édition. 2 vol. in-8°........ 15 fr. »

— **Le Socialisme et la sociologie réformiste.** 2° édition. 1 vol. in-8°... 10 fr. »

— **La Démocratie politique et sociale en France.** 2° édition. 1 vol. in-8°. 5 fr. »

— **La Pensée et les nouvelles écoles anti-intellectualistes.** 4° édition. 1 vol. in-8°... 10 fr. »

— **Esquisse d'une interprétation du monde,** d'après les manuscrits de l'auteur, revus et mis en ordre par Émile BOIRAC. 1 vol. in-8°...... 10 fr. »

— **Humanitaires et libertaires,** *au point de vue sociologique et moral. Études critiques.* 1 vol. in-18................................. 3 fr. »

GUYAU (J.-M.). **La Morale anglaise contemporaine.** 6° édition. 1 vol. in-8°. *(Couronné par l'Institut.)*.................................. 7 fr. 50

— **Les Problèmes de l'esthétique contemporaine.** 9° édition. 1 vol. in-8°. 5 fr. »

— **Esquisse d'une morale sans obligation ni sanction.** 15° édition. 1 vol. in-8°... 5 fr. »

— **L'Irréligion de l'avenir.** 19° édition. 1 vol. in-8°...... 10 fr. »

— **L'Art au point de vue sociologique.** 12° édition. 1 vol. in-8°.... 10 fr. »

— **Éducation et Hérédité.** 14° édition. 1 vol. in-8°........ 7 fr. 50

— **La Genèse de l'idée de temps.** 2° édition. 1 vol. in-18.... 3 fr. »

— **Vers d'un philosophe.** 9° édition. 1 vol. in-18.......... 4 fr. 75

— **La Morale d'Épicure et ses rapports avec les doctrines contemporaines.** 6° édition. 1 vol. in-8°.................................. 7 fr. 50

GUYAU (AUGUSTIN). **La Philosophie et la Sociologie d'Alfred Fouillée,** avec biographie, portrait et extraits inédits. 1 vol. in-8°........... 5 fr. »

— **Œuvres posthumes.** *Voyages, Feuilles volantes, Journal de Guerre,* suivis d'une notice sur l'auteur par Paul JANET, Membre de l'Institut. 1 vol. in-8° avec 24 planches hors texte, un portrait et un autographe........... 5 fr. »

www.ingramcontent.com/pod-product-compliance
Lightning Source LLC
Chambersburg PA
CBHW072012270326
41928CB00009B/1629